社会治理现代化与社会工作新使命研究书系
红色社工系列丛书

群团社会工作案例评析

董敬畏　薛媛媛　编著

華東理工大學出版社
EAST CHINA UNIVERSITY OF SCIENCE AND TECHNOLOGY PRESS
·上海·

图书在版编目(CIP)数据

群团社会工作案例评析 / 董敬畏，薛媛媛编著. —
上海：华东理工大学出版社，2023.7
（红色社工系列丛书 / 董敬畏主编）
ISBN 978-7-5628-7038-8

Ⅰ. ①群… Ⅱ. ①董… ②薛… Ⅲ. ①社会团体−社会工作−案例−中国 Ⅳ. ①D669.3

中国国家版本馆 CIP 数据核字(2023)第 132291 号

策划编辑 / 刘　军
责任编辑 / 陈艺方
责任校对 / 张　云
装帧设计 / 徐　蓉
出版发行 / 华东理工大学出版社有限公司
地址：上海市梅陇路 130 号，200237
电话：021-64250306
网址：www.ecustpress.cn
邮箱：zongbianban@ecustpress.cn
印　　刷 / 上海四维数字图文有限公司
开　　本 / 787 mm × 1092 mm　1/16
印　　张 / 12.5
字　　数 / 217 千字
版　　次 / 2023 年 7 月第 1 版
印　　次 / 2023 年 7 月第 1 次
定　　价 / 70.00 元

红色社工系列丛书

中共浙江省委党校（浙江行政学院）
社会学文化学教研部
组织编写

编 辑 委 员 会

主　编

董敬畏

副主编

陈旭峰　侣传振

成　员

（按姓氏笔画排序）

冯　婷　李　一　吴兴智　陈丹引　林晓珊
赵时雨　徐　律　高孟然　葛　亮　薛媛媛

序　言

中共浙江省委党校MSW教育中心董敬畏主任邀请我为这本案例集写序，本人诚惶诚恐，勉力为之，谈几点感想。

实践案例对于社会工作教育和实践具有重要的意义，全国社会工作专业学位教学指导委员会与中国社会工作教育协会都高度重视案例编写和案例教学。全国社会工作专业学位教学指导委员会举办了案例大赛，我所在的华东理工大学有幸连续两届承办这一赛事。令人欣喜的是，参赛的团队越来越多，案例的水平越来越高。

案例，是真实的专业实践的再现，是研究者和实务工作者的共同建构、反思与言说，是在“故事”中见“理论”，在“过程”中见“知识”。案例具有启发性，读者既可以参考其中的需求评估、理论应用、介入过程、成效评估，又可以反思其不足、提出新的理论视角和介入模式。如此往复，案例就成为专业教育和服务实践的联结，经由这个联结，可以打通理论与应用、知识与实践。应该说，社会工作教育发展到今天，编写社会工作实践案例集是必要的，也是迫切的。

这本案例集的特色是，聚焦群团社会工作。我们都知道，2015年召开了中央党的群团工作会议，会议要求群团组织要进行改革以体现政治性、先进性与群众性，这是为了解决群团组织与社会乃至群众的脱节问题。这一改革方向为社会工作嵌入群团组织发展提供了新的结构机会。群团组织的改革切入点在两个方面：一方面，工会、共青团和妇联等群团组织要进一步完善体系建设、加强基层组织，从而形成更有影响力的组织体系，以更好地发挥枢纽作用；另一方面，群团组织要深入联系群众，将资源与服务下沉至基层，在承担一定社会服务的同时也代表和实现特定群体的利益，从而充分发挥社会整合功能。因此，群团社会工作的目标就是在群团组织的平台上，从群众的需求和切身利益出发，提供专业服务，回应困难群体的需求，化解各类社会矛盾，维护群体合法权益。这样，群团社会工作就既可以发挥群团组织原有的平台和资源优势，又可以发挥社会工作的学科和专业优势，以整合性视角回应困难群体照顾、群众合法权益维护、基层社会治理等方面的需求，群团组织因而可以更好地密切联系群众，社会工作因而有了更为广阔的发展空间。

这本案例集主要聚焦群团组织的服务对象及其家庭，较为详细地介绍了案例开展的过程，并对优势和不足进行反思。本书从整体上把握了群团社会工作的三个特征："红"与"专"相结合、资源联动与服务下沉相结合、问题导向与发展性相结合。"三结合"是对当前群团社会工作实践的概括和提炼，有一定的理论借鉴意义。今后，群团社会工作可以在加强社会联结、照顾困难群众、维护合法权益、促进共同富裕、助力政策优化等方面更好地发挥专业优势。

编写群团社会工作案例集，充分体现了浙江省委党校社会工作教育的办学特色和优势。党校有独特的体制优势和组织优势，我期待董敬畏主任可以带领师生持续深耕群团社会工作，在这个实践领域内开创出一片新的天地。

何雪松

中国社会工作教育协会副秘书长

全国社会工作专业学位研究生教育指导委员会委员

华东理工大学社会与公共管理学院院长、教授、博导

2022 年 6 月 21 日

目　录

绪　论 / **1**

第一节　群团社会工作的界定与特征 / **1**

第二节　群团社会工作的历史回溯 / **7**

第三节　群团社会工作的基础理论 / **16**

第四节　群团社会工作的实践模式 / **24**

第一章　工会社会工作 / **31**

第一节　构建“工字”品牌——疫情之下的劳工维权 / **31**

第二节　安“薪”过年——农民工欠薪维权 / **39**

第三节　天下父母心——外来务工者的家庭困境 / **47**

第四节　关爱半边天——拒绝职场女性孕期歧视 / **55**

第五节　“三工联动(工会+社工+医务社工)”,多元服务——工伤的认定与赔偿 / **64**

第二章　共青团社会工作 / **74**

第一节　我的青春不受“困”——未成年人偏差行为 / **74**

第二节　别丢下我不管——留守儿童服务身心健康问题 / **85**

第三节　同在蓝天下——流动青少年的压力困境 / **95**

第四节　涅槃重生，拥抱生活——困境儿童救助 / 108
第五节　照亮隐秘的角落——聚焦校园欺凌 / 118

第三章　妇女社会工作 / 130

第一节　破茧成蝶——中年丧偶妇女的生活适应 / 130
第二节　家庭与工作的天平——女性角色困境 / 139
第三节　以爱抗疫——疫情之下女性多维度贫困 / 149
第四节　反对暴力，让爱回家——受家暴女性维权 / 159
第五节　谁来陪伴“陪读妈妈”——教育内卷下的母职焦虑 / 170

参考文献 / 182

附录　工青妇工作的基本特征 / 189

后　记 / 190

绪　论

在经济发展进入新常态的大背景下，共同富裕是新时代中国特色社会主义现代化建设要实现的根本目标，也是建设公平公正社会的基本要求。促进共同富裕不仅需要从经济层面着手，更需要在公共政策制定与公共服务提供层面让改革成果更多地惠及人民，增强广大群众的幸福感与获得感。社会工作将在促进共同富裕中发挥积极作用，通过运用专业的工作方法帮助困弱人群增强权能和链接资源，为建设共同富裕社会提供支持。以工会、共青团、妇联为代表的群团工作方法具有鲜明的中国特色和时代特征，与社会工作具有结构上的相通性。两者融合之下构建的群团社会工作是中国特色社会主义制度下的时代产物，既有利于为我国新时代背景下的群众工作增添专业力量，也有利于社会工作专业自身的本土化。本案例集旨在呈现浙江省群团社会工作的实践成果，以期进一步提炼服务经验，为社会工作的本土化实践开辟新视角，完善公共服务以推动全省共同富裕进程。

第一节　群团社会工作的界定与特征

群团社会工作的概念具有中国特色，其源于群团工作（CPC Mass Organization Work）与社会工作（Social Work）的融合共生。本节将分别梳理既有研究中群团社会工作的基本含义、主要对象和模式的相关内容，并在此基础上归纳群团社会工作的特征。

一、群团社会工作的基本含义

（一）群团组织与群团工作

群团组织是“群众性团体组织”的简称，包括人民团体和群众团体，由国务院机构编制管理机关核定，并经国务院批准免于登记。中央机构编制委员会办公室管理机构编制的群众团体包含中华全国总工会、中国共产主义青年团中央委员会、中华全国妇女联合会等 22 家[①]。其中工会、共青团和妇联是基本的群团组织，既是党联系职工群众的桥梁和纽带，也是国家政权的重要社会支柱，具有特殊地位，因而也成为本书中案例的主要来源。群团组织一直是中国共产党宣传动员广大民众的斗争工具，也是中国共产党话语体系中的重要概念。它不仅具有鲜明的群众性，而且在中国共产党和人民群众的沟通中发挥着桥梁作用。

从 1989 年中共中央出台的《关于加强和改善党对工会、共青团、妇联工作领导的通知》到 2005 年的《中共中央关于加强和改进党的群团工作的意见》(以下简称《意见》)，中国共产党通过群团组织开展的群团工作如火如荼，为国家社会一体化和国家治理体系现代化奠定了坚实的群众基础。《意见》指出："党的群团工作是党治国理政的一项经常性、基础性工作，是党组织动员广大人民群众为完成党的中心任务而奋斗的重要法宝。……坚持党对群团工作的统一领导，坚持发挥桥梁和纽带作用，坚持围绕中心、服务大局，坚持服务群众的工作生命线，坚持与时俱进、改革创新，坚持依法依章程独立自主开展工作。"[②]群团工作面向各行各业的人群，每个群团组织根据各自章程服务相应群众，其鲜明特色在于保障人民群众的利益，重点帮助群众解决日常工作生活中最受关注的实际问题。

（二）群团社会工作

社会工作是以利他主义为指导，以科学知识为基础，运用科学方法进行的助人服务活动[③]。它是一种基于科学的知识与方法，以暂时无法依靠自己的能力适应生活的社会个体或群体为服务对象，通过一套专业的工作方法协助服务对象解决问题，恢复其适应环境的能力并最终促进社会的良性运行和稳定发展的专业和职业。同时，社会工作具有宏观和微观两个方面的社会功能。在宏观层面上，社会工作致力于改造环境以使其更适合人们的日常生活，即宏观实务工作；在微观层面上，社会工作是协助个人适应其周围的社会环境，即微观实务工作。从社会工作的核心要义

---

① 中国共产党中央委员会.深化党和国家机构改革方案[EB/OL].(2018-03-21)[2019-01-12]. https://www.ccps.gov.cn/ggfw/wjxz/zywj/201901/t20190112_128287.shtml.

② 中国共产党中央委员会.中共中央关于加强和改进党的群团工作的意见[EB/OL].(2015-07-09)[2019-01-12]. https://www.gov.cn/xinwen/2015-07/09/content_2894833.htm.

③ 王思斌.社会工作导论[M].2 版.北京：北京大学出版社，2011：5.

来看，促进社会整体性发展和提升人类社会的福祉是社会工作的本质追求，即便对个体而言，社会工作的核心目的也是帮助其恢复社会功能与促进其更好地融入社会网络。目前我国本土对社会工作的定义更加强调对社会问题的预防以及国家和政府在其中发挥的作用，更关注社会工作的宏观职能。社会正义的本质要求社会工作者改变不公正的社会条件以减少不平等，这是由我国当代转型期的社会环境所决定的，社会工作需要对当前的社会议题给予积极的回应。

由此可见，社会工作与群团工作都需兼顾人民的日常生活和公共性事务，都以促进人民追求幸福生活和维护社会公平正义为目标，两者在政策层面也都体现出社会治理多元化的特征与趋势。首先，从工青妇工作的主体、对象、伦理、目标和方法层面可知（具体见本书附录），其与社会工作本质上都是一般性服务的具体化，因而具有同构性①；其次，群团工作与社会工作功能作用相似，都有其积极功能，譬如为服务对象解决问题和保障权益，又譬如对社会整体而言能够降低社会成本、促进社会和谐、在社会治理中彰显人文关怀等。但与此同时，群团工作与社会工作之间也存在差异，如社会工作更多以普通大众中的弱势群体为重点服务对象，且目标群体以促进个人的改变为中心。而群团工作的行政性和公共性更强，面向群体范围更广，因而对个人问题的聚焦程度有所欠缺。

综上所述，群团工作与社会工作在结构上的异同为群团社会工作的诞生奠定了理论基础，本书以此为依据，对群团社会工作进行如下界定：以工会、共青团、妇联为代表的群团组织按照社会工作专业的助人对象、内容、伦理与方法，为处于困境且无法凭借自身能力解决问题的个人或家庭提供专业服务，同时也以提升其应对困境的能力为发展性目标，以保障个体合法权益并促进社会公平、增进人民福祉为长远目标。

二、群团社会工作的主要对象、内容与模式

本书中的群团社会工作主要以工会、共青团、妇联等群团组织的服务对象为主，工作环境不局限于组织所在的场所，需要依据服务对象的问题深入其家庭、社区等日常生活环境。具体来说，群团社会工作的基本对象和工作范围应该包括以下

① 顾东辉.群团工作与社会工作的同构异涵[J].社会工作与管理，2018，18(4)：5－11.

方面。

（一）陷入困境的职工及其家庭

工会社会工作服务对象的主体是所有被雇用的职工，服务范围包括与职工相关的各类问题。在我国，此类社会工作介入在维护职工权益、提升职工福利、提高企业管理效率等方面具有不可替代的功能与作用，其介入内容主要有职工基本权益的争取与维护、职工心理疏导、教育/再就业教育与培训、建立职工与企业的有效沟通网络等[①]。职工的主要问题包括：(1) 职工的心理健康问题，尤其是应对职场压力时的负面心理状态。(2) 职工的生活救助问题，尤其是针对失业、下岗工人、外来务工人员以及各种因疾病、伤残、意外灾难事故等而陷入困境的职工。(3) 职工在劳动纠纷中的民主决策参与和权益保护问题。(4) 职工在单位内的人际沟通问题。(5) 职工能力与素质提升问题。(6) 困境职工家庭功能恢复。社会工作者可以运用社会工作的理念与方法协助评估陷入困境的职工的问题及原因，从而与其一同制定解决问题的方案。

（二）陷入困境的青年及其家庭

共青团面向的群体年龄段为 14～28 岁，与青少年社会工作相比年龄层更大，服务对象有重叠也有差异。社会工作介入共青团工作，其服务对象的主体是 14～28 岁的青年及其家庭，以预防青年行为偏差、增强青年的社会支持系统、引导青年实现自我价值、帮助陷入困境的青年及其家庭恢复社会功能、帮助已出现行为偏差的青年人进行问题矫治并重回正轨、维护青年人的合法权益等为目标。青年的主要问题包括：(1) 学习问题。(2) 身心成长的适应性问题。(3) 学校/工作环境适应问题。(4) 行为或情绪上的困扰问题。(5) 人际关系(同学、同事、恋爱、家庭关系、交友)问题。(6) 行为矫治问题。(7) 个人/家庭经济问题。(8) 权益保护问题。社会工作者应该针对未成年和成年案主制定不同的介入方案，在以往共青团工作更注重教育与规范约束的基础上增强案主的能动性。

（三）陷入困境的妇女及其家庭

妇女社会工作就是为妇女服务，是在妇女自我成长的过程以及参与政治、经济、社会、文化和家庭生活中，针对妇女遇到的个体或群体性问题开展社会服务性工作，

---

① 周沛.一项急需而有价值的社会工作介入手法——论企业社会工作[J].社会科学研究，2005(4)：107-113.

同时要为妇女全面发展创造有利的社会条件和环境，其目的是为妇女的生存和发展提供服务[①]。社会工作介入妇联工作，服务对象的主体是妇女及其家庭，以救助、帮助和发展为目标，增强妇女的社会性别意识，维护妇女合法权益，加强妇女能力建设，进而促进妇女的全面发展。妇女的主要问题包括：(1) 心理与情绪问题。(2) 家庭关系(夫妻、亲子、原生家庭、婆媳)问题。(3) 特殊人群(单身妈妈、留守妇女、流动妇女、全职太太)问题。(4) 能力提升问题。(5) 经济问题。(6) 家庭暴力及拐卖等犯罪问题。(7) 生育相关问题(不孕不育、围产期抑郁)。(8) 性别歧视与权益维护问题。社会工作者应运用专业知识和方法技巧，以个别化的方式为陷入困境的妇女及其家庭提供物质帮助与精神支持，协助案主走出困境，通过挖掘其潜力和增强权能的方式帮助其发展与进步。

(四) 社区环境与政策环境

除个体与家庭外，案主生活的社区环境与所处的宏观政策环境都为其提供资源并对其产生影响，因而都是群团社会工作期望改变的系统。一方面，群团社会工作的开展不仅要致力于推动建设案主所处的社区以及改造其生活环境，还应帮助案主适应社区，培养和激发他们运用社区资源的能力；另一方面，群团社会工作还应鼓励案主参与社区活动和环境建设，尤其应推动他们参与政治生活与积极维权，并鼓励其通过正当途径为政策制定和落实建言献策。

以上述工作对象为基础，群团社会工作在具体实践中逐渐形成了两种不同的工作模式，分别为“群团组织—问题导向”模式和“社会工作—案主中心”模式。

“群团组织—问题导向”模式是指以工会、共青团、妇联为代表的群团组织因与“国家”系统有关，主要发挥对上功能，且依据各自章程服务相应群众，更多侧重于问题的治理。群团社会工作以个案工作方法为主，多为案主及其家庭提供服务与咨询，通过分析其心理行为和造成心理行为异常的原因，然后对症下药，根据对问题的综合性评估制定介入方案。

“社会工作—案主中心”模式是指社会工作更多强调以案主为中心，更加关注个人，尤其是弱势群体。因而该模式不仅关注案主当下面临的困境，而且会在过程目标和结果目标相融合的基础上激发案主自身能力的提升，协助其建立对自己的积极

---

① 蒋美华.社会建设视野下的妇女社会工作[J].理论探索，2009(2)：95－97.

认知，同时强化其调动资源、发挥自身潜力的能力。该模式一般多采用发展性理念看待案主，以赋权、赋能等视角开展介入服务。

三、群团社会工作的特征

由于群团社会工作是对群团工作与社会工作的融合，因而兼具两者各自的特色，并在此基础上发展出新的特征。

（一）“红”与“专”相结合

无论是工会、共青团还是妇联都是群众性自治组织和“准政府”组织，强调自上而下的行政网络。社会工作虽然也主张从宏观视角介入社会政策与社区等层面，但更强调微观层面对案主及其家庭的关注，本质上是一种强调专业性的服务活动，在改变环境系统之余也协助案主适应所处的环境，有别于群团工作的政治性。因而群团社会工作结合了群团工作与社会工作两者的特征，是政治与专业的双向互动，既以国家规章制度为行动的总框架，也以社会工作专业服务的理论、伦理、价值和工作方法指导实践，既有思想政治工作的色彩，也具有社会工作的专业助人理念。

（二）资源联动与服务下沉相结合

一方面，社会工作借助工会、共青团和妇联等群团组织的平台和工作网络发掘社会资源、延伸专业服务，有利于形成“共建共治共享”的基层社会治理格局。在处理案主面临的困境时，能够在最短时间内打通渠道并形成各级资源联动，给予案主更多资源以帮助其走出困境。另一方面，工会、共青团和妇联等群团组织能够通过社会工作的参与让各类资源与服务下沉社区，弥补群团组织在服务落地方面存在的缺陷，提升专业服务的成效，也便于加强组织与群众之间的联系。

（三）问题导向与发展性相结合

聚焦问题、讲求工作效率的群团工作更多以问题为导向，强调实证主义理念下对个体问题的诊断与修补，自上而下的层级管理多于科学民主决策。而注入社会工作理念的群团社会工作更多遵从人道主义和人文主义的哲学理念，强调个体的价值与尊严，相较于问题本身更关注人的潜能发挥和对问题的预防，促进服务对象从被动接受到能动实践的转化，注重提供个别化的个案服务，以期真正达到助人自助的目的。其中也体现出一种平等协作与互相陪伴的服务关系，在具体问题解决的基础上推动个人的长远发展。

第二节　群团社会工作的历史回溯

群团社会工作作为一种具有新时代中国特色的产物，其历史回溯需要立足于群团工作的发展脉络。本节还将分别从工会社会工作、共青团社会工作和妇联社会工作的沿革轨迹三个层面对群团社会工作的发展脉络进行梳理。

一、群团工作的发展脉络

推动国家治理体系的现代化是当前国家发展战略的重要任务，需要从当前国家治理的核心问题出发，充分发挥国家各级、各类政治组织的作用以完善社会治理。其中群团工作在中国共产党的领导下在联系群众、动员群众方面发挥出重要作用，并形成了一整套群众工作方法，成为基层社会治理中不容忽视的力量。

（一）民主革命时期：在保持群团独立性的同时加强党的领导

自中共一大在《中国共产党第一个决议》开篇提及“本党的基本任务是成立产业工会”，到 1921 年 11 月陈独秀签发的中央局通告指出“全国社会主义青年团必须在明年七月以前超过二千团员”，“各区必须有直接管理的工会一个以上”，“议决以全力组织全国铁道工会”，“‘青年团’及‘女界联合会’改造宣言及章程日内即寄上，望依新章从速进行”[①]，足以证明中国共产党很早就高度重视群团组织建设与群团工作，群团组织已成为动员群众的重要斗争工具，人民群众团体是党的重要依靠力量。历届领导人都强调对真正的群众工作人才和群众领袖的培养，认为应该用适合群众的方法来领导群众[②][③]。在该历史阶段，中国共产党力量相对薄弱，组织群众是赢取革命胜利的必由之路。尤其在农村革命中，需将分散的农民组成强大的革命主体性力量，因而在当时党的文件中，民间群团被赋予“枢纽”“骨干”之类的称号[④]。在抗战过程中，中国共产党采取了各种激励措施以促进根据地工会、青救会、妇救会等群团

① 中共中央文献研究室，中央档案馆.建党以来重要文献选编(1921—1949)：第1册[M].北京：中央文献出版社，2011：47－48.

② 袁纯清.人民群众团体论[M].北京：教育科学出版社，1993：41－56.

③ 冯小敏.继承和创新党的群众工作方法[J].上海党史与党建，2001(2)：10－15.

④ 何友良.苏区社会格局中的社团组织[J].地方文化研究，2013(1)：66－81.

的发展，通过群团组织将党的组织网络延伸到社会之中，以此组织和动员人民群众并建立党的基层组织，在保持群团独立性的同时加强党的领导。

（二）中华人民共和国成立后：群团组织出现行政化、附属化、形式化趋势

在计划经济时期，高度集中的行政体制压缩了群团组织的自主空间，中国共产党和群团组织之间是隶属型领导关系。从中华人民共和国成立到改革开放前，政治性社团的发展进程参差不齐，只有工会、共青团和妇联等有较大发展，归根结底在于中华人民共和国成立后全国实行的高度集中和统一的政治经济体制①，基层工作的行政色彩愈加强烈。群团组织作为党的延伸性组织，对行政权力和行政资源的依赖性较强，因此也出现了行政化趋势。革命时期结束后，群团组织以及群众力量的重要性被削弱，出现了群团组织被附属化、形式化的走向，这些都成为中国共产党日后领导群团工作的历史经验②。然而相较于之后的改革开放时期，党的基层组织在该阶段仍然起着组织和动员群众的作用，且以群众组织为依托，两者之间存在密切联系，政治和行政权力直达社会基层，政治权力与社会权力高度统一，基层组织并没有出现功能虚化的问题③。

（三）改革开放后：社会低组织化困境要求群团工作改革

改革开放后，单位制逐步解体，社会转型加速并出现原子化趋势，社会组织形式和群团组织面对任务都发生了重大变化。改革开放后中国社会由原先单位体制下“国家—单位—个人”的社会联结模式转变为“国家—个人”的模式，国家与社会之间失去了次级社会群体这一中介，从而给社会工作带来巨大挑战④。一些地方的群团组织未能根据社会形势、工作任务的变化而调整自己的工作思路和方法，未能有效地履行群团组织的职责⑤。同时，这些群团组织仍然没能被有效整合进国家治理体系中。整体而言，中国共产党与群团组织的关系由政党主宰型向政党主导型转变，之后又从法规型政党转向群团关系的发展方向⑥。在这种背景下，《中共中央关于加强和改进党的群团工作的意见》出台，要求群团工作进行改革，其中一个重要方面就

① 杨光斌.政治学导论[M].北京：中国人民大学出版社，2011：167.
② 胡献忠.改革开放以来群团组织研究述评[J].中共云南省委党校学报，2015，16(5)：144－150.
③ 李威利.转型期国家治理视域下党的群团工作发展研究[J].中国青年社会科学，2016，35(1)：75－80.
④ 田毅鹏.转型期中国社会原子化动向及其对社会工作的挑战[J].社会科学，2009(7)：71－75，189.
⑤ 王思斌.群团工作改革与社会工作的机遇与挑战[J].中国社会工作，2016(19)：62.
⑥ 朱庆跃.改革新时期以来党对权力运行外部监督群的培育路径探索——以党与群众团体关系的调构为例[J].理论研究，2014(2)：67－71.

是改进联系群众、做群众工作的方法，通过项目招聘、购买服务等方式吸引社会工作人才、专家学者、社会组织等力量参与服务群众的工作。

（四）社会转型时期：重拾群众工作以促进多元社会治理

2015 年 7 月，中央党的群团工作会议的召开确定了群团组织的功能定位，具体包括政治性、先进性与群众性。为了应对群团组织与社会乃至群众的脱节问题，群团组织在该原则的指导下启动改革。一方面，工会、共青团和妇联等政治和组织功能相对完善的组织体系通过进一步完善体系建设和加强对基层组织、会员单位的建设形成更有影响力的组织体系；另一方面，通过群团组织的社会工作以深入和联系群众，将资源与服务下沉至基层，在承担一定社会服务的同时也代表和实现特定群体的利益，从而充分发挥社会整合功能。未来群团社会工作的发展方向在于构建服务型关系，从群众的需求和切身利益出发，站在群众的立场看待问题，对一切可能威胁群众利益的潜在因素保持敏感与警惕。尤其在面对具有交叉性和复杂特征的社会问题时，群团社会工作应以整合性视角促进多元社会治理，重视与群众之间的联动与合作，充分发挥群团组织与社会工作在处理社会矛盾时的独有优势，两者相互弥补，从而形成新时代背景下具有中国特色的基层治理路径。

二、工会社会工作的发展脉络

工会社会工作秉持“以职工为本”的基本理念，试图在工会组建、权益维护、争议调处、困难帮扶、教育引导、人文关怀、职业发展等专业服务领域有所作为①。

（一）美国工会社会工作的发展

19 世纪末 20 世纪初，在美国福利资本主义的发展下工会社会工作由此诞生。美国劳工与工会并不接受雇主为他们提供各种工业福利，直到工会发现当职工或工会会员陷入困境时不仅会影响个人生活和家庭生活，也会直接削弱其工作能力。原本由工会提供的“集体谈判”“团体协约”在职工遭遇人生困境时无法发挥足够的功效。由此，社会工作被引入工会为职工提供社会服务。20 世纪 30 年代，社会工作与工会的交集增多。1943 年，美国海员工会与海员服务处合作推行了一项计划，即协助 5 000 名以上的海员工会会员及其家属开展寻人及救助破碎家庭的服务，该计划

① 刘斌志，秦莲.中国特色工会社会工作研究的反思与展望[J].工会理论研究（上海工会管理职业学院学报），2019(3)：21－34.

成为工会社会工作发展史上的里程碑。目前美国工会社会工作服务可以分为总工会社会工作、大型工会社会工作和人性协约工会社会工作三类[①]。

1. 总工会社会工作

1941年出现的美国总工会社区服务部所提供的工会社会工作服务主要是推展社区服务方案和劳工联合服务处。前者是一种基于社区的社会工作服务方案，旨在将案主及其家属转介到相应的社会服务机构使其获得帮助。该方案也会通过教育途径为职工提供必要的信息和咨询服务，使其能够充分利用周边资源满足需求。后者是设立在工人集中的社区中，为职工提供有关健康与福利方面的服务的非营利性社会服务机构，具体包括资料提供与转介服务、生活支持策略服务方案、消费者争议服务、工会咨商员方案、人力供应服务方案等。

2. 大型工会社会工作

与总工会社会工作以转介为主的间接服务不同，大型工会社会工作主要提供直接社会工作服务，包括健康保险计划以及退休会员外展服务计划等，甚至包括对女工提供心理疏导、法律协助、短期危机干预等服务。健康保险计划即在原有服务的基础上设立个人服务组以应对个体复杂多元的社会问题，协助的主要问题包括住房、职业、法律、经济、生理健康、家庭关系以及消费者事务等。退休会员外展服务计划主要形式为对退休者的家庭访问，通过提供个案辅导服务、电话热线服务、文化休闲服务提高其退休后的生活质量。同时该计划也会增强案主在社区中的民主参与能力，协助其形成自助互助团体。

3. 人性协约工会社会工作

人性协约即要求资方重视劳工的健康、福利和生活环境，通过工会与雇主的协作以解决职工个人及家庭困境，其中包括转介、追踪等服务，具体体现在财务、家庭、健康、消费以及其他犯罪预防方面。

（二）我国工会社会工作的发展历程

相较于西方发展成熟的工会社会工作，我国工会社会工作的发展尚处于起步阶段。但纵观我国工会与社会工作的发展历程，可以发现两者早已具有融合发展的理论基础与现实基础。

---

① 刘斌志.工会社会工作：美国经验与本土发展[J].工会理论研究（上海工会管理干部学院学报），2008(3)：41-44.

1. 计划经济时代：单位制下的劳工福利

从中华人民共和国成立到改革开放前，我国长期处于计划经济时代。“单位”作为将全社会组织起来的组织体系具有强有力的动员机制和资源配置机制，尤其形成了以单位福利制度为基础的传统企业福利制度，在保障个体的工作之余也能满足其基本生活需求。这些单位组织能赋予社会成员以社会行动的权利和身份合法性，并代表和维护他们的权益①。这种福利制度不仅促进了资源的公平分配，也为劳工提供了全方位的社会支持，给予他们足够的归属感和安全感。这种以组织的名义为个体提供福利照顾的方式实际上呈现出工会社会工作的理念和雏形，但因其难以考虑差异化需求，仍然存在诸多局限。

2. 改革开放后：从工会工作到工会社会工作

改革开放的深化以及工人队伍的壮大都进一步推动了工会工作的革新，职工的福利保障和生活需求亟待满足。自 1988 年中国工会第 11 次全国代表大会修正通过《中国工会章程》，工会便开始承担维护职工合法权益和民主权利的职责，并为职工提供社会福利层面的管理与服务。此时的工会工作实则是一种变相的社会工作服务，与计划经济时代的单位福利保障相比，它更是直接扮演了社会工作者的角色。然而这种职能层面的急剧变迁也为工会工作埋下隐患，譬如关于职工的社会福利事务的责任主体从企业转向基层社区以及工会的职能空间被削弱等。与此同时，社会转型引发的社会问题和社会矛盾愈加复杂化与多元化，产业结构和职业结构也面临重重挑战，企业员工压力过重、合法权益缺乏有效保障，传统的工会工作无法满足职工需求，急需更加人本化的理念以及专业化和职业化的服务。20 世纪 90 年代后的一段时期，沿海地区工人生存状况普遍较差，工伤与职业病频发，发生了一系列集体抗争性事件。裕元公司率先聘用社会工作人才以通过社会工作方法推动企业承担社会责任②，由此拉开了工会社会工作的发展序幕。从深圳的“源头治理劳资纠纷试验区”工联会服务到“工会＋社工”的东莞模式，从上海“工会推介会”的增能赋权到江苏吴江的“苏州模式”，十多年的地方实践探索推动了工会社会工作的蓬勃发展。

3. 社会转型时期：工会社会工作的机遇与挑战

为贯彻落实中央关于支持群团组织改革的决策部署，中华全国总工会、民政部、

---

① 张默，卢磊.我国企业社会工作发展的历程和趋势[J].中国劳动关系学院学报，2015，29(4)：91 - 97.

② 李晓凤.我国企业社会工作的历史演进及实务运作模式初探——以珠江三角洲地区为例[J].社会工作(学术版)，2011(3)：4 - 7.

人力资源和社会保障部于2016年年底联合印发了《关于加强工会社会工作专业人才队伍建设的指导意见》。这是工会领域首个关于社会工作专业人才队伍建设的全国性指导政策，确立了工会社会工作的基本政策框架，由此促进了相关服务的专业化与规范化。近年来，我国工会社会工作在为职工提供专业服务、提升员工福利水平与促进和谐劳动关系方面做出了诸多努力，但仍面临发展困境。首先，由于当前工会受制于企业，使得社会工作者难以独立开展专业服务[①]，服务效果也大打折扣；其次，如同社会工作在其他领域遇到的共性问题一样，高度行政化的特征削弱了工会社会工作的专业性，且使其长期处于专业化与行政化的两难困境中，无法遵循专业价值伦理开展服务；最后，人才队伍的薄弱成为制约工会社会工作发展的短板，工会社会工作无法满足日益增多的职工需求[②]。正是在这些困境中，构建具有中国特色的工会社会工作成为当下十分迫切的任务。

三、共青团社会工作的发展脉络

（一）西方青少年社会工作的发展

西方近代工业文明的高速发展在提高生产力的同时也引发了社会的巨大变迁。1601年颁布的《济贫法》规定，“教区设有贫民习艺所供男女儿童习艺，教区亦义务介绍工作，或配给原料及工具，促使生产”[③]，青少年因而成为政府救济的重要对象。童工是当时危害青少年健康和权益的社会现象，英国为此出台了第一个保护童工的法律——《学徒健康与道德法》。但该法律并没有完全让青少年脱离险境，因工致残、过劳死等问题时有发生。社会化大生产引发的情感淡漠、关系疏离引发了青少年内心的强烈冲突，更导致了越来越多的青少年自杀、犯罪等社会问题。在此背景下，基督教青年会等一系列青年组织的成立促进了青少年社会工作的萌芽与发展。随着西方工业化与城市化的迅猛发展，城市青少年的暴力袭击、帮派斗争等问题引发社会关注，延长学校教育时间、实施青少年保护与宵禁、建立青少年法庭以及青少年劳动法案等措施相继推出[④]。从那之后，学校成为青少年社会工作的重要领域，社会工作的专业服务方法开始被应用于青少年领域，如社会心理模式、危机介入模式、

---

① 常凯.劳动关系的集体化转型与政府劳工政策的完善[J].中国社会科学，2013(6)：91－108＋206.
② 谢建社，赵天琦.我国工会社会工作的发展逻辑与模式创新[J].社会建设，2020，7(3)：57－63.
③ 李增禄.社会工作概论[M].台北：巨流图书公司，1996：20.
④ 王玉香.西方青少年社会工作的历史沿革研究[J].中国青年研究，2012(2)：92－97.

家庭系统治疗等，青少年社会工作呈现出愈加明显的专业化与职业化趋势。

（二）我国共青团社会工作的发展

中国共产党历来重视青年工作，共青团在党的领导下也始终践行对青年的关怀与引领。回溯历史，我们可以将共青团对青年的引领划分为以下四个阶段①。

1. 革命战争年代：团结教育革命青年

随着马克思主义的传播，中国各地党组织都意识到团结教育革命青年的重要性，为此建立了一大批青年组织，如“上海社会主义青年团”“北京社会主义青年团”“社会主义青年团”等。《中国社会主义青年团临时章程》②的制定为全国建团指明了方向。党的二大至四大期间，我党相继通过关于青年运动的决议案，试图以青年化的方式引领青年投入国民革命。至土地革命战争时期，党团关系进行制度化变更，展现出党对共青团的指导，留下珍贵的经验教训。抗日战争打响后，共青团被改造为青年救国组织，为抗战胜利作出巨大贡献。1949 年 1 月 1 日，中共中央发布《关于建立中国新民主主义青年团的决议》，明确了新民主主义青年团的性质与任务，青年团第一次代表大会的召开确立了青年团对广大青年的引领作用。

2. 社会主义革命和建设时期：党加强对共青团的指导

中华人民共和国成立后，中国共产党对青年团的工作愈加重视，毛泽东提出的“配合党的重心，照顾青年特点”成为团的工作的指导方针，进一步阐述了青年的社会地位和影响价值，明确要将青年培养成共产主义事业接班人。党中央多次批转相关文件，包括《关于青年突击队工作向市党委的报告》《关于组织高小和初中毕业生从事农业劳动和进行自学的报告》《关于当前少年儿童工作问题的报告》《关于组织城市知识青年参加农村社会主义建设的报告》《关于加强城市青少年共产主义道德教育的报告》等，进一步确立团结青年、激发青年投入国家建设热情的重要性，推动着共青团事业的蓬勃发展。

3. 改革开放以来：党对共青团改革提出要求

党的十一届三中全会进一步推动党中央对共青团工作的重视，《关于武汉市加强青少年教育活跃业余文化生活情况的报告》《关于河南省安阳市“关心下一代协会”工

---

① 张华.共青团引领青年的历史脉络——基于党团关系视角的追溯[J].中国青年研究，2021(9)：14－22,40.

② 强卫.中国共产主义青年团工作大辞典[M].北京：北京燕山出版社，1991：813.

作情况的调查报告》《关于加强和改善党对工会、共青团、妇联工作领导的通知》等文件相继下发，进一步加强了青少年活动组织与阵地的建设，我国把“有理想、有道德、有文化、有纪律”作为培养目标，引导青年在改革开放的潮流中不断学习、不断创新、不断进取①。以共青团为主导开展青年工作的工作模式也日趋成熟，青年工作愈加专业化。

4. 新时代：社会工作注入共青团工作

党的十八大以来，习近平总书记为共青团工作指明方向，为引领青年作出表率。习近平新时代中国特色社会主义思想也指明了共青团引领青年的政治方向，明确共青团的工作在根本上就是做好党的助手和后备军。2017 年 4 月，中共中央、国务院印发了《中长期青年发展规划（2016—2025 年）》（以下简称《规划》），作为新中国第一个青年发展规划，充分体现出党中央对青少年群体的高度重视与关怀，其中也为青少年社会工作注入共青团工作奠定了理论基础。首先，在维护青少年合法权益层面，《规划》明确指出要充分发挥青少年社会工作的价值，引导青少年社会工作在共青团的带领下，积极参与维护青少年合法权益的相关事务。其次，在预防青少年违法犯罪层面，《规划》指出应考虑社会各个部门的共同参与，其中青少年社会工作者需协助社工机构发挥作用，对重点青少年群体提供专业化服务。再次，在增强青年社会保障层面，《规划》指出应进一步完善青年社会福利工作和社会救助工作，尤其对残疾青年应给予更多支持，如专业社会工作服务等。最后，《规划》明确了青少年社会工作专业人才队伍建设的目标和方向，指出应加强青少年事务社会工作专业人才建设②。

四、妇联社会工作的发展脉络

（一）西方女性主义社会工作的发展

女性主义思潮兴起于 19 世纪末，西方女性主义应用于社会工作始于 20 世纪 70 年代到 80 年代，其思想根植于妇女解放运动。女性主义社会工作模式的形成与发展大致可以分为以下三个阶段③：（1）在女性主义社会工作的萌芽期，女性主义者

① 林炜.百年来共青团青年工作的发展逻辑与经验启示[J].北京科技大学学报（社会科学版），2022，38（1）：24－32.

② 姜如梦.《中长期青年发展规划（2016—2025 年）》视阈下我国青少年社会工作的发展[J].青年发展论坛，2020，30（5）：87－95.

③ 宋丽玉，曾华源，施教裕，等.社会工作理论——处遇模式与案例分析[M].台北：洪叶文化事业有限公司，2005：372－373.

对医疗模式的无差别性别模式进行批判，主张通过自我肯定训练和教育提升女性自信，从而为女性群体自身争取权益。当时的女性主义治疗认为应由女性工作人员服务女性，以社会变迁去除性别歧视，女性拥有和男性同等的权利和自由去实现个人和社会目标。(2) 在女性主义社会工作的成长期，社会工作专业组织对女性主义表示支持，譬如美国社会工作者协会赞助了有关女性的研讨会，并开办女性特刊《社会工作》，发展针对女性的社会工作专业服务(个案咨询、热线、转介、紧急庇护等)。除此之外，女性主义也开始重新检视社会工作在社会变迁中的责任与使命。(3) 在女性主义社会工作的发展期，美国社会工作者协会成立"女性议题委员会"以改善针对女性案主的服务并满足其需求。由于女性主义的观点和诉求与社会工作对弱势群体的关怀不谋而合，且社会工作者与案主群体中女性较多，因而社会工作和女性主义的结合成了一种必然①。

(二) 我国妇女社会工作的发展

1. 中华人民共和国成立后：党和国家带领妇女积极参与社会建设

中华人民共和国成立初期，国民经济百废待兴，恢复和发展国民经济是当时的中心任务。我国传统意义上的妇女工作主要由妇联开展，在此背景下，全国妇联贯彻以生产为中心的妇女工作方针，组织城市妇女积极参加生产劳动。具体包括：协助工会做好女职工和集中居住的家属工作，动员妇女参加爱国增产节约运动、学习先进技术以提高劳动生产率，组织家庭妇女和分散居住的职工家属开展各类手工加工和参加民办工业、各种集体生活福利及服务事业，等等②。1953 年后，城市妇女工作提倡妇女积极参与各类手工工场和妇女生产合作社的建设以解决就业问题。

2. 改革开放以来：妇联妇女工作的社会化

1978 年，中国妇女第四次全国代表大会提出妇女工作应考虑与其他社会组织的协同配合，要密切联系群众，充分走群众路线，由此确立了妇女工作社会化的指导思想和工作方式③。基于此，在中国妇女"五大""六大"之后，妇联工作进一步被要求深入群众并应善于动员社会各界力量以共同推动妇女工作的蓬勃发展。"三八红旗手""三八红旗集体""五好文明家庭"等作为妇联工作的标志性活动，大力推动着全

---

① 文军.社会工作模式：理论与应用[M].北京：高等教育出版社，2010：406－408.
② 范红霞.全国妇联推动城市妇女工作的历史考察[J].中国妇运，2019(3)：45－48.
③ 柏志英.战略机遇期妇女发展与妇女工作[M].南京：南京大学出版社，2003：203.

国妇女及其家庭积极投身社会主义精神文明建设。随着城市经济体制的深化，解决女职工就业问题成为社会的重要任务。1991年，在全国妇女群体中开展的“巾帼建功”活动加强了妇联同社会各部门间的联系与合作，进一步调动了广大妇女的积极性，也彰显了妇联对于妇女工作开展的重要作用。中国妇女“七大”首次明确提出各级妇联要探索群众化、社会化的工作方式，之后又提出应将城市妇女工作的重点转向社区，这也为社会工作与妇联的结合埋下合作的种子。

3. 新时代：妇女社会工作的发展

在社会急剧转型的背景下，传统的妇女工作难以适应不断涌现的新型妇女问题，包括互联网视域下的妇女权益、性别歧视、女性吸毒、女性养老、女性自杀等问题。缺乏专业的社会工作服务、行政色彩过浓是阻碍其为妇女提供服务的症结，因而强化传统妇女工作模式中的社会服务功能是传统妇女工作实现现代转型的关键[①]。《关于加强社会工作专业人才队伍建设的意见》将女性主义引入社会工作，并将其与我国已有的妇联工作进行融合，不仅有利于社会工作自身的本土化，也有利于妇女工作的专业化与职业化，让妇女社会工作更好地服务于广大妇女群体。在此政策引领下，妇女社会工作以社区为平台，以项目为依托，充分引入社会工作的专业工作方法，对妇联、高校、民间妇女组织等实行多元化整合，服务领域也拓展至单亲女性、反家庭暴力、流动妇女、反贫困与农村妇女等议题，进一步细化妇女社会工作的开展。但与此同时，妇女社会工作仍存在提升空间，需要进一步探索未来的完善路径。

第三节　群团社会工作的基础理论

一、群团工作的基础理论

群团组织早在马克思恩格斯领导的革命运动中已有萌芽，之后一直发挥着联系革命群众的作用，主要包括工会、学生联合会等组织。以列宁为首的东方无产阶级建立世界第一个人民民主专政的社会主义国家后，青年团、工会等群团组织也踊跃

① 蒋美华.社会转型期的妇女社会工作[J].妇女研究论丛，2004(3)：38－42.

加入革命斗争。我国在马克思主义中国化革命进程中也逐步推进群团组织的建设，其中包括马克思恩格斯、列宁、毛泽东、邓小平等领导人的重要理论思想[①]。党的十八大以来，习近平总书记关于群团工作的论述明晰了新时代群团组织的职责定位，进一步推动了我国群团组织的改革与发展。

（一）马克思恩格斯群团工作的基本思想

最初的马克思主义群团工作理论是在马克思恩格斯早年领导工人运动的实践过程中逐渐形成的，主要包括以下几点内容：（1）工会是工人阶级的凝聚组织。它根植于广大工人的生活之中，为工人权益斗争而服务，在革命斗争中必须发挥工会组织的中心作用凝聚无产阶级力量。（2）工会是阶级斗争的利器。马克思指出社团以及由社团成长起来的工会，作为组织工人阶级对资产阶级进行斗争的手段是极其重要的[②]，工会主导的合法斗争是为实现工人的基本权益而开展的，始终代表最广大工人阶级的根本利益。（3）需强化群团组织建设。应进一步加强群团组织的凝聚性、先进性和引导性，发挥其维护工人阶级利益的重要作用。（4）重视青年群团组织与工农群团的紧密结合。恩格斯在《致国际社会主义者大学生代表大会》中指出，“希望你们的努力将使大学生们愈益意识到，正是应该从他们的行列中产生出这样一种脑力劳动无产阶级，他们负有使命同自己从事体力劳动的工人兄弟在一个队伍里肩并肩地在即将来临的革命中发挥巨大作用”[③]，由此主张青年群团组织应与工农群团加强合作，从而牢固凝聚广大工农群众的主力作用。

（二）列宁群团工作的基本思想

列宁对于群团工作的论述集中于工会和青年团等组织，并重视两者与其他群团组织的联系。具体论述包括以下几个方面：（1）群团组织是发展新阶级的工具。列宁《在全俄工会第三次代表大会上的讲话》中指出，“工会是从资本主义中产生的，它是发展新阶级的工具。阶级这个概念是在斗争和发展中形成的”[④]。由此阐明了工会的性质和作用。（2）发挥群团组织的教育作用。列宁在《论工会、目前局势及托

---

① 谢亚军.十八大以来中国共产党群团工作研究[D].贵州：贵州大学，2017.

② 中共中央马克思恩格斯列宁斯大林著作编译局.马克思恩格斯全集：第16卷[M].北京：人民出版社，1995：220.

③ 中共中央马克思恩格斯列宁斯大林著作编译局.马克思恩格斯全集：第22卷[M].北京：人民出版社，1995：487.

④ 中共中央马克思恩格斯列宁斯大林著作编译局.列宁选集：第1卷[M].北京：人民出版社，1972：324－325.

洛茨基的错误》中提到,“工会不是国家组织,不是实行强制的组织,它是一个教育的组织,是吸引和训练的组织,它是一个学校,是学习管理的学校,是学习主持经济的学校,是共产主义的学校”。由此指明群团组织的教育职能。(3) 群团组织要选拔优秀的群团干部,注重选拔任用年轻干部。(4) 发挥群团的思想政治宣传职能,提倡通过群团组织做好群众的思想政治工作,充分发挥群团组织的宣传作用。

(三) 毛泽东群团工作的基本思想

毛泽东在领导革命的过程中始终重视群团组织的作用,主张深入群众开展调研,充分利用群团组织密切党群联系,逐渐形成了一系列指导群团工作的理论思想:(1) 群团组织在团结群众方面有不可替代的作用,尤其是工会在联系和团结工人方面的重要职能。毛泽东曾指出,“劳工组合的目的……尤在养成阶级的自觉,以全阶级的大同团结,谋全阶级的根本利益”①。(2) 群团工作要在坚持党的领导的同时保持自身的独立性。在《青年团的工作要照顾青年团的特点》中,毛泽东指出,“青年团要照顾青年的特点,要有自己的系统的工作,同时又要受各级党委的领导”②。(3) 群团组织要在联系群众的同时维护群众的利益,这是群团组织的重要目的。(4) 群团工作应在结合实际的基础上兼顾群众特点,唯有如此才能最终赢得坚实的群众基础。

(四) 邓小平群团工作的基本思想

邓小平也始终关心群团工作并重视其在社会主义建设中的推动作用。《邓小平文选》中体现出他关于群团工作的几点理论思想:(1) 群团既要接受党的领导也要具有独立性。党的领导决定了群团工作的方向,而群团自身的独立性是其发挥自身职能的前提。(2) 应进一步加强和保持党对群团组织的领导,群团组织的发展始终依靠党的支持。(3) 积极发挥群团的职能作用。邓小平曾指出,“工会要教育全体会员认识实现四个现代化的伟大意义,努力提高自己的政治、管理、技术、文化水平”③。(4) 及时修正群团工作中存在的问题,保持革新。邓小平曾指出,工会中存在严重的关门主义和形式主义,也提出了相应的解决对策。

---

① 中华全国总工会,中共中央文献研究室.毛泽东邓小平江泽民论工人阶级和工会工作[M].北京:中央文献出版社,2002:3.

② 毛泽东.毛泽东选集:第5卷[M].北京:人民出版社,1977:86.

③ 中华全国总工会,中共中央文献研究室.毛泽东邓小平江泽民论工人阶级和工会工作[M].北京:中央文献出版社,2002:126.

（五）习近平总书记关于群团工作的论述

习近平始终对群团工作给予高度重视。党的十八大以来，他在科学继承中国改革发展历史经验的基础上，结合马克思主义党群组织改革与发展的现实，提出了具有中国特色和时代特征的群团工作论述[①]，对群团工作的发展起到了巨大的推动作用。2015 年 7 月，习近平在第一次中央党的群团工作会议上强调群团组织“重要法宝，两个基本”的重要地位，指出工会、共青团、妇联等群团组织联系的广大人民群众是全面建成小康社会、坚持和发展中国特色社会主义的基本力量，是全面深化改革、推进全面依法治国、巩固党的执政地位、维护国家长治久安的基本依靠，并明确了群团组织“政治性、先进性、群众性”三大特征。其中政治性是群团组织的灵魂，先进性是群团工作的重要着力点，群众性是群团组织的根本特点，要强调党委对群团组织的领导和支持，坚持问题导向并解决突出问题，在强化群团组织服务职能的同时加强群团组织的自身建设。习近平对群团工作的论述为新时代中国群团组织的改革与发展提供了坚实的理论基础。

二、社会工作的基础理论

社会工作在与群团工作结合的过程中，不断将社会工作的专业理论带入实践。早期社会工作理论多来源于社会学和心理学，而后在其发展中形成特有的赋权、优势视角等专业理论。本节将介绍以下几种对群团社会工作的实践起到指导作用的基础理论，这些理论有助于确定群团社会工作所要解决的问题性质与产生原因，有利于确定社会工作的目标且能提供可供选择的实务工作模式和方法[②]。

（一）人本中心理论

人本中心理论起源于现代心理学家卡尔·罗杰斯（Carl Rogers）。该理论也被称为案主中心理论，它强调“案主中心”“同理心”“真诚”“接纳”“表里如一”等价值理念以及人的价值与尊严，并倡导对案主的去问题化。它改变了以往心理咨询将案主问题化的习惯，对后来的社会工作实务起到了指导作用。人本主义重新确认了被社会工作视为核心的人性自我提升能力的重要性[③]，认为人性是善的，并且相信人有与

① 李占乐，魏楠.习近平关于群团工作论述的理论创新和时代价值[J].中共成都市委党校学报.2021（1）：11－16.

② 王思斌.社会工作导论[M].2 版.北京：北京大学出版社，2011：5.

③ 何雪松.社会工作理论[M].上海：上海人民出版社，2007：42.

生俱来的主观能动性，也是社会工作的核心理念“助人自助”的由来。同时，人本中心理论以案主的自我成长为目标，重点关注对案主潜能的挖掘。人本中心理论对社会工作有重要影响，尤其体现在咨询理论和助人的基本要素方面，并且由此发展出一种和谐同理心的治疗方式，对后续的治疗技术有一定影响。在群团社会工作中，该理论打破了以往群团工作以问题为导向的行政化路径，转而将重心放置于“人”本身，为提升案主的服务参与感和体验感奠定了理论基础。

（二）生态系统理论

生态系统理论是系统理论的分支，强调对案主周围环境的重视，重点用于考察人类行为与社会环境的交互关系。它是一种整合取向的社会工作理论。该理论将人类生存的社会环境（如家庭、机构、团体、社区等）看作一种社会性的生态系统，注重人与环境各系统的相互作用，强调这一系统的生态学属性以及人与环境间各系统的相互作用，从而揭示家庭、社会系统对于个人成长的重要影响[①]。该理论在社会工作中的运用主要体现在儿童与青少年、社区和社会工作本身发展这三个领域，应用原则包括个人与环境是不可分离的，个人或家庭所经历的问题困境源于众多变量的互动结果，社会工作者应善于运用个人的生活经验及非正式系统作为干预切入点，社会工作者应寻求在不同层面影响案主与环境之间的调试程度[②]。该理论不仅为案主问题的解决提供了清晰的思路，更启发社会工作者用一种多元的视角去思考实务策略。同时该理论对社会工作本身的发展也有促进作用。当前群团社会工作的实践正需要以整合性思维综合、全面地考察案主需求，寻找使其陷入困境的深层症结并提出相应的解决方案。

（三）建构主义理论

20 世纪 70 年代，建构主义与实证主义所主导的思想相对立，建构主义关注人们对个体问题的建构，即一种对自己的问题的假设。同时它也认为对当前经验的解释受过去事件的经验和对未来事件预计的制约。建构主义认为问题是由社会和他人建构出来的，承认事实都是被建构的。由此该理论为社会工作的发展提供了全新的理论视角，引导社会工作者从另一个角度思考案主面临的问题，具有一定的开拓性和革命性。建构主义为社会工作的理论和实务方面提供了诸多借鉴，促进了社会工

---

① 冯丽婕，时方.基于生态系统理论的儿童个案实践及反思[J].社会工作，2010(18)：23－25.

② Hartman A. Family-centered Social Work Practice[M]. New York：Aldine de Gruyter，1983.

作理论的创新以及社会工作专业化和职业化的发展，并在此基础上发展出三类社会工作的工作模式：家庭治疗模式、叙事治疗模式和优势视角。建构性社会工作实务主要关注人们谈论什么、期望与目标以及寻找问题的例外或改变的可能性。这种优势视角与去标签化的理念也对社会工作实务模式有启迪作用，它赋予案主的问题以新的建构意义，并使社会工作者不再以专家自居，而是强调案主的优势。既往的群团工作更讲究自上而下的行政化思维，案主是被教育、安排的对象，缺乏主动性和参与性。同时，单向度的救助有标签化和污名化的风险，并没有承认案主自身拥有的潜力与资源。群团社会工作将遵循建构主义理论重新界定案主及其面临的困境。

（四）女性主义理论

美国社会工作人员协会（NASW）将女性主义定义为社会运动，并宣扬女性在法律和社会经济上的平等。女性主义理论认为，女性是在全世界范围内受压迫和受歧视的群体，主旨在于挑战男性主导的世界，致力于构建两性平等及妇女解放的世界，重新建构女性的话语权。这不仅是一种社会理论范式，而且是一场世界范围内的政治运动。女性主义引入社会工作缘起于 20 世纪 70 年代，并从 20 世纪 90 年代开始有了进一步发展。对于社会工作而言，其对弱势群体的关注必然无法避免对女性群体的关注。该理论为社会工作理论与实务的发展都带来了全新的视角和工作模式。一方面，它关注女性独特的经验和对社会公平与正义的崇高追求；另一方面，它质疑原本传统社会工作中对女性特殊需求的忽视以及社会长期议题的回避。女性主义社会工作的三种实务模式主要有自由主义女性主义、激进女性主义和社会主义女性主义。这三种模式在社会工作的三大工作方法中有具体体现，也充分体现出女性主义与社会工作的互动与融合，丰富和完善了社会工作理论与实务。对于群团社会工作而言，女性主义理论为针对女性职工、青年女性、妇女等人群的服务提供了理论指引，能够帮助社会工作者从性别视角、立足于女性特征看待该群体面临的困境，这也是对社会工作个别化服务原则以及追求社会正义和公平目标的体现。

（五）认知行为理论

认知行为理论是由行为理论和认知理论发展和融合而成的。它主要由包括巴甫洛夫、华生等人发展出来的行为主义和认知心理学派所构成。行为主义认为人的行为由后天习得，环境将决定一个人的行为模式，即人们通过学习可以获得正常或者不正常的行为模式，也可以通过学习更改既有的行为模式。而认知理论认为，一个人的认知过程会影响其情绪和行为。该理论为行为主义提供了新的理论路径，也为心理学发展提供了新的契机。社会工作运用认知行为理论处理各类社会心理学的问题，其中班杜拉（Bandura）的社会学习理论提出认知才是人类行为的决定性因素，而美国心理学家艾利斯（Ellis）的理性情绪疗法也逐步成为社会工作实务的常用治疗方法。认知行为理论在社会工作的实践中逐渐形成多种技巧和方法，主要包括以下四类：社交技巧训练、认知重建、新系统脱敏法和压力免疫训练①。厌恶疗法和认知重建法也备受社会工作实务工作者的推崇。该理论横跨儿童社会工作至老年社会工作，从社区蔓延到监狱社会工作，从行为、情绪、认知上对案主进行干预，有明确的干预点和结构性方法。尤其因为认知行为理论同时融合认知理论和行为主义，本身就具有多元性，它也为社会工作在各类不合理行为的问题解决方面提供了更多的介入视角。该理论中表现出的积极主动的人性观，强调“去污名化”，用包容的态度接纳案主正是目前群团社会工作所推崇的，有利于社会工作者全面理解和解决案主的问题，挖掘问题表象下隐藏的“冰山”，并提供明确性和结构性的指导。

（六）社会支持理论

在人类社会中，社会支持是必不可少的重要元素，它能协助个体借助外部力量以获得情感性或者物质性资源，从而克服困难。为有需要的个体提供支持和帮助是社会工作的核心工作内容，也是所有服务的出发点。社会支持理论最早应用于精神疾病和医疗康复领域，之后渐渐应用于心理学、教育学和社会学领域。在社会工作实务中，社会支持理论多应用于老年社会工作、青少年社会工作和医务社会工作。社会工作服务是一种正式的社会支持网络，既可以掌握社会资源为受助者提供直接的帮助，也可以帮助受助者补足和扩展其非正式的社会支持网络②。就群团社会工作面对的工作对象而言，个体对非正式社会支持网络的需求较大，社会工作者在其中主要扮演中间人的角色，并发挥协商和链接资源的职能。该理论的优势在于简单易行且便于操作，并能辅助其他工作方法，有利于个体的重新社会化和融入新环境。

（七）危机干预理论

危机干预理论是以其短期干预为导向，强调运用心理分析与自我心理学的概念，协助处于危机的个人走出困境并为其提供快速与短暂调适的专业服务。它是给

① 何雪松.社会工作理论[M].上海：上海人民出版社，2007：68.

② 李莉.社会工作导论[M].北京：中国人民大学出版社，2014：78.

处于危机之中的个人或家庭提供有效帮助和支持的一种技术，通过调动他们自身的潜能来重新建立和恢复其在危机出现前的心理平衡状态。危机干预又称危机管理、危机调停或危机介入[①]。它的假设为人们都处于一种稳定的生活状态，能够应对生活中的各种变化。该理论的特征是集中精力处理当前最重要的问题，短时、快速地帮助案主尽快恢复心理平衡。危机干预理论应用于社会工作的主要实务方法有关键事件应激管理法、关键事件应激报告法、ACT 干预模式、危机干预六步法和危机干预七步法等[②]。危机干预理论主要关注个体对外在突发事件的情感反应以及如何理性处理这些反应。风险社会的到来使得个体常常被置于不确定、不可控以及碎片化的日常生活情境中，容易陷入危机且失去应对危机的能力。对于群团社会工作而言，该理论有助于改善和提升案主应对危机的能力，以便其更好地应对生活中的困境和挫折。而社会工作者尤其需要秉持接纳的处置原则，并辅以倾听、适当沉默、适度引导等沟通技巧。通过危机干预，个体开始反思突发事件带来的影响，并以更加积极的态度应对危机。

（八）叙事治疗理论

叙事治疗理论传入社会工作领域后，在实务中不断提炼和总结并最终形成新型理论视角。叙事治疗源于家庭治疗，需要所有家庭成员的共同参与并接受干预，是一种聚焦于案主权能的理论，具有一定的开放性和建构性。在社会工作实务中，社会工作者通过叙事外化案主的问题，并让其发掘自身优势以形成有利于自身发展的全新故事，让案主重新感受到希望。叙事疗法在实务应用中需要包括倾听、提问、仪式化释义和使用治疗文件的技巧。作为后现代社会工作中的基础理论之一，叙事治疗理论在各大实务领域备受推崇，服务人群的范围也逐渐扩大。在群团社会工作中，该理论有利于社会工作者与案主保持合作关系，真正践行社会工作的核心理念即助人自助，让案主的话语权得到一定程度的保障。

（九）优势视角理论

优势视角理论起源于心理卫生领域，它强调社会工作者在实践过程中对案主所拥有的优势和资源的聚焦，并强调发掘和培养案主的潜在能力，最终达到助人自助的目的。由于其颠覆了传统病理学对缺陷的关注，因而是传统社会工作实践中一次

① 李建明，晏丽娟.国外心理危机干预研究[J].中国健康心理学杂志，2011，19(2)：244－247.

② Belkin G S. Introduction to Counseling[M]. Dubuque.LA：William C Brown，1984：1－13.

戏剧性的飞跃。这种去问题化和去标签化的导向对于社会工作而言也是对社会公正和以人为本的反思和回归，并与心理治疗有了根本性的区别。在社会工作实务中，该视角主要围绕以下实务策略展开[①]：对案主优势的聚焦；发掘案主学习、成长和改变的能力；和案主形成并维持良好的关系；外展的处置方式；对社区资源的有效利用；案主的倡导作用。对于群团社会工作而言，该视角将社会工作者与案主界定为平等合作的关系，打破了传统的专业权利关系，逐步发展出一套全新的社会工作理论范式，未来优势视角对个人关怀和社会正义的兼顾将成为发展趋势。

（十）赋权理论

《黑人赋权：受压迫社区中的社会工作》一书的出版标志着赋权实践在社会工作中的诞生。赋权理论强调案主在社会工作实践中的主体性和能动性，尤其重塑了人们对弱势群体的认知。在社会工作实务中，该理论注重并充分调动案主自身的权能。它认为弱势群体之所以弱势正是因为缺乏足够的能量和信心。社会工作者通过赋权来帮助案主找回信心并逐步建立对生活的希望。达尔林普尔（Dalrymple）和伯克（Burke）则指出，社会工作者和案主在反对压制的社会工作实践中应该维持一种合作伙伴的关系[②]。该理论在社会工作实务中的具体实践主要包括案主内在赋权和赋权小组。在此过程中，社会工作者与案主应维持平等互惠的双向合作伙伴关系。赋权理论的核心观点与社会工作一致，皆为助人自助。它的整个服务过程是促进案主自决，并强调社会工作者的倡导者角色。无论是传统的群团工作还是群团社会工作都以维护个体的合法权益为工作目标，这种赋权理论不仅关注个体，同时以期对社会正义进行倡导并在一定程度上促进社会变迁，其在宏观层面的功能也充分体现出社会工作在政策倡导和推进社会变革中的使命和责任。

第四节　群团社会工作的实践模式

随着群团工作与社会工作的融合与发展，群团社会工作在原有群团工作的基础

① 宋丽玉，曾华源，施教裕，等.社会工作理论——处遇模式与案例分析[M].台北：洪叶文化事业公司，2005：133－142.

② Burke B，Dalrymple J，Burke B，et al. Anti-oppressive Practice and the Law[J]. Annals of the Rheumatic Diseases，1995，73(Suppl 2)：1038.

上融入社会工作的专业理论与实务模式，从而也形成了群团个案工作、群团小组工作和群团社区工作三类常用方法。

一、群团个案工作

个案工作作为社会工作直接服务三大方法之一，是临床实践中最常用的基本实务方法。群团个案工作的服务对象是以工会、共青团和妇联服务的对象为基础，并拓展至与其有密切联系的家属等重要他人。该工作方法是以个人为落脚点，案主的需求是制定服务目标、拟定服务计划以及运用专业方法的前提。在整个个案服务的过程中，需兼顾群团工作守则与社会工作专业伦理与价值。群团个案工作的目的在于协助有困难的个体走出困境，以“助人自助”为核心原则关注案主自身潜能的挖掘，使其掌握运用资源和应对后续生活的能力。

群团个案工作有以下四点特征：(1) 行政咨询与心理疏导相结合。传统群团工作以行政类咨询为主，以民主集中制为基本准则。融入社会工作的个案工作方法后，群团个案工作将两者相结合，在面对案主的困境时既依照行政程序了解其面临的问题，同时也运用社会工作的不同理论和技巧以处理问题。(2) 在集体服务之余更加重视个人的独特性。传统群团工作以集体性服务为主，主要面向大规模的会员或群体，而群团社会工作更注重个别服务的方式，采用个别化原则以识别不同案主的差异性，并以此设计不同的服务目标和方案。(3) 以更综合性和整合性的视角看待案主的问题，既评估其内心的情绪及心理状态，也对其周围引发个人行为的环境因素保持敏感度。(4) 更强调案主自身的参与。传统群团工作更强调自上而下的行政化介入手段，而群团社会工作在整个服务过程中秉持助人自助的核心价值理念，强调案主自身拥有潜能且有自决的权利和能力，因而社会工作者在个案工作中努力激发案主参与制定目标、计划以及服务方案的主动性，并协助其凭借自己的能力走出困境。

群团个案工作有以下四种基本模式：(1) 心理社会学派模式。该模式强调对人的深层心理与行为进行剖析，个人的行为受到内在性格和外部环境的影响，因此对案主的评估需要从其心理机制、人格特征出发才能寻找到问题的症结，且需要将个体放置于其所处的环境中加以改变。因而该模式旨在改善人际关系和生活环境，通过同时改变案主个人与其环境进行综合性介入。(2) 家庭治疗模式。该模式强调立足于家庭关系系统、以整个家庭为单位来理解个体的心理与行为，着重对个体的家庭成员进行介入[①]。通过改变家庭结构和成员间的互动方式以协调家庭关系，并帮助个别成员解决问题，促进家庭的健康发展与和谐。(3) 女性主义模式。该模式强调通过意识消除性别刻板印象，通过对性别议题保持敏感性以给予女性特殊的关怀，尤其注重对女性的潜能激发与能力培养，反对一切对女性的压迫，并尊重女性的多样性。(4) 危机干预模式。该模式强调以短期干预为导向，运用心理分析和自我心理学概念为处于危机中的个人或家庭提供快速的专业服务[②]，使其能够顺利度过危机状态并恢复正常的生活。

群团个案工作有以下两种基本技巧：(1) 会谈技巧。个案工作以访谈的形式为主，其中社会工作者需要在访谈过程中展现出尊重、关怀、接纳、专注、真诚、同理心、简洁、对质以及澄清等技巧。这些技巧将有利于社会工作者与案主建立信任和专业关系，这也是社会工作者展开介入服务的重要前提。(2) 记录技巧。由于在个案工作的整个服务过程中将获取大量信息，这些亦是评估案主以及制定服务计划的基础，因而收集与记录资料至关重要，具体包括观察与记录案主的语言和非语言信息、汇总与分析案主的整体状况、记录案主在重要事件中的行为表现与行为背后的原因以及录音和录像，这些技巧将有助于提升社会工作者对案主评估的准确性。

二、群团小组工作

小组工作强调通过集体的影响力帮助个人进行改变，有利于增强组员间的互动并帮助组员获得小组经验，尤其适用于需要提升社会交往技能的个体。小组工作比起个案工作更能够帮助个体了解自我、发掘潜能并实现自我[③]。在群团小组工作中，有较多需要维权的职工、原生家庭畸形的青少年以及陷入困境的女性，支持性小组、互助性小组以及治疗性小组的运用将有利于这些群体发挥自身潜能、提升获取资源的能力与个人的社会整合度，对于社会支持网络的建构也将发挥重要作用。

群团小组工作有以下三点特征：(1) 组员与小组一同赋能。小组工作是以组员间的互动为前提而开展的工作方法，组员不仅个人获得自我发展的能力，也会通过

---

① 张文霞，朱冬亮.家庭社会工作[M].北京：社会科学文献出版社，2005：120.

② 顾东辉.社会工作概论[M].上海：上海译文出版社，2005：108.

③ 黄丽华.团体社会工作[M].上海：华东理工大学出版社，2003：110.

小组互动给予他人能量，无形中为小组整体赋能。与此同时，所有组员也将获得来自小组的能量。(2) 以互助的方式获取资源。与社会工作相比，传统群团工作拥有更多行政资源且社会网络庞大，能够短时高效地为案主链接资源。而群团小组工作则在此基础上增强了组员之间的互助与合作功能，在原本自上而下的资源供给方式之外，增加了成员之间互帮互助的可能性，由此进一步提升组员的权能感，发挥其自身的潜能。(3) 发展性导向与问题解决导向相结合。社会工作和群团工作都以解决个体或家庭的困境为服务目标。近年来，发展性社会工作已成为新趋势，在群团小组工作中则表现为挖掘个体背后的社会力量，通过鼓励个体的民主参与以促进社会进步，在此过程中也注重培养和提升案主的自我发展能力。

群团小组工作有以下三种基本模式：(1) 社会目标模式①。该模式注重社会工作实施过程的内团体过程，同时关注社区组织的外在变迁目标，在紧扣社会现实的同时也强调团体过程中的民主化决策。此类小组均以共同的目标为特征，强调组员与小组目标的整合，关心个人和组织的社会权力，最终目标在于社区归属和社会整合，也关注社会秩序与社会价值，通过小组工作促成社会行动，最终实现社会变迁。(2) 成长小组模式。尤其在以共青团服务对象为主体的群团小组工作中，以增进组员的自我了解、自信心以及成长与发展为目标的成长小组是常用的实践模式之一。社会工作者在运用该模式的过程中，需要以专业理论知识、价值、技巧为基础，同时要掌握更多的实务技巧以推动小组进程，如遴选组员、组内沟通、引导互动和评估等具体环节。(3) 任务中心模式。社会工作者经常要面对组员无法长期参与小组的情形，此时会采用任务中心模式这种短期治疗方法。该模式假定个体本身具有解决问题的能力，而问题是个人心理与外在环境同时作用导致的，只需将重点放在问题的解决上，在有限的时间和限定的目标下协助案主完成既定任务，推进问题解决的进程。

依据小组进程的划分，群团小组工作有以下几类基本技巧：(1) 开始阶段。此阶段社会工作者需要展现出同理心、真诚和示范的技巧，这样有利于与组员之间建立信任关系，也能给予组员安全适宜的袒露环境。同时，由于该阶段属于小组初期，社会工作者的主动引导有利于提升组员参与小组的积极性。(2) 形成阶段。由于

① 文军.社会工作模式：理论与应用[M].北京：高等教育出版社，2010：238－247.

小组工作的特征在于利用集体的互动达成目标，因而此阶段社会工作者需要在推动小组进程以及引导组员互动的同时进一步推动组员之间的联系，需要采用连接和设限等技巧，既增强小组的凝聚力也防止小组进程偏离计划与目标。（3）冲突阶段。此阶段是小组的成熟期，也是小组达成目标、产生质变的关键转折期。社会工作者需要兼顾不同组员的状态，不能顾此失彼，同时也应该运用澄清与解释的沟通技巧保持整个小组的稳定与和谐。在应对冲突时，社会工作者需要让小组契约发挥既定作用，并将小组推向下一个阶段。（4）维持阶段。临近尾声，社会工作者需要采用导引、支持和鼓励表达差异性等技巧[①]，将更多的主动权交予组员，以建议的方式引导组员继续朝着原定方向前进。（5）结束阶段。社会工作者需要对既有成果进行巩固，同时提前通知组员即将结束的事实并准备好适合的仪式以帮助组员告别，妥善处理组员的离别情绪，整体上应以积极、希望、鼓励为主基调。

三、群团社区工作

社会工作与党建工作、群团工作的紧密结合使得社区成为实务落地的平台，更是提升基层服务专业化水平的重要渠道。群团社区工作实则是对群团工作、社区工作以及社会工作三者在基础理论与实践模式上的融合，既保持工作的政治性，也引入社区社会工作的专业服务理念与方法，发挥好协同作用，将个体与家庭的困境延伸至其日常生活环境中加以考察，以专业的社会工作服务推动群团工作，在满足个体多元化、复杂化与个性化需求的同时进一步释放社区治理创新的活力。

群团社区工作有以下三个特征：（1）宏观与微观视角相结合。群团工作与党建工作都侧重宏观视角，缺少对微观个体的关注。社会工作的融入使得群团社区工作更加注重环境中的人，通过鼓励个体参与公共事务，运用团体动力促进环境的改变，鼓励居民合力推动社区问题的解决，并致力于改变不合理的制度与策略。（2）广泛运用行政资源与社会资源。社区工作涉及的问题对象、内容与对策更加广泛，因而对资源的需求也比个案工作与小组工作多。群团社区工作通过群团组织调动各级力量与资源，依靠社会工作者联系社会各界，最大限度地形成社会支持网络以帮助个体或群体走出困境。与此同时，培养居民自己发掘、调动和运用资源的潜能。

---

① 范明林，张洁.学校社会工作[M].上海：上海大学出版社，2005：11.

(3) 关注社会公平和民主等公共议题。群团社区工作本身具有较强的政治性,因而需承担改变社区中不平等的社会结构与制度的职能,并致力于动员群众自身的力量实现民主治理,在解决社区问题的同时促进社区公正,代表弱势人群发声以推动社会公平。

群团社区工作有以下三种基本模式:(1) 社区发展模式。该模式强调社区内全体成员对社区事务的民主参与和管理,通过团体动力解决社区问题,并改善社区环境以推动社区的进步与发展。其核心在于居民的自助、互助与自治,促使社区从依赖外部的人力物力资源的"外源型"发展转变为"内源型"发展,因而需要充分发挥社区发展主体的积极性①。同时该模式也主张因地制宜,任何发展计划的制定都需要以该社区的实际情况为前提。(2) 社会计划模式。该模式主张社区当下存在的问题主要缘于缺乏合理的社会计划与实施能力,因而需要专家参与以推动问题的解决。只有通过专业技术人员的参与才能让他们使用其专业技术和专业知识制定计划,在为社区居民提供服务的同时推动社区整体环境的完善。这是一种自上而下的思维逻辑,注重过程中的理性与科学性,尽量避免社会问题解决过程中可能出现的冲突。(3) 社会行动模式。该模式通过触及政策和政策制定者的方式推动社会公正目标的达成。在群团社区工作中,该模式并非采用过于激进的手法,而是强调对冲突的预防和调解,必要时借助行政手段打通上下渠道,通过较为温和的方式以及正当途径传递民意,并针对当前政策对居民进行解释性说明。同时,该模式也注重培养民众自身的维权意识,并鼓励其合法维护自己的权益,而不仅仅停留于被动地接受救助。

群团社区工作有以下三类基本技巧:(1) 综合收集与分析资料的技巧。在开展群团社区工作之前,社会工作者需对社区进行综合调查并收集相关资料,具体包括其发展现状、现存问题、既有资源与潜在资源等。可以运用问卷调查法和访谈法与社区居民和社区工作者进行互动和交流,之后对所有资料进行分析,为后续服务方案的制定和具体介入奠定基础。(2) 建立关系的技巧。社会工作者在收集资料的过程中需要以建立关系为前提,因而需要与各方组织保持联系,并在与具体个体交谈时掌握基本的社会工作沟通技巧,充分展现其专业理念与价值观,以获得对方的

---

① 文军.社会工作模式:理论与应用[M].北京:高等教育出版社,2010:291.

信任并获取更为可靠的信息。(3) 策划、动员与组织的技巧。策划活动是开展社区服务的主要内容,其策划的主题需符合多方群体的共同需求,且活动形式应新颖且具有多样性。此外,在群团社区工作的三种基本模式中,社会工作者需要掌握动员和组织的技巧以激发个体的民主参与积极性,并在此基础上推动其形成团体动力。群体性活动需要社会工作者展现良好的组织能力,从而保障活动的进程、任务达成率和满意度反馈。

第一章　工会社会工作

第一节　构建“工字”品牌——疫情之下的劳工维权

改革开放以来，中国的经济体制由计划经济步入社会主义市场经济，上至国家宏观体系结构与社会整体利益格局，下至单个社会主体，都发生了深刻变革。资本和劳动力的市场化不仅激活了中国经济，也使劳资双方出现了新的矛盾、争议和冲突。面对强势的资本，工会组织作为劳动者群体的代表，在劳动者权益维护方面负有不可推卸和不可替代的责任。近年来，随着劳动者的维权意识不断增强，工会也被赋予更高的期待以维护职工权益。目前国家已出台多项政策法规，旨在提高工会维权的工作能力、健全工会的维权机制以及加强和创新工作手段。中国工会是在中国共产党的领导下建立起来的，在党的领导下开展工作决定了工会改革也必须是“自上而下”的改革，必须被纳入政治体制改革和社会体制改革的顶层设计中加以考量。《中共中央关于加强和改进党的群团工作的意见》《全国总工会改革试点方案》的相继出台充分给予工会改革以政策助力。

近年受新冠疫情影响，不少用人单位面临生产经营压力，务工者也因此陷入待岗失业、收入减少等风险。收入来源的不稳定甚至断裂容易引发个体一系列的心理与社会问题，需要专业力量的介入。随着社会工作在应对当前纷繁复杂的社会问题中扮演着多重角色，工会社会工作的快速发展为工会改革增添了新的专业力量，也为群团改革带来新的契机。尤其在应对劳工关系冲突时，社会工作专业工作方法的介入既有利于劳工个体的需求满足和潜能开发，也有利于保障其合法权益以及协调劳资关系，进一步稳定劳动力以促进社会发展。

一、案例介绍

甄某家境贫寒，年纪轻轻便辍学从老家出来打工，其间在工地上做过临时工、在高空擦过玻璃，还曾因为工地上的安全措施不到位而受伤住院，伤好后便失去部分工作能力，再也不能做重活，严重限制其再就业。甄某在住院期间认识了在医院里工作的保洁员黄某，之后两人结为夫妻。黄某有孕后回老家生产，之后再未出来工作。而甄某则一直留在杭州打工，并成为某保安服务有限公司的一名职工。2020年3月11日，工会接到职工甄某的维权请求。原来受疫情影响，甄某被隔离在老家，所在的某保安服务有限公司以此为由拒不支付其2月1日至3月1日的工资，并要求他承担社保的个人与公司两部分费用。甄某认为公司违反国家有关疫情防控期间工资发放的相关法律法规，侵犯了自己的合法权益，因此请求工会介入，帮助其维权。

二、社会工作介入的过程

（一）需求分析

1. 心理需求

甄某在外打工赚钱，常年与家人分离，情感上处于空虚与匮乏状态。本次事件的起因也是其回家探望家人被隔离，公司非但没有给予理解，反而停发工资，这使得甄某内心产生了巨大的心理落差以及负面情绪，无论是经济压力还是情感压力都亟待缓解。疫情之下，如甄某这样的外地打工人生活缺乏保障，难以真正融入打工地，有较强的疏离感。同时，甄某因自身性格内向与学历低而产生的低自尊感等削弱其对新环境的适应能力，由此加重其心理负担，对生活更加缺乏信心。

2. 社会支持需求

甄某长期在外打工，与家人联系较少，因而家庭支持匮乏，在遭遇危机和负面情绪压力时无法及时得到家庭的安慰。同时，由于甄某长期在外地务工，与老家的故友联系较少，且因在异地他乡未形成融入感，存在低自我认同感与低社会认同感，社交被削弱，缺乏朋辈支持，需重新建立社会关系网。此外，甄某的原生家庭经济状况较差，他独自承受生活压力，缺乏必要的物质保障。一旦公司拒付工资，甄某便丧失唯一生活来源，无法从其他途径获得支持，因而需要建立更多元、更紧密的社会支持网络。

3. 生计需求

甄某学历较低，且缺乏专业技能，在就业选择上存在局限与困境。其家庭经济条件较差，妻子在老家照顾一个尚在读初中的女儿和一个读小学的儿子，平时只能靠基本的务农工作和甄某每月寄的生活费勉强维持生计。因此失去生活来源后，甄某急需工会帮其讨回他应得的薪酬，并协助其寻找一份新的工作。

（二）理论基础

1. 赋权理论

赋权涵盖三个层面：一是个体层面的赋权，是指个体得以控制自身的生活能力以及对所处环境的融合与影响能力，包括实际控制能力和心理控制能力两个方面。对于不同的弱势群体对象来说，个体赋权的侧重点不同，各元素的权重也有所不同。二是人际关系层面的赋权，可以增加一定的社会资源或社会资本，也可以提升形象，争取公平的社会环境。离开人与人之间的关系，任何人都无法提升权力和能力。三是社会参与层次的赋权，目标指向对社会决策的影响，表达利益诉求和参与社会资源的分配，争取到与健康社会和进步文化匹配的社会公正和平等待遇[①]。

针对甄某的维权问题，赋权理论为其提供了理论支持和指导。甄某属于城市中的弱势群体，这一群体为城市发展挥洒自己辛勤的汗水，可是城市却没有给予他们足够的尊重和生活保障，甚至有些时候还侵害他们的合法权益，增加了其陷入困境的可能性。因此从赋权理论的视角出发，社会工作者应通过增强个体与其周围整体社会环境的权能以协助其维权。

2. 社会支持理论

对社会支持的研究可以溯源到19世纪法国社会学家迪尔凯姆，他通过对自杀的研究发现人与社会联系的紧密程度与自杀有关。20世纪70年代初，“社会支持”这一概念被引入精神病学的文献。研究者认为，良好的社会支持有利于身心健康，一方面为处于压力状态下的个体提供保护，即对压力起缓冲作用，另一方面可以维持一般的良好情绪体验[②]。

诸如甄某这样弱势的外地务工者在劳动环境、劳动条件、劳动待遇、生活环境、

---

① 范斌.弱势群体的增权及其模式选择[J].学术研究，2004(12)：73－78.

② 陈成文，潘泽泉.论社会支持的社会学意义[J].湖南师范大学社会科学学报，2000(6)：25－31.

生活社区等方面与本地居民有所差别,他们的基本权利时常难以得到保障。运用社会支持的视角来分析和解决甄某的维权问题,有利于在工会介入甄某维权的过程中分析甄某与周边社会生活环境之间的关系,提升甄某建立多元化社会支持网络的能力,从而构建出属于甄某的社会支持系统,满足甄某的诉求,帮助他走出困境。

(三) 介入目标

1. 总目标

在本案例中,独自来到大城市打工的甄某受疫情影响没有按时拿到工资,为此面临着一系列的生活困境,只得向工会求助。依照工会的传统职能,帮助甄某讨薪和维权是重要目标。但在社会工作的介入下,工会组织还应运用赋权理论解决甄某因被拖欠工资而产生的一系列问题,包括个人层面的心理需求和社会支持需求,充分挖掘甄某的个人潜能并提升其应对困境和风险的能力。同时,社会工作者也应在甄某与企业之间扮演中介者和沟通者角色,积极探索党建协同共建机制,为双方搭建"区—街—企"三级工会和谐劳动关系平台。

2. 具体目标

(1) 满足甄某的心理需求,缓和其负面情绪,修复与增强其家庭、朋辈等支持网络,为其提供心理和情绪支持。

(2) 通过与企业沟通,帮助甄某获得应得的工资,同时增强其专业技能,拓宽其就业渠道。

(3) 挖掘甄某的个人潜力,提升其应对困境和风险的能力。

(4) 为甄某链接社会保障与救助资源,拓宽其生活来源渠道以及社会支持网络,从社会与环境层面丰富其应对风险的资源。

(四) 服务计划

针对甄某的诉求,工会社会工作者根据甄某的实际情况制定了相关的介入计划,运用赋权理论和社会支持理论使甄某在自身能力得到提升的同时,拥有更为稳固和多元化的社会支持网络。

(五) 干预过程

1. 第一阶段:建立关系,评估需求

甄某在陷入困境后主动来到工会寻求帮助,说明其对工会存在基本的信任感,因而较容易建立专业关系。工会社会工作者在和甄某初次面谈后发现对方由于拿不到薪资而存在消极情绪，因而及时对其进行了情绪疏导。且由于甄某较早辍学，文化水平不高，对于自身应有的合法权益缺乏足够认知，这在某种程度上直接导致其在遇到困难时比较盲目，缺乏维护自身利益的意识，容易做出不理智的行为。对此，工会社会工作者在关系建立期便主动为其提供专业辅导，该做法一方面有利于增强甄某的维权意识和法律自觉意识，另一方面也有利于增强双方信任。在成功建立专业关系之后，社会工作者也综合与甄某的访谈和相关资料的收集对甄某当前的需求进行初步评估，并结合其现状判断需求的优先次序，以便后期制定介入计划。

2. 第二阶段：增强家庭朋辈支持，激发个体潜能

甄某长期在外工作，因而缺乏与家人和朋辈的交流，难以获得来自他们的支持与帮助。于是趁疫情隔离期间，甄某有充足的时间与家人相处，也能利用闲暇时间和故友进行线上联络。社会工作者通过家庭治疗增强甄某与妻子和孩子之间的互动与交流，也通过线上焦点小组的方式加强甄某与朋友之间的联系，以此增强甄某的情感支持。同时，为了激发甄某的潜能，社会工作者对其进行了法律常识的科普，并邀请其参加工会常设的法律学习小组，帮助其增强法律意识，让他未来能够对自身的权益保护更加敏感并保持主动性。

3. 第三阶段：链接社会资源，赋权并提供支持

赋权的模式之一就是外力推动模式，即通过外力推动和保障以实现、激活弱势群体，在客体与主体间不断循环的互动中达到持续赋权的目的。甄某目前面临的困境首先需要借助外部资源的支持来解决。为此，社会工作者会同区总工会法律服务志愿律师为甄某制定了调解方案。通过启动三方协商机制，并在律师的帮助下以及街道人民调解委员会调解员的加入以解决甄某和所任职公司之间的问题。社会工作者也通过链接区和谐劳动关系发展中心落实“三抓三到位”全周期矛盾化解机制，在多方努力下共同帮助甄某解决问题，为其搭建了丰富的社会支持网络。

（六）成效评估

本次案例充分体现出工会社会工作在外地务工者维权问题中的特殊介入路径，通过社会工作与工会工作方法的整合，服务内容从维权本身拓展至案主的心理需求、社会支持与个人潜能挖掘等方面，切实增强了服务效果，也为日后工会工作的完善，尤其为社会工作参与社会基层的矛盾化解提供了案例借鉴。

在该案例中，工会社会工作以“横向部门加强联动，纵向三级健全体系，基层阵地强化队伍”为导向，全力打造为职工维权的“工字”调解平台品牌，构建职工法律服务网格。一是工会搭平台多部门联动协调矛盾，构建工会与法院、人社、司法、卫健等部门的“3X联动机制”，依案件需求与部门职权，针对性、多元化调处劳资纠纷。二是构建纵向骨干体系上下联通调动块，健全全区各级工会工作体系，做到舆情信息上下联通、纠纷案件联动调解、各级资源统筹利用。三是以工会为主抓阵地，打造广覆盖的企业劳动争议调解组织阵地，定期组织劳动争议调解员有关劳动法律、调解技能等培训，强化调解员矛盾化解力、提高基层化解率，扩大劳动争议调解组织覆盖率，推动实现劳资纠纷“小事不出企、工会维权在基层”的目标。

1. 社会工作者积极参与，“区—街—企”三级工会调动

江干区和谐劳动关系发展中心高度重视疫情防控期间稳定劳动关系工作，受理职工申请后，第一时间通过“区—街—企”三级工会和谐劳动关系平台，把相关情况通报给企业工会所属的凯旋街道总工会。该工会社会工作者在接到申请后便立即向职工所属企业了解相关情况。在调查过程中，社会工作者发现该劳资纠纷案存在更为复杂的原因：甄某于1月24日至28日存在未履行请假手续旷工回家过年的情况，且依照公司规章制度，3天无故旷工可以辞退。于是，在社会工作者的安排下，双方进行了多次商谈，但双方分歧过大，一直未调解成功。“街、企”两级工会社会工作者向区级和谐劳动关系发展中心申请上级工会组织调解。

2. 社会工作者依法调解显公正，全周期追踪显成效

区和谐劳动关系发展中心收到“街、企”两级工会社会工作者的申请后，详细分析甄某与企业工会各自提供的资料，并会同律师制定了以“当事人、工会、企业”三方为基础的三方协商机制。之后社会工作者在中心工会调解室为企业和甄某开展线下调解。在调解过程中，社会工作者分别听取双方意见并剖析双方行为的责任义务，指出双方违反劳动法律法规的情况。经过社会工作者数个小时的居中协商，双方初步交换意见，并于一星期后的协商中达成调解协议。社会工作者在第一次同当事人、企业的会谈中便扣住问题核心，在解决过程中也坚持“三抓三到位”全周期矛盾化解机制，即抓事前预防到位、抓事中调处到位、抓事后跟踪落实到位，并且依照劳资纠纷跟踪回访制度，社会工作者对甄某与企业调解后的落实情况多次进行线上回访。在与当事人甄某的回访中发现在协议达成的五个工作日后，企

业仍未支付相关工资，社会工作者便迅速联系企业工会，敦促企业严格依照调解协议履行义务。最终甄某获得全部协议补偿款，这切实保障了职工的合法权益。社会工作者在此过程中积极为当事人争取应得权益，使调解结果落实到位。

3. 提升案主个人能力，改善其社会关系

社会工作者在帮助案主甄某获得应得薪资时，也十分注重对其自身能力的提升。在赋权理论的指导下，首先是对其个体层面的赋权，即对案主甄某个人自身应对危机的能力的提升，使其日后能更好地保障自身权益；其次是人际关系层面的赋权，社会工作者在活动室开展团体活动以丰富甄某的业余生活，通过协助其与他人的交流来增强其自信心；最后是社会参与层面的赋权，社会工作者通过链接社区中心资源，帮助甄某打通资源获取渠道，增强其社会支持。

三、社会工作反思与服务点评

甄某离开家乡和原来的生活圈子，进入城市打工，需要重新构建社会关系，积累社会资本。在频繁流动状态下和有限的时间里，构建新的社会关系面临种种困难，故而其维权网络的规模不足，而且资源不够丰厚。江干区总工会社会工作者在接到甄某的申请之后运用社会工作专业方法和理念积极为其解决问题。首先，社会工作者通过三级工会层级调和三方协商机制来帮助甄某获得补偿款，解决甄某的生计需求；其次，社会工作者通过全周期追踪关注甄某等外来务工人员的心理状态，发现其不仅缺乏和家里的沟通，也缺少和新环境的沟通，于是为其开展相关心理疏导，开设技能培训课程，增强其心理承受能力；最后，社会工作者通过链接社区服务中心，帮助甄某在新环境中获得更多的社会支持。

（一）社会工作者在维权案例中介入的重要性

工会在收到甄某的求助后，通过多方联动和三方协同机制为甄某寻求解决方案。社会工作者介入此类维权案例具有自己的优势，其专业价值理念、专业的助人视角、科学的服务方法可以为弱势群体的维权提供帮助。在工会解决甄某的薪资问题后，社会工作者还为其制定相关的心理疏导课程，增强其融入新环境的能力。同时，社会工作者介入外地务工者维权也有利于维护社会稳定，有利于宣传和执行社会政策。维权道路是艰辛的，需要全社会的共同努力和公平对待，在法律、制度、社会保障给予政策方面的支持，更加需要社会工作者以传递者和执行者的身份去帮助他们维权。

（二）工会社会工作在维权案例中的介入特征

首先，传统工会工作与社会工作的融合打通了资源获取的渠道。工会社会工作在介入甄某的案例中，全力打造为职工维权的“工字”调解平台品牌，通过“区—街—企”三级工会和谐劳动关系平台实现三级层级调动，联系工会社会工作者来共同解决问题。其次，工会社会工作将综合考量微观与宏观层面的服务职能。社会工作以维护社会公平正义为主要目标，动员各方力量，整合多种社会资源来保障外地务工者维权网络的正常运行。同时，社会工作在坚持助人自助的理念时也始终关注弱势群体，为其争取应得权益，如通过政府购买服务的方式在各大高校开设外地务工者维权知识大讲堂，免费为其讲解维权知识。最后，工会社会工作充分考虑维权者的主体性，将其作为有能力改变的主体。在本案例中，社会工作者通过加强对外地务工者群体的维权知识培训，提升其维权意识、维权知识和对维权手段的掌握能力，正确引导广大外地务工者群体有序地参与维权，充分发挥其主动性。如社会工作者在节假日举办主题活动时，让这些务工者成为活动中发表意见的主体，为其提供发声渠道，充分尊重其观点的表达，提升他们的社会融入感和自我效能感。

（三）本案例中社会工作介入的困境与不足

当前我国正处于社会转型时期，外来务工群体的利益诉求很容易被淹没在急速变迁的社会场景中，这更需要工会社会工作提高其对弱势群体面临的困境的敏感性。当前工会与社会工作的合作虽然提升了其在正式资源获取时的便捷度，但同时也不可避免地增强了社会工作的行政性，容易使社会工作陷入专业与工作的两难境地。工会社会工作者应时刻考量如何既保持自身的专业性，又和工会既有的规章制度以及惯常的工作方法相平衡与协调。而与传统工会工作不同的是，工会社会工作将同时关注服务对象在微观与宏观层面的困境，既要评估其生理、心理和社会需求，也要注重对社会公平与正义的追求，秉持去问题化的核心价值，充分为外来务工群体赋权，增强其权能感，并提升其综合能力。这也就要求社会工作者本身拥有扎实的理论与实践知识功底，并有一定的法律知识储备以及具备更强的链接多方渠道与资源的能力，这对社会工作也提出了更高的要求。

第二节　安“薪”过年——农民工欠薪维权

目前中国特色社会主义进入新时代，正确认识与应对我国新时代背景下的农民工问题有利于全面建成小康社会、实现中华民族伟大复兴的中国梦。农民工是我国工业化和城镇化进程中的一支新型劳动队伍，既是现代产业工人的主体，也是工人阶级的重要组成部分，为中国的现代化建设作出了重大贡献①。随着农民工队伍的日益壮大，农民工就业歧视、合法权益保障以及子女教育等问题越来越引发社会关注。2008 年 3 月 28 日，《国务院关于解决农民工问题的若干意见》出台，其中明确指出农民工问题事关中国经济和社会发展全局，维护农民工权益、解决农民工问题是建设中国特色社会主义的战略任务。农民工群体是工会社会工作的服务对象之一，社会工作专业力量的介入有利于农民工的城市融入、个体心态调适和能力提升、子女教育完善、合法维权等。

一、案例介绍

李某为杭州某运输有限公司（以下简称“公司”）职工，是来自东北地区的农民，自 2019 年 10 月远离家乡来到杭州打工。入职时，李某与公司谈定了职务与薪资，但并未签署书面合同。进入公司后，公司未按月发放工资，只是以领取生活费的方式不定期向李某支付部分工资，剩余工资一直拖欠未发。李某为此十分苦恼，他屡次找公司讨薪皆以失败而告终。李某在老家有一个交往多年的女友，一直等着他回老家向其提亲。工资一拖再拖，李某提亲的事也被耽搁，引起女方家庭的质疑与不满，甚至有让女儿与李某分手的意思。李某内心烦闷，一气之下带着工友去公司闹事，在推搡中受伤，情绪极其不稳定。临近年底，李某和工友准备回东北老家过年，遂要求公司结算工资共计 80 多万元，但公司以无钱支付为由拒不支付。在朋友的介绍下，李某联系工会寻求帮助，社会工作者立即对该个案进行介入。

① 华夫.农民工：一支新型的劳动大军[J].新湘评论，2009(3)：16－18.

二、社会工作介入的过程

（一）需求分析

1. 心理需求

因屡次讨薪未果，李某心理落差较大，且产生了极大的负面情绪，敏感易冲动。同时由于他是背井离乡来到陌生的城市，对外界社会环境的认知和适应能力较差，更容易产生巨大的心理压力，甚至感到焦虑和无助。一方面，李某对公司心存愤怒，认为自己辛苦为其工作后得不到应有的待遇，感到不公平和委屈；另一方面，他也对工友和自己的女友感到愧疚。工友是在他的鼓动下一起来到杭州打工的，他们之所以会和该公司仅签订口头协议也是因为他个人对该公司存在信任，他们相信他才造成了现在的结果。此刻拿不到工资，他觉得自己愧对朋友却又无可奈何。此外，李某已至成家年龄，家中亲人也一直催促他早日成家。尤其像他这样外出务工，与女友聚少离多，在感情上也存在不安全感，只希望早日赚够钱回老家娶亲。尤其他的家人在得知他被拖欠薪资后，也责怪他当初不该轻信他人，不仅他自己吃亏，还害了街坊邻里，村里也有人对他指指点点。如今面对家人和朋友的指责，李某委屈之余更觉得自己的计划被打乱，人生被搅得一团糟，也完全看不到希望，对自己的能力和生活都产生了怀疑。

2. 社会交往需求

李某和朋友一起在外务工，原本相处融洽。然而在公司拖欠工资后，有人埋怨是李某当初一味轻信公司才让大家陷入困境。李某虽然有愧疚心理，但内心也觉得委屈，因而和朋友之间产生了嫌隙，甚至有过几次言语和肢体冲突。受到工作性质和工作时长的限制，李某也缺乏社交精力和机会，难以形成新的朋友圈。除此之外，李某作为农民工群体的一员不可避免地面临歧视和资源匮乏等情形，他原先在老家建立的社会关系网被迫断裂，使得他在遇到风险和危机时无法及时获取足够的社会支持。而在感情交往需求方面，他与女友聚少离多，无法满足其情感需求，这使他在遭遇一系列打击后，更无法获得安慰。

3. 生计需求

公司拖欠工资使得李某的劳动权益受到严重侵害，他也因失去唯一的生活来源而陷入经济困境。而他为了讨薪又不得不继续留在杭州，仍然面临较高的生活成本和入不敷出的生活危机。作为家中唯一的劳动力，他也需要用自己的收入来支撑父母甚至祖辈的日常开销，经济压力较大。

（二）理论基础

1.“人在情境中”理论

“人在情境中”(PIS)是心理社会治疗学派提出的基本概念，强调在分析服务对象时要将其放到所处的环境中去，即除分析服务对象的社会网络支持（家庭、学校、同辈朋友、社区等）外，还要分析更为广泛的外部环境因素，如文化因素、制度因素、历史因素等。在社会工作实践中，运用“人在情境中”理论去研究或分析服务对象时，不能把对方当作孤立的个体，而应该关注可能影响服务对象行为的诸多因素，如心理因素、生理因素、环境因素等，并重视这些因素之间具体是如何相互影响的，从而更好地完成助人过程①。

在本案例中，服务对象因工资长期被拖欠而引发了一系列心理与社会层面的问题。不仅心理失衡，产生了较多的负面情绪，同时也与其周围重要他人的正向互动较少，其所处的社会关系网络缺乏对他的必要支持。社会工作者不仅要从服务对象本人着手，也要通过家庭治疗、社会支持网络重建等外延环境层面来协助服务对象解决问题，并且不断增强其自身应对困境的能力。

2. 理性情绪治疗模式

艾利斯(Ellis)在《理性情绪行为疗法》中指出，“引发我们情绪和行为的不是诱发事件本身，而是我们对诱发事件的认识和态度”。该理论认为，识别出非理性信念并与这些非理性信念做辩论，可以改变这些引起不健康情绪的非理性信念，形成积极健康的新理念②。在社会工作实践中，运用理性情绪行为疗法的核心是与案主的非理性信念进行辩论，帮助案主形成新的合乎客观事实的理念，从而促进其情绪和行为层面的改变。

在本案例中，服务对象出现看问题绝对化、容易以偏概全、把问题灾难化等非理性信念。社会工作者在介入过程中，应帮助服务对象识别自己存在的非理性信念，鼓励和引导服务对象形成更加积极和正向的理念，改善其情绪和行为。

---

① 赖锦辉.“人在情境中”视角下智力障碍者社会工作个案服务探索[J].社会与公益，2021，12(4)：59－61.

② 阿尔伯特·艾利斯，黛比·约菲·艾利斯.理性情绪行为疗法[M].郭建，译.重庆：重庆大学出版社，2015：25.

（三）介入目标

1. 总目标

通过社会工作专业的工作理念与方法帮助李某走出困境，帮助其合法维权并讨回薪资，让其能够顺利返乡并娶亲。此外，社会工作者也将帮助李某重新修复社会关系网络，增强其权能，促进其发展。

2. 具体目标

（1）缓解服务对象焦虑、烦躁、沮丧的情绪，提升其应对危机的能力和管理情绪的技巧。

（2）帮助其修复与朋友之间的关系，增强其社会支持。

（3）链接资源，协助服务对象合理合法获得工资。

（四）服务计划

针对李某的诉求，工会社会工作者根据李某的实际情况制定了相关的介入计划，运用“人在情境中”理论和理性情绪疗法解决李某当前面临的问题。本次介入旨在帮助李某走出困境，也能促使其发挥自身潜力，增强个人应对风险与危机的能力。

（五）干预过程

1. 第一阶段：情绪疏导，建立关系与评估需求

在李某向工会提出申请后，社会工作者及时接案并与李某见面。在前几次见面中，由于李某刚刚出院，身体较虚弱，情绪低落且不稳定。社会工作者主要运用沟通技巧，以语言和非语言等方式向李某表达尊重、信任和接纳，及时疏导他的情绪，让他卸下心防，能够与社会工作者建立信任关系，并逐渐进行自我袒露。在李某的诉说中，社会工作者在评估其需求的同时也协助其识别和善用自己的长处，用积极的自我形象代替消极的自我形象，激发其解决问题的信心和勇气，从而为后期的专业介入奠定基础。在深入沟通后，社会工作者了解到李某自认为目前存在的最大问题是他急需拿回薪资，只要拿回薪资，其他的问题都能迎刃而解。对此，社会工作者及时为其申请法律援助，并全程陪伴李某，给予其关心与帮助。

2. 第二阶段：修复其社会关系网络，跟进讨薪进展

社会工作者在与李某建立信任关系后，对其当前的需求和问题进行了优先次序排列，并与李某一同制定了介入计划，在这个过程中也充分注重激发李某自身的潜

能，促使其发挥主动性。除讨薪之外，由于李某还面临工友、家庭以及女友家庭的指责和压力，这些也是社会工作需要介入的内容。社会工作者首先邀请李某的工友面谈，得知对方其实没有真责怪李某，只是因为拿不到薪资在情急之下才有过激言语，但他也拉不下面子主动和李某讲和。基于此，社会工作者又和李某沟通，传达了工友的实际意思。李某有所释怀，他主动提出要和工友讲和，希望社会工作者能搭建桥梁。在社会工作者的安排下，李某和工友解开心结。之后社会工作者又通过电话与李某的家人以及李某的女友交谈，仔细说明了李某这边的情况，也希望他们能多给予他支持和理解，并说明了讨薪事件的进程。李某的家人当晚便给李某打电话，李某和女友也不再像之前那样争吵。社会工作者一边帮助李某修复其社会关系网络，一边也及时与工会以及法务部门跟进讨薪进展，并及时告知李某实时情况，让他安心等消息。此外，社会工作者也运用工会资源帮其链接同城交友活动，帮助其扩大人际交往的范围和层次。

3. 第三阶段：增强案主法律意识，提升其情绪管理能力

李某之所以会陷入讨薪困境，与他最初未与公司签订书面合同有关。而这也是他缺乏足够的法律意识导致的。为此，社会工作者邀请李某加入工会关于农民工普法的学习小组，帮助其学习法律知识并增强维权意识，鼓励其在正当权利被侵犯时能拿起法律的武器去争取自己的合法权益。此外，社会工作者运用社区工作方法和社会行动技巧，帮助其通过有序合法的集体行动，合理争取自身的权利，并努力影响自己所处的社会环境及社会政策。李某在遭遇危机后面临情绪失控等问题，社会工作者运用理性情绪疗法以修正其非理性信念。譬如他在和工友发生争执后就将这种偶然性事件过分概括为总是出现的常态性事件，由此开始质疑友情甚至对自己产生自罪自责、认为自己一无是处等不良情绪。又譬如他过分夸大突然性危机的负面结果，认为只要薪资一日讨不回来，他的人生就此全完了，等等。除个案辅导外，社会工作者还邀请李某参与情绪管理小组，帮助他提升情绪管理的能力。

4. 第四阶段：讨薪成功，依法维权

自接案后，社会工作者一直在跟进讨薪进展。在帮助李某解决其他由欠薪带来的衍生问题后，社会工作者积极寻找社会资源，链接服务以帮助李某尽早拿回薪资。首先，社会工作者以李某和公司未签订书面合同为切入点，发现李某与公司缺少劳动合同、工资支付凭证等，便立即联系公司负责人，通过面对面的形式就事实进行问

题确认，最终形成书面证据。此案件涉及人数多达20余人，涉及金额达80余万，李某并没有和公司达成调解协议，但通过本次调解，社会工作者拿到了能够证明公司欠薪金额的证据，由此为李某申请劳动仲裁提供了证据保障。在类似讨薪事件中，社会工作者需要争取多方力量的支持，尤其是外部资源的链接，社会工作者与所在区的法律援助中心建立联系，全程由对方指派援助律师代理解决。经过多次组织调解，在区法律援助中心和区劳动仲裁委的共同协作努力下，李某等20余人与公司达成调解协议并顺利结案。

（六）成效评估

本案主要以“人在情境中”理论为出发点，采取理性情绪治疗模式，充分体现出工会社会工作在农民工维权问题中的整合性介入路径。欠薪虽然是工会社会工作中最常见的问题，但其衍生出的一系列心理与社会需求更是社会工作关注的焦点。在社会工作与工会工作的整合过程中，李某不仅拿到了被拖欠的工资，而且使自己的法律意识和情绪管理能力得到提升，拓宽了自己的社会支持网络，形成积极应对危机和困境的策略，社会工作也真正践行了助人自助的服务宗旨。在该案例中，经过过程评估与结果评估可将服务成效总结如下。

1. 情绪改善，自我效能感提升

社会工作者在介入本案期间，服务对象的情绪变得稳定，自我认知能力得到了提升，有疑问时总能积极主动地与社会工作者一起探讨，能够清楚表达自己的看法和意见。对于未来，服务对象也充满了希望和信心，能够有意识地控制调节自己的情绪活动以及抑制冲动情绪。同时，服务对象也开始学会自我激励，以积极的情绪引导和推动自己去达到预定目的，并在这个过程中充分提升了自我效能感。

2. 个体增能，个人能力提高

在普法学习小组活动中，服务对象通过学习法律相关知识，增强了自己的法律意识，了解到更多维护自身合法权益的相关途径。此外，服务对象也在团体互动中提升了自己与人交往的能力，逐步解开心结、打开自己的心扉，不仅结识了诸多好友，而且扩展了个人的社会支持网络。

3. 资源整合，支持网络搭建

社会工作者通过策划亲子互动活动和家访的方式与服务对象周围的重要他人进行沟通，包括其家庭成员、女友以及工友等；通过与其讨论服务对象和他们之间的互动关系，以及服务对象与外界的互动现状，鼓励服务对象的家庭成员及其女友给予服务对象更多的理解和陪伴；通过和服务对象进行面对面的深入交流，社会工作者与服务对象达成共识，一致认为服务对象与其工友之间最大的问题在于沟通方式。因而社会工作者鼓励其尝试使用另一种更为温和、理性的沟通方式和相应的沟通技巧进行社交，这将有利于建构服务对象的社会支持网络。

4. 获得工资，保障基本生活

社会工作者通过链接工会、法律援助中心、劳动仲裁委等相关部门，充分发挥其在正式渠道资源链接中的优势，为服务对象获取资源和支持，从而协助服务对象以合法合理的方式获得被拖欠的工资，缓解家庭经济的困境。薪资拖欠是引发服务对象一系列心理与社会问题的源头，该问题的解决有利于服务对象以更加积极的心态迎接未来的生活。

三、社会工作反思与服务点评

（一）社会工作专业方法在介入农民工问题中的优势

社会工作者作为一种社会专业力量，在解决农民工维权问题上可以依托专业的社会工作价值观、科学的工作方法，为农民工群体维权提供帮助，对于纠纷双方调适心理、化解情绪、缓解矛盾、链接社会资源都具有特殊的专业优势与作用。首先，在介入视角层面，工会社会工作者能够更多从案主个体需求出发，关注案主的心理及其遇到的社会问题，以更整合性的视角看待案主，跳出单一的维权指向，促进案主自身潜能的发挥，提升其个人的情绪管理能力，并赋予其权能和希望。其次，在资源链接层面，工会社会工作者能够通过工会这一正式渠道和平台链接更多资源，在解决农民工个人心理与社会等问题的同时，能及时链接专业法律力量帮助案主维权。再次，在社会关系修复层面，工会社会工作者不仅能引导、帮助农民工维护自身的合法权益，同时也扮演着联系者、支持者和赋能者的角色，协助服务对象增加家庭支持并修复社会网络关系。由此使得案主在下次面临同样的危机和困境时，能够及时调动周围的可用资源帮助自己渡过难关，这也是社会工作助人自助的宗旨。最后，在宏观目标层面，工会社会工作的服务介入将不仅限于个人目标的实现，也不同于工会传统工作的事务性目标。社会工作将以促进社会公平正义、增进人类福祉为志向，帮助弱势群体发声，呼吁社会公众的共同参与，并通过建言献策等方式致力于相关制度政策的修订，切实保障农民工群体的利益。

（二）工会社会工作在农民工群体案例介入中的难点

首先是对社会工作自身专业性与工会工作的行政性的平衡。工会工作有其专门的工作流程和方法体系，且因为单位性质具有较高的行政化特征。在应对劳资纠纷、处理社会阶层矛盾时，相较于社会工作，工会工作更容易站在官方角度处理问题，且更注重对事务性问题的处理与解决，对于个人能力的提升有所忽视。实际上，任何问题的发生，其背后都与求助者的生活世界有千丝万缕的联系，且因为一个问题而衍生的其他问题也需要得到重视。因此在看待问题时，要从更为系统和整合性的视角去挖掘隐藏在水面下的冰山，这样才能找到症结，从根源上解决求助者的问题。从社会工作的角度出发，他们需要明确自己的角色不应当只是问题解决者，而应该是资源链接者、危机预防者以及使能者等复合型人才，需要掌握的知识和技能也更加全面，包括政策法规、人际沟通技巧等。工会社会工作在农民工群体案例的介入中，要注意平衡工会传统工作程序和社会工作自身专业伦理与价值，既要避免与工会系统发生摩擦，也要时刻警惕对专业价值的坚守，避免行政化趋向。在实践中，工会社会工作者应在结合两者长处的前提下，秉持“以职工为本”的基本理念，促使职工维护合法权益，以工会法、劳动法等相关法律文献为依据，运用社会工作专业方法，维护劳动者权利，促进劳动关系和谐，最终实现和谐劳动关系以及和谐社会的构建。其次是农民工群体自身的特殊性会带来的工作难点。由于农民工群体自身文化水平的局限以及对新环境存在适应性和融入性较差等问题，他们极少有意识、渠道、资源与能力去使用法律援助手段来维护自身的合法权益。当压力情绪不断积累且没有宣泄途径时，该群体易采取各种偏激的手段来维权，从而发生危机事件，不仅不利于其自身的维权，也威胁自身和他人的安全，稍有不慎便两败俱伤。同时，农民工群体也更容易产生自卑、消极等负面心理，这更加需要社会工作者对其进行增能与赋权，不仅聚焦于实际问题的解决，更应在服务过程中秉持差别化、去问题化的专业价值，致力于对其综合能力的提升。再者，受到经济、工作不稳定等因素的影响，农民工群体居住地也会频繁变动，活动的持续性容易受到挑战，需要工会社会工作者做好活动的应急预案准备。

（三）本案例的优势与不足

工会工作与社会工作具有一定程度的重叠性，在基层工会工作中借鉴社会工作的伦理价值和实务方法，不仅必要而且可行。在本案例中，工会社会工作者介入工会工作的优势首先在于切实从案主的利益出发，尊重其尊严，关怀其个人成长。更多以平等互助的方式协助其自助，注重对其能力的训练和培养。其次在于通过社会工作专业方法的运用，社会工作者能够有针对性地以专业的心理治疗方法消除案主的非理性情绪，从“人在情境中”的核心理念出发，建立案主的社会支持网络，为案主整合并引导其利用身边的资源，提升其自我认知能力。工会工作和社会工作理论视角相互统一后能够更好地处理好劳资关系，进行劳资“双维护”。当然，本案例也存在不足。由于当前社会工作与工会工作的结合机制尚在探索中，两种系统的融合还需要进一步优化。同时专用资金投入不足、民众对工会社会工作的知晓度和认同度比较低、社会工作者专业化和职业化程度不高，以及基层工会社会工作者仍存在数量严重匮乏、专业水平良莠不齐、服务能力不强、流动性较大等问题，也对工会社会工作专业服务的发展造成了障碍。总之，农民工维权不仅需要工会社会工作者的参与，还需要社会各界人士的共同努力，在法规制度层面应给予正式支持，同时也需要更多专业力量助力农民工维权，帮助该群体勇敢地拿起法律的武器来维护自身的合法权益。

第三节　天下父母心——外来务工者的家庭困境

根据国家统计局2021年5月发布的全国人口普查数据[①]，我国流动人口总量激增，已经从2010年的22 143万人增至2020年的37 582万人，其中大部分是农民工群体。庞大的农民工队伍在为城市注入发展力量的同时，也引发了一系列社会问题。欠薪依然是工会社会工作案例中出现最多的问题。近年来，从《中华人民共和国刑法修正案（八）》将恶意欠薪入刑，到明确“拒不支付劳动报酬罪”的定罪量刑标准；从对拖欠工资违法失信用人单位实行联合惩戒，到开展根治欠薪专项行动，党和政府高度重视解决欠薪问题、切实保障农民工合法权益，充分体现了以人民为中心的发展思想，彰显了治理力度和温度[②]。与此同时，欠薪带来的衍生问题具体到不同

① 该数据来自国家统计局公报。

② 李思辉.切实保障农民工合法权益[J].工友，2022(1)：6.

农民工的家庭又呈现出不同的特点。尤其是农民工群体在异地就业缺乏足够的社会保障，遭遇突发状况与危机时难以凭借自己的能力走出困境。他们面临的问题大多是复杂多元的，需要从多个方面关注其诉求。本案例便是由用人单位欠薪导致农民工家庭陷入困境，社会工作的介入能够以系统、整合的视角看待这些复杂的问题，尤其是在以往工会工作的结构性层面的基础上，更多考虑农民工家庭的主体声音，通过对其主观经验和感受的呈现以界定其需求并进行专业介入。

一、案例介绍

蒋某是杭州某鞋业有限公司的职工，他在三年前背井离乡来到这家公司打工，后将妻子和女儿也接到杭州生活。一家三口挤在不足 40 m^2 的出租屋里，生活拮据，但能够自给自足。2019 年，该公司因多年债务缠身，欠下上千万元债务而无法正常经营，截至停业时，累计拖欠员工两批次劳动报酬百万余元。员工工资被长期拖欠，一直无法得到解决，一度引发群体事件。突如其来的失业以及公司拖欠工资打破了蒋某原本平静的生活，就在此时，蒋某的女儿在一场突发事故中全身大面积烧伤，急需救命钱。蒋某无奈之下为讨薪做出过激行为，幸而中途被人阻止，没有对他人造成实际伤害。面对女儿高额的治疗费用、妻子每日的掩面痛哭，蒋某承受着巨大的精神压力，甚至出现了轻生举动。在朋友的引荐下，蒋某向工会求助，社会工作者及时接案。

二、社会工作介入的过程

（一）需求分析

1. 生命健康需求

原本蒋某为独自负担家庭开销一直省吃俭用，长期处于营养不良、过劳的状态中，身体机能较差。公司停业后，他同时面临讨薪、妻子的抱怨、家庭生活来源中断等多重压力，连续多日失眠、茶饭不思，这进一步加重对身体的损耗。女儿出事后，他在医院和公司之间来回奔波，精神状态已濒临崩溃，不仅出现欲伤害他人的举动，甚至还有轻生行为，因而其生命健康正面临威胁。

2. 心理需求

蒋某的家庭遭遇突发危机，女儿还躺在重症监护室中等待救治。他四处借钱，但仍然凑不齐手术费用。同时女儿发生意外事故的当天,他因为和工友去公司静坐示威,这才耽搁了去接女儿放学的时间。女儿出事后,妻子和家人都责怪他没有按时接女儿,这也让他陷入深深的自责。夫妻俩自从女儿住院后没有再单独相处过,即便见面也容易争吵,这加重了蒋某的负面情绪。此外,蒋某也因为工资拖欠的事而焦虑烦躁,为了融入维权组织,他需要时常加入讨论并参加他们发起的讨薪群体活动,因而不得不在医院和公司之间两头跑,但事情的进展都不理想。久而久之,蒋某积累了大量不良情绪,在一定程度上其精神和情绪已处于危机的临界点,极易出现心理不平衡,并导致过激性事件的发生,既威胁他自己的安全,也容易滋生事端。

3. 生计需求

在女儿出意外之前,蒋某需要靠自己的薪水养活一家人。他的妻子学历低且平常也需要照顾女儿,蒋某便没有让她出去打工,独自一人卖力干活。公司停业后,蒋某一家失去收入来源,还要背负债务以承担女儿的治疗费用,他自己只得饥一顿饱一顿。他计划去找其他工作,但由于缺乏其他就业技能和资格证书,难以找到合适的工作。因而对于蒋某而言,他不仅面临基本生活问题,还需要为女儿的手术筹钱,经济压力较大。

4. 社会支持网络需求

女儿的突发危机使得蒋某与妻子之间长期存在的矛盾浮出水面。蒋某一心希望自己的女儿能在杭州扎根,因而不论再苦再累都带着妻女苦苦坚持。但蒋某的妻子与其观点相反,她认为一家三口的生活质量较差,尤其在大城市里受到歧视,自己的社会交际网络也被迫中断,无法结交新朋友,更无法融入这个陌生的城市。女儿出事后,她更加认为是丈夫的一意孤行毁了整个家庭,因而对丈夫也滋生出更多的埋怨和憎恨。恶化的夫妻关系使蒋某失去了来自家庭的情感支持与安慰,平常与他交好的同事也因为被欠薪而无暇顾及他遇到的冲击,所有人的生活都被欠薪打乱,彼此之间的联系也被削弱了。实际上,个体在遭遇人生重创时需要来自各方的鼓励、支持与安慰,因而尽管蒋某并没有主动提出该诉求,但社会工作者还是敏锐地从他的叙述中察觉到这一点。

(二)理论基础

1. 危机介入

危机介入是为处于危机状态下的个人或团体提供的短期调试过程,帮助案主走出危机、重新建立新的适应机制，以维持其健康的精神状态①。每个人在人生的不同时期都有可能发生危机，危机是正常的而不是病态的。危机介入是一种特殊的介入，目的在于去除服务对象的紧张情绪，恢复其功能，使他们走出危机。

在本案例中，蒋某在遭遇重创后不仅出现过激行为，甚至有轻生倾向，既威胁自身的生命安全，也存在伤害他人生命的风险。根据生命至上的服务原则，社会工作者在介入的过程中应首先评估服务对象当前的危机状态，以保障其与周围他人的生命健康。此外，社会工作者也要协助蒋某多渠道解决危机出现后遭遇的种种事件，并缓解其因此而产生的不良情绪，提升其解决问题的能力。

2. 结构式家庭治疗理论

结构式家庭治疗理论产生于20世纪60年代的美国，以系统论、控制论为主要方法论，强调家庭结构中的整体性、家庭的层级组织和子系统的相互依存功能以及家庭内在的规则、自我调整和控制等。结构式家庭治疗理论的目标是改变家庭成员应对彼此的规则以及家庭僵化的或模糊的界限，从而达到最大的界限清晰度②。

在本案例中，蒋某与其妻子关系紧张，家庭经济压力大，生活十分拮据。社会工作者在预估的过程中应通过关注家庭互动模式和组织结构来全面评估家庭，总结家庭的问题所在。在介入的过程中，社会工作者要从整体、系统的视角，打破原有家庭失衡的互动模式，帮助服务对象的家庭建立起新的互动交往模式，认清问题、直视问题，最终实现家庭的良性互动。

（三）介入目标

1. 总目标

帮助蒋某应对危机，保障其生命健康，同时也通过链接资源、专业介入以满足其在心理、生计、社会交往以及家庭关系修复层面的需求，以恢复其社会功能，能够更加积极地面对生活。

2. 具体目标

（1）帮助蒋某应对危机，不再有轻生和伤害他人的行为；缓解其焦虑、失望和悲观的情绪，给予其精神支持。

---

① 夏娟.社会支持与危机介入理论在独居新丧偶老人个案工作中的应用研究[J].社会与公益，2020，11(11)：68－70.

② 罗军.结构式家庭治疗理论述评[J].衡阳师范学院学报，2012，33(4)：138－142.

(2) 申请专业法律力量援助，扮演链接者、中介者和沟通者等角色，帮助蒋某通过合法途径讨回薪资。同时依据蒋某的情况为其链接社会救助以保障蒋某一家三口的基本生活。针对蒋某女儿，应与其所在医院的医务社会工作者合作以链接救助资源。

(3) 通过家庭治疗等专业方法缓和蒋某的夫妻关系，增强家庭对蒋某的支持。同时帮助蒋某恢复社会功能，扩展其社会网络。

(4) 提升蒋某的就业能力，运用工会资源帮助蒋某再就业。

(四) 服务计划

从蒋某当前的问题出发，社会工作者与他一起制定了服务计划，旨在于危机介入理论与结构式家庭治疗理论的指导下，既帮助蒋某解决当前经济上的问题以维持生活，也通过修复其社会支持网络尤其是家庭关系的方式增强其应对危机和困境的能力，帮助蒋某重拾对生活的希望和信心。

(五) 干预过程

1. 第一阶段：缓和危机，稳定情绪，建立关系

根据社会工作生命至上的原则，社会工作者首先评估蒋某当前的危机级别，以确保其人身安全。在稳定其情绪并进行综合评估后，社会工作者暂时确定他不会再有轻生行为，之后又继续对他进行情绪疏导。在此过程中，社会工作者借助简洁易懂的语言、聆听、感情的支持等技巧与蒋某建立相互信任的合作关系。首先，社会工作者向蒋某表明自己的身份，说明自己接案的过程以及未来可能会进行的专业介入，打消蒋某的疑虑与不信任感。其次，社会工作者在充分给予蒋某宣泄负面情绪机会的同时，也不停地对蒋某注入希望与信心，并及时肯定他的能力和优势。在蒋某宣泄完情绪且对社会工作者建立初步信任后，他开始断断续续地说明自己轻生的来龙去脉，社会工作者便采用开放式的提问方式引导蒋某整理自己的想法和感受，迅速了解和分析蒋某面临的主要问题，为他提供准确的信息，缓解其心理压力，增加其面对危机的信心和希望。蒋某罗列了自己当下最紧迫的一些问题，并向社会工作者主动求助。社会工作者在记录之余，先对他的遭遇表达共情，并对他遇到的问题进行了优先次序排列，在澄清蒋某的主要诉求后，双方建立了专业关系，并共同制定初步介入方案。

2. 第二阶段：链接资源，助力维权

蒋某当前最重要的问题之一是拿回被拖欠的工资，以此作为女儿的手术费用，

这也是蒋某所有问题的源头之一。社会工作者针对蒋某的服务需求，重点整合社会资源，平衡好各冲突利益群体，立即联系公益律师进行法律援助。经过多次沟通，司法部门最终确认了人民调解协议效力的形式，两次共完成250份司法确认。由于该公司名下资产只有厂房和土地可供执行，农村信用社对该土地厂房享有优先抵押权。为确保员工工资能够得到完全清偿，社会工作者通过工会渠道寻求政府部门的协助，在政府部门、法院、律师等专业力量的助力下，最终抵押权人同意放弃部分优先债权，使得包括蒋某在内的职工收到了全部的劳动报酬。

3. 第三阶段：开展家庭治疗，恢复家庭功能，发起爱心筹款

司法进程耗时较长，在等待司法结果的过程中，社会工作者对蒋某及其妻子开展家庭治疗。通过单独、联合会谈等方式，社会工作者帮助蒋某夫妇解开心结，使得双方对有争议的诉求达成一致。在解决问题的过程中，蒋某也学会了尊重妻子的意见，觉得应从妻子的角度看待问题。而蒋某的妻子也体会到丈夫工作背后的艰辛，对于自己在他最绝望无助的时候没给予关心和帮助而感到愧疚。尤其在社会工作者的调解和沟通下，夫妻双方不再将女儿遭遇事故的过错完全归咎于对方或者自身，而是坦然接受这一现实，并在社会工作者的帮助下积极申请救助以及发起水滴筹等筹款活动，最终及时凑齐女儿的手术费用。手术过程也很顺利，目前蒋某的女儿已进入康复和恢复期。

4. 第四阶段：提升个人能力，助力再就业

在等待司法结果的漫长时间里，蒋某不得不另谋职业，维持家庭开支和支付女儿住院治疗的费用。但蒋某自身职业技能有所欠缺，在公司停业后一直找不到更合适的工作。社会工作者得知其情况后，在评估他的职业能力后，邀请他加入职业技能提升小组，并通过工会平台为其寻找合适的工作。在此过程中，蒋某提升了个人的能力，很快便成功再就业。这份工作解决了蒋某一家眼前的困难，也转移了蒋某的注意力，让他能够更为平静、积极地对待生活中的困境和危机。

（六）成效评估

本案例主要以危机介入为切入点，链接专业资源、运用工会渠道，既解决了蒋某最棘手的经济问题，也帮助其女儿及时进行手术。同时，社会工作者运用结构式家庭治疗的专业方法帮助蒋某一家恢复家庭功能，缓和夫妻关系，为他们在讨薪之后步入更好的生活状态奠定基础。服务成效具体如下。

1. 危机解除，缓和情绪

社会工作者通过把焦点放在蒋某当前的感受上，充分听取蒋某的表达，向蒋某传达尊重、关心的态度来平复蒋某由危机带来的紧张情绪，给予其支持，防止其精神崩溃，帮助他渡过难关，消除轻生意念。解除危机后，社会工作者通过语言和非语言等方式了解蒋某存在的问题，及时疏导蒋某的情绪，让蒋某放下自我防卫的心理，鼓起解决问题的勇气，发现自己的价值所在，逐步建立信心。

2. 获得工资，经济改善

社会工作者从蒋某的需要和利益出发，围绕介入目标积极链接相关社会资源，搭建对话协调平台，为缓和纠纷各方紧张关系提供社会支持。最后蒋某得到了政府及相关单位的重视，成功要回工资，维持了家庭的基本生活。与此同时，社会工作者根据蒋某的能力以及需求，在综合评估的基础上为其匹配和提供充足的就业信息，并协助蒋某进行筛选，最终他依靠自己的能力面试成功，顺利实现了再就业，缓解了经济的困境。

3. 恢复家庭功能，扩展社会网络

社会工作者通过多次家庭面谈，使得蒋某的家庭成员之间的关系得到明显改善。蒋某对未来充满信心，心态较之前有很大的改变，而且也学会了从家人的立场上思考问题、解决问题。蒋某一家不仅在家庭交流方式、看问题的视角方面都有了一定的改变，并且也能够采用一种合理的、适合该家庭的交流方式进行交流，共同解决家庭问题，由此逐渐恢复其家庭功能。除家庭支持外，社会工作者也在介入期间充分满足蒋某的社交需求，通过蒋某提供的相关资料，社会工作者联系了他的亲朋好友，他们也表示非常乐意为蒋某提供支持和帮助。在蒋某再就业后，社会工作者也联系其所在单位的企业社会工作者组织团建活动，帮助蒋某进一步拓展社交圈，由此提升他的社会功能。

三、社会工作反思与服务点评

(一) 工会社会工作在本案例中的介入特色

用人单位欠薪是涉及劳动者自身乃至其家庭生存利益的重大问题，解决用人单位欠薪问题是维护社会秩序以及实现共同富裕的需要。在本案例中，用人单位欠薪只是一个突发事件。传统工会工作更容易聚焦在欠薪维权本身，不仅对案主的个人心理与社会需求有所忽视，也缺乏对案主个人潜能的激发和增能。在本案例中，工会社会工作正是结合了两者的服务特点，在危机介入时，不仅解除了服务对象眼下的困境，运用专业技能帮助服务对象及时缓解情绪压力，化解突发性危机，而且注重提升服务对象的能力，转变交往互动的模式，从长远角度关注人的全面发展以及家庭功能的正常发挥。由欠薪导致的一系列衍生问题是本次服务的核心内容，社会工作者通过链接资源、专业服务满足服务对象在心理、生计、社会交往以及家庭关系修复层面的需求，以恢复服务对象的社会功能，帮助其更加积极地面对生活。尤其在介入农民工欠薪维权案件时，社会工作者要积极发挥非正式社会支持体系的优势，通过家庭治疗等专业方法和技巧弥补传统工会工作的缺漏，引导家庭成员等非正式社会支持体系为服务对象提供更多的经济物质支持、精神情感支持和生活照料支持，从而更好地走进服务对象的生活。

（二）工会社会工作在家庭治疗中的服务难点

首先，工会社会工作因其具有很强的行政性特征，容易让个体产生防备心理与疏离感，而家庭治疗需要社会工作者完全进入案主的家庭中，充分获取对方的信任，需要工会社会工作者花费大量的时间和精力了解案主的真实需求，为其提供切实可行的物质或精神方面的支持与服务。其次，家庭治疗需要以整个家庭为治疗单位，通过调整家庭成员的互动模式、家庭结构等来解决案主的个人问题。因而对于工会社会工作来说，其面临的问题的复杂性以及对知识面的挑战性较强，往往难以面面俱到，在介入时容易陷入专业主义的“窠臼”，介入方法往往过于僵化，不够灵活。最后，工会社会工作在开展家庭治疗时会面临很多伦理和道德困境的问题，正如“清官难断家务事”，家庭问题通常不能完全以理性思维去看待，其中常常掺杂着如麻的情感和伦理纠葛。能否有效妥善地解决服务中面临的不同类型的困境，也是对工会社会工作者综合实务能力的考验。

（三）本案例的经验与不足

首先，工会社会工作者介入欠薪维权案件时的角色功能和专业技术支持具有准确定位，由此大大提升了危机介入模式的实务效果。在介入初期，工会社会工作者的角色定位主要在于掌握服务对象的基本情况，聚焦服务对象的问题。此时，工会社会工作者要运用同理心、尊重、真诚等技巧以及接纳非批判等原则取得服务对象的信任。在介入中期，工会社会工作者的角色定位在于如何提供服务、支持以及矫正，逐渐退出一个主导的位置，注重对案主个人能力的提升以及潜力的催发。此时工会社会工作者便结合自身的性格特点、处事风格找到自己的角色定位，根据自己的长处，积极展现专业技能。在介入后期，工会社会工作者的角色定位又重新回归主导，注重对案主服务成效的巩固、离别情绪处理以及后续的跟踪服务。其次，本案例也存在一些不足之处。一方面，由于资源整合有限，优化配置不完善，工会社会工作者在帮助案主构建社会支持网络时，会受到条件和时间的限制，且因资源整合涉及各方主体利益，为可利用的资源带来局限性，因而资源优化配置效果不明显。另一方面，由于工会工作与社会工作的融合程度不足，尚未在工会内部形成专业社会工作者团队，社会工作者个人的精力时间有限，在开展介入服务时面临心有余而力不足的问题。尤其针对类似欠薪这样涉及法律维权的复杂案例，工会社会工作者需要多管齐下，这样才能在有限的时间里回应案主的需求，很多事务性工作也需要社会工作者投入大量时间，这也在一定程度上影响服务成效，还容易使社会工作者自身产生职业倦怠感，不利于整个行业的专业化和职业化水平的提升。

第四节　关爱半边天——拒绝职场女性孕期歧视

男女平等是促进国家社会发展的一项基本国策。男女平等参与、共同发展、共同受益是国家制定政策法规的重要原则，也是女性进步与发展的坚实政治保证和法律保障。随着社会经济的不断发展，越来越多的女性走出家庭、进入职场，这背后体现出女性地位的提升以及女性在现代社会分工中的平等参与。《女职工劳动保护特别规定》的颁布虽然为女性职工的权益保护提供了有效的法律支持，但就法律制度层面而言，该领域依然存在较大的完善空间。在实际职场中，性别歧视、对女性权益的损害以及女性职工的就业环境恶劣等问题依然突出，尤其存在部分女性的自我保护与维权意识不够强的问题。工会作为维护职工合法权益的组织，尤其需要关注职场女性的权益保护，应切实从女性视角出发，站在女性职工的立场和角度看待其面临的困境。社会工作因其特有的女性主义模式，能够通过意识消除性别刻板印象，对性别议题保持敏感性以给予女性特殊的关怀，尤其注重对女性的潜能激发与能力培养，反对一切对女性的压迫并尊重女性的多样性。

一、案例介绍

宣女士为杭州某电商公司文职职员，月工资标准为7 000元。她怀孕五个月时，被公司调岗，新岗位工资改为“基本工资＋绩效”的模式，总和看似仍为7 000元，但她在实际到岗一段时间后，发现该岗位并没有绩效工资。宣女士认为，入职以来，自己一直兢兢业业，经常无偿加班赶文案，如果因为她怀孕就变相调岗降薪，她实在感到不甘心和委屈。宣女士家庭并不富裕，儿子在读高中，正是需要花钱的时候。而她的丈夫因五年前遭受意外事故致使残疾，目前也只能从事低薪水的工作，平日还需要长期服药维持身体机能。之前因为工作的缘故，宣女士时常加夜班，无暇顾及家庭，已经引来丈夫和儿子的埋怨和不理解，承受着较大的心理压力。此次怀二胎纯属意外，但她考虑到身体原因只能留下孩子，这让她本不富裕的家庭更加举步维艰。自调岗以来，宣女士时常和丈夫发生争吵，两人互相埋怨。正值高中的儿子也受到影响，在最近一次的月考中成绩下滑明显。宣女士多次与公司进行沟通，希望让她重返岗位并补发工资，但均被拒绝。重压之下，宣女士只得向工会求助，工会派社会工作者跟进。

二、社会工作介入的过程

（一）需求分析

1. 经济需求

宣女士家境较为拮据，她本人怀二胎后需要更多花销，工作单位又对她调岗降薪，更减少其收入。宣女士的丈夫原本就收入微薄，还需要承担日常医药费。而宣女士的儿子正读高中，除基本学费与生活费外，还需要不少补课费，这些在宣女士薪资减少后都加重了宣女士的经济负担。与此同时，由于宣女士的父母年事已高，基本养老金只够自己生活，无法给予她帮助。而宣女士的公婆早已去世，除宣女士的丈夫外，还有一个小女儿，家境也不好。宣女士偶尔还得接济这位小姑子，家庭对她的经济支持薄弱。缺少经济来源，且没有稳定的社会支持网络，宣女士的基本生活质量大打折扣。

2. 心理需求

宣女士在调岗降薪前一直是在工作和家庭之间忙碌的普通女性，家庭负担较重，她鲜少将自己的焦虑表露出来，悉数积压在心底。从她儿时经历来看，宣女士是个性格要强、独立自主的女性，对自己和他人的要求都很高。五年前丈夫在工作中遭遇突发事故，致使她不得不付出比别人多几倍的辛苦以弥补家庭收入的减少。一方面，她需要安慰备受打击的丈夫，另一方面，她也需要维持家庭氛围的和谐以保证儿子的良好成长环境。日积月累中，宣女士默默隐忍，承受着巨大的心理负担。调岗降薪犹如压倒骆驼的最后一根稻草，也彻底点燃了她内心的憋屈和不平。她在维权过程中，与用人单位多次协商无果，只能频繁地在劳动仲裁委员会与用人单位之间来回奔波，这种情况给她带来了更多的无力感与挫败感。尤其她是个好面子的人，为了这件事和公司撕破脸，时常有人在背后对她指指点点，她觉得自己仿佛一座孤岛，没有人能够帮助她。儿子学习成绩的下降和丈夫无休止的争吵几乎击垮了她的理智，因而在社会工作者评估后，觉得宣女士此刻急需情绪干预。

3. 社会需求

首先，宣女士之所以会陷入维权困境，与她自身欠缺法律知识和维权知识有关。此刻宣女士需要社会工作者通过工会渠道并链接法律资源为她提供帮助，并代替她与公司进行沟通与谈判。其次，宣女士认为该事件反映出当前女性在职场中面临的歧视与不公对待，应该引起有关部门乃至社会公众的关注与重视。她愿意站出来向这种不公的制度发起挑战，并希望得到大众的支持。社会工作者认为这也是宣女士的重要诉求之一，也是达成社会工作的宏观目标的途径，即通过社会呼吁推动社会公平正义、提升社会福祉。

（二）理论基础

1. 女性主义理论

女性主义理论认为女性是在全世界范围内受压迫和受歧视的群体，主旨在于挑战男性主导的世界，致力于两性平等及妇女解放，重新建构女性的话语权。对于社会工作而言，女性作为弱势群体将更加受到关注。该理论为社会工作理论与实务的发展都带来了全新的视角和工作模式。一方面，它关注女性独特的经验和对社会公平与正义的崇高追求；另一方面，它质疑原本传统社会工作中对女性特殊需求的忽视以及社会长期议题的回避。只有将女性视角引入针对女性困境的改变中，才能充分从女性的视角看待问题，尊重和维护其合法权益。

在本案例中，案主被调岗主要是因为怀孕，然而怀孕本身并不能成为被区别对待的理由。依据女性主义理论进行分析，仅凭生理上的差异而对正常工作安排区别对待，从而影响其正常的家庭生活质量，这已然是一种在职场中对女性的歧视。因此社会工作在介入此类案例时，需要充分考虑女性视角下职场的不公平现象以及应对策略。同时，在制定介入目标和服务计划时社会工作者应注重对妊娠期女性的生理、心理以及社会情况特殊对待。而从女性主义理论的宏观目标出发，社会工作者需要为处于弱势且权益受到损害的女性群体发声，并注重对其优势的挖掘和能力的提升。尤其在本案例中，案主本人有发起社会倡议的意愿，社会工作者更应该协助其达到此目标。

2. 优势视角

优势视角（或称能力视角）是一种关注人的内在力量和优势资源的视角。社会工作助人过程中所关注的焦点是人们及其环境中的优势和资源，而不是集中于问题和病理。其理论基础是人本主义，该理论积极的态度广受欢迎，认为在某些条件下所有事情都可以作为一种优势存在。优势视角强调个人、团体、家庭、社区都具有资源，应善于发现自己及他人的长处，并将这种长处发挥出来。任何事情都存在两面性，往往既是风险也是机遇，应具备将危机事件转化为对自身有利机遇的能力，实现个体的进一步发展。

在本案例中，宣女士实际是个工作能力很强、吃苦耐劳、有责任心的女性。同时她还具有较强的社会责任感，认为应该通过自己的经历为更多在职场中遭遇歧视的女性发声。在优势视角的指导下，社会工作与工会传统工作方法的融合能够帮助案主去问题化，以一种更积极的视角帮助其看待目前面临的困境。这样有助于宣女士充分挖掘自己的潜力，运用自己的优势应对困境。尤其本案例涉及女性议题，而女性主义理论主张充分尊重女性的自主性，强调发挥女性自身潜能，这也与优势视角的核心要义不谋而合。从宣女士本人的角度出发，优势视角也符合其特质与诉求，在后续服务的介入过程中不仅可以帮助她满足需求，也可以使其能力和经验获得提升。

（三）介入目标

1. 总目标

社会工作者希望在女性主义视角与优势视角相结合的理论指导下，根据宣女士当前最紧迫的需求与问题以制定相应的服务目标。其专业服务不仅重点在解决案主目前的困境，更在于通过服务过程为案主的生活注入希望与信心，尤其使其能在未来的生活中充分挖掘自身的优势以解决问题，从而达到社会工作助人自助的目标。本案例需要发挥社会工作的宏观职能，通过社会呼吁为正在遭受职场歧视和侵权的女性正名，并鼓励她们勇于站到阳光下，拿起法律的武器维护自己的权益。

2. 具体目标

（1）与宣女士建立良好的关系，帮助其梳理面临的困境，并按照紧急程度以及她本人的意愿对所有问题和需求进行优先次序排列，为后续制定计划奠定基础。

（2）运用工会渠道和资源帮助宣女士与其公司进行沟通，协助她获得工资差额补偿。针对其家庭进行全面评估，帮助其链接救助资源。

（3）充分运用社会工作的沟通技巧对宣女士进行情绪调适和心理疏导，并通过家庭治疗的方式促进其家庭功能的恢复，协助宣女士一家人形成良好的家庭关系。与此同时也注重提升宣女士个人的情绪管理能力和危机应对能力，帮助其更好地发挥优势与潜能。

（4）通过多平台、多渠道帮助宣女士进行社会发声，并撰写政策建议稿件递交给政府相关部门，呼吁全社会对职场女性困境的关注。

（四）服务计划

根据宣女士的特点、生活环境等特征，工会社会工作者在帮助其进行合法维权的同时也充分从宣女士本人的视角出发，给予其关怀与支持，尤其通过工会渠道帮助其进行社会发声。最终社会工作者将在帮助宣女士获得工资补偿的同时，也对其心理和情绪状态进行安抚，帮助其修复夫妻关系、亲子关系，也为其家庭链接福利救助，充分提升宣女士的个人能力，发挥其潜能。

（五）干预过程

1. 第一阶段：情绪疏导，建立关系

考虑到宣女士的身体状况，社会工作者选择为宣女士提供上门访谈服务。在初次见面之前，社会工作者对宣女士的所有个人情况进行了解和预估。在听宣女士描述问题的时候，社会工作者主要运用倾听、同理心、鼓励等沟通技巧安抚她的情绪，并告知对方自己会尽最大努力运用专业知识帮助其走出困境。在充分了解宣女士当前的问题后，社会工作者协助宣女士对目前她面临的所有情况进行梳理与分析，最终双方共同制定了接下来的介入目标、计划与任务。社会工作者在优势视角的指导下，充分肯定了宣女士自身具有的优势，鼓励她从积极的角度看待当下的问题，并通过让其参与介入方案制定的方式让其发挥潜能，此举给予了宣女士充分肯定与信心。

2. 第二阶段：搭建协商平台，协助案主合法维权

社会工作者在充分了解宣女士被调岗降薪的事实后，在进行法律咨询后代表宣女士与对方公司进行沟通与协商。通过归纳双方劳动争议的焦点事实，并充分陈述宣女士因此不公待遇遭遇的一系列生活危机，提出相应的补偿方案以及说明公司拒绝配合可能引发的后果。由于宣女士本人并无离开公司就业的计划，因而在其再三叮嘱下，针对双方均认可的事实，社会工作者着重对其公司依情、依理、依法进行说理和讲法。最终公司同意补发宣女士在调岗后的工资差额，并给予一部分补偿款。但公司坚持认为以宣女士目前的状态，无法再承担原有岗位的工作。于是在宣女士本人的同意下，公司重新将宣女士调往与其原来岗位工资相差不大的岗位，双方最终达成一致。此外，社会工作者也根据宣女士丈夫的残疾情况，链接法律资源帮助其进行工伤鉴定和合理维权，之后又通过对其丈夫的残疾情况进行界定，综合其家庭整体经济状况为其申请救助。针对宣女士一直要救济的小姑子，社会工作者也通过资源对接，让其所在社区的社会工作者对其进行家庭经济状况评估，并为其申请相应的补助，以减轻宣女士的经济负担。

3. 第三阶段：缓和家庭关系，促进家庭功能恢复

在解决宣女士当前最关心的经济问题时，社会工作者也同步对她及其家庭成员进行多次家庭治疗，以缓和其家庭关系，改善其家庭的整体沟通模式，最终促进宣女士一家的家庭功能恢复。首先，社会工作者将焦点集中于宣女士与其丈夫的夫妻关系。在社会工作者帮助其丈夫获得工伤赔偿和残疾补贴的基础上，宣女士的丈夫也逐渐敞开心扉，愿意向妻子倾诉他多年来的苦闷与不甘心，社会工作者为夫妻二人提供了倾诉机会。宣女士的丈夫在和社会工作者进行两次单独会谈后，也意识到自己始终沉浸在负面情绪中，忽视了妻子所承受的工作和家庭双重心理压力，尤其没有考虑到妻子此时的孕期状态。鉴于他们即将迎来第二个孩子，社会工作者在促进夫妻关系、提升双方的情绪管理能力和交往能力时，也帮助他们做好迎接孩子的心理准备。其次，社会工作者也单独对宣女士的儿子进行介入，通过空椅子等专业疗法，其儿子也意识到自己和父母之间存在的沟通问题，并且表达了对小弟弟/妹妹即将到来的矛盾心理。社

会工作者通过一家三口的家庭联合会谈帮助他们倾吐心声，让三人互相表达爱意、支持与鼓励，以形成良好的家庭氛围。此阶段给予宣女士较大的心理安慰，也有利于其未来从家庭中持续获得能量。

4. 第四阶段：社会倡导，充分发挥案主个人优势与潜能

经过多次沟通及相互配合，宣女士已经与社会工作者建立了信任关系。宣女士在得到公司补偿后，依然希望通过社会工作者帮助其进行社会倡导，以鼓励更多受到歧视与侵权伤害的职场女性勇敢地拿起法律的武器保护自己的合法权益。在此过程中，社会工作者通过链接媒体资源，在保护宣女士隐私的前提下进行社会发声，充分调动宣女士个人的潜能，发挥其优势。同时，社会工作者也以此案例为基础，向政府相关部门建言献策，以期从宏观层面完善政策规章，为广大职场女性维权夯实制度基础。

（六）成效评估

1. 为案主提供心理支持，帮助案主维权

在本案例中，女性受生理因素影响，属于相对弱势的群体，这并不是人为可改变的，因而不应该被歧视。案主因为怀孕被调岗降薪，这种不公平的对待让她产生了巨大的心理落差，而由此引发的一系列问题使案主陷入自我怀疑与否定。她不仅要和公司进行维权沟通，更要处理家中的琐事，从而产生了消极情绪。社会工作者在进行介入时，优先关注了案主的心理问题，通过运用社会工作的专业沟通技巧帮助其进行情绪疏导并提供心理支持。而对于案主而言，合理维权是她眼下最重要的目标，这也是影响其心理状态的症结。因此社会工作者在帮助她维权的过程中，在各主体之间主动发挥桥梁作用，为案主链接法律援助，由此协助其维权。

2. 发挥案主潜能，践行助人自助宗旨

调岗减薪引发的一系列问题使得案主产生了自我怀疑，整体也处于消极状态。但案主是一个乐观勇敢的独立女性，因而她才能在受到职场的不公待遇时选择勇敢地站出来，积极维护自身权益。因此社会工作者在与案主进行接触时，便向案主阐释此次事件并不是由她自身原因所导致的，并在沟通过程中充分肯定案主本身的能力，帮助案主建立解决问题的自信心，促使她更好地发挥潜能。尤其在优势视角的引导下，社会工作者注重对案主的优势进行挖掘，以期在整个介入过程中培养和提升其自己运用周围资源以解决问题、度过危机、缓解困境的能力。在介入结束后，案

主重新发现了自己的闪光点，提升了自我效能感，逐渐走出了昔日的阴影，能够以更积极向上的态度迎接未来的生活。

3. 以家庭为单位为案主增能，完善其家庭关系

家庭是个体获得支持的重要来源，尤其对于女性而言，她们在情感支持层面的需求更多。在本案例中，案主曾经因为长期加班对家庭的关心较少，导致丈夫和儿子都对自己产生了埋怨和不理解的负面情绪。社会工作者在进行介入时，不仅要对案主开展服务，鼓励其和家庭成员积极沟通，而且要对案主的家庭成员进行介入，以家庭整体为单位，通过家庭治疗等专业服务方法增进家庭成员彼此之间的了解和信任，并帮助其去问题化。尤其社会工作者要在家庭治疗中转变案主的丈夫和儿子的想法，让他们能够体谅案主在职场中的不易，对于她遭受的职场歧视应给予关注、鼓励和支持。通过对案主家庭关系的改善，她的家庭支持得到了增强，极大地缓解了其负面情绪并使其获得坚实的心理支撑。

4. 扩大社会影响力，推动社会公平与正义

无论是从女性视角还是社会工作的宏观目标出发，都应以呼吁社会为弱势群体发声、影响政策制度的制定与完善为开展服务的重要内容。案主并不是职场中遭遇歧视的偶然，而是在劳动市场中处于弱势地位的所有女性的缩影。社会工作者在借助工会平台的基础上，链接多平台、多渠道，以案主的案例为切入口，对相关职场中的歧视女性问题进行集中宣传，在多家企业、社区，以及人流量较大的地方开设科普类宣讲，由此提升了社会公众对女性职场境遇的关注和重视，充分扩大了社会影响力，有利于促进社会公平与正义。尤其对于案主宣女士而言，她主动站出来为自己和跟她有一样遭遇的女性发声，在此过程中也实现了对自己的增能与赋权，有利于提升其自我效能感和价值感。

三、社会工作反思与服务点评

尽管该案例也属于维权范畴，但其具有其典型性与特殊性。在女性持续面临职场歧视与侵权伤害的社会背景下，社会工作更应注入女性视角，通过发挥服务对象自身的优势与潜能帮助其走出困境。结合案例的具体介入过程，可发现其中可供其他案例借鉴的地方以及需要改进的地方。

（一）本地务工者的“面子成本”，充分考虑案主的特殊性

本地务工者与外来务工者一样在雇用关系中有维权诉求，社会工作者应针对本

地务工者的具体情况进行个别化对待，充分考虑案主的特殊性。本地务工者相对于外来务工人员虽具有地缘、社会支持网络等优势，但在雇用关系中也难免遭遇不公平对待。而且恰恰因为这种优势，本地务工者更容易忽视和顺从于一些不公平对待。因为社交网络的紧密，碍于“面子”，本地务工者考虑的因素更多，所以维权意识以及求助意愿较弱，他们更倾向于通过漫长的忍耐换取生活的平静。对于该群体而言，他们会更看重时间、金钱以及人情的成本。尤其对于女性而言，在传统两性分工习惯的影响下，容易形成“女性就是容易受到不公对待”的思维定式，从而将这种错误认知不断内化，最终妥协和退让。社会工作者在面对本地务工者时，如果遇到求助意愿弱的案主，应通过改变其不合理信念、注入信心、增强权能的方式，让其自己意识到维权的重要性。在本案例中，宣女士也并非一开始就想到向工会求助，前期也经历了漫长的忍耐、妥协以及矛盾的过程。因此社会工作者在开展介入服务时，不仅要考虑目标达成的效果，也要考虑本地务工者对于人情和面子的特殊需求，譬如最终在维权过程中，宣女士对于公司的诉求有所让步，社会工作者应给予配合和理解。

（二）女性视角下工会社会工作的介入优势

女性视角下的工会工作在开展服务的过程中有其独特优势，具体表现在以下三个方面：首先是充分尊重女性权益、注重对优势和潜能发掘的价值理念。在服务开展初期，社会工作者考虑到案主的妊娠状况选择上门进行服务，体现了个别化和尊重的原则，充分肯定案主自身的能力，为其建立解决问题的自信心。在拿出服务计划阶段，社会工作者也选择让案主共同参与，使其能够发挥自身潜能和自主性。而在介入过程中，社会工作者运用优势视角理论，帮助案主去问题化，以一种更加积极的态度看待困境。其次是充分考虑女性需求的专业工作方法。譬如在本案例中，考虑到家庭支持以及他人眼光对女性的重要作用，社会工作者以家庭为单位开展家庭治疗，着重对其家庭关系进行改变，尤其是建立宣女士的丈夫、儿子对其的理解。同时，社会工作者注重对案主自身社会支持网络的建立和完善。通过帮助案主对目前的情况进行梳理后，社会工作者及时进行资源链接，为案主寻求相关专业法律力量的帮助。在进行法律咨询之后，社会工作者也代表案主与用人单位进行沟通协商，在保证案主合法权益的前提下，尽可能多地为案主争取权益。最后是在与女性案主沟通的过程中，能够充分展现社会工作的支持性技巧与引领性技巧。在本案例中，社会工作者运用专注、倾听、同理心等技巧表达对她的真诚与尊重，并鼓励案主勇敢地表达他们的真实感受和想法。同时，社会工作者也运用澄清、对焦和摘要等技巧进一步帮助案主理清思路，并树立理性且积极的认知，进一步促进其行为的改变。

（三）本案例的经验与不足

在经验层面，本案例将社会工作的微观职能与宏观职能相结合，社会工作者既要满足案主当下个人层面的需求，也要充分考虑其对社会呼吁的宏观需求，这也是社会工作推动社会公平与正义的重要途径。在此类与性别公平相关的议题中，社会工作者不能只聚焦于问题本身，更需要透过问题看本质，关注女性独特的经验与感受，并以此作为需求评估、计划制定和介入的重要依据。这样在解决案主个体化问题的同时也考虑了如何在社会层面尽量减少此类事件的发生，如通过工会渠道在企业、社区以及公开场所开设相关的女性知识讲座，在呼吁社会成员关注两性平等的同时也鼓励女性在遭遇不公平对待时勇敢发声，或是在宣传层面通过链接相关资源，在宣传栏、自媒体或网络平台上将此类事件归类整理并进行集中报道，以扩大社会影响。而在政策层面，社会工作者也通过建言献策影响有关女性权益维护的政策法规的制定与完善。虽然在社会工作者的介入下，案主问题得到了妥善解决，然而案主所在的用人单位并未就此类问题引起重视，相关的工作制度也并未改善，问题没有得到根本解决，且案主依然存在一定程度的妥协和屈从。理论与现实的落差对于社会工作者本身而言具有冲击性，不仅为案主的未来生活埋下隐患，也不利于社会工作宏观目标的实现，甚至容易在一线社会工作者的心底形成职业倦怠感，这需要引起全行业的重视和反思。

第五节　“三工联动（工会＋社工＋医务社工）”，多元服务——工伤的认定与赔偿

农民工是改革开放后成长起来的一个特殊群体，推动着中国经济的发展，并且为城市的建设做出了巨大的贡献。随着农民工数量的不断增多，其权益保障问题备受社会关注。尽管当前各企业都十分重视工人在工作过程中的安全状况，但每年依然有很多工人因工作致伤致残。工伤事故会给劳动者带来生理、心理、经济、家庭等

多个层面的问题，如果劳动者的权益无法得到保障，他们就极其容易陷入困境。国务院自2004年施行《工伤保险条例》，对维护劳动者的权益起到一定的积极作用，但在实际操作中仍存在不足。如工伤赔偿程序的复杂与烦琐、赔偿方的“踢皮球”以及无限拖延都严重阻碍了职工的合理维权。工伤认定与赔偿是农民工群体面临的重要困境之一，农民工又因其自身条件限制、社会支持较薄弱，在遇到困境时难以运用法律的武器保护自己，这导致其合法权益无法得到保障，甚至有人会因此走上极端维权的道路。工会社会工作对农民工群体的关注和介入服务，逐渐成为一种趋势。如何发挥社会工作的专业效能对农民工进行工伤帮扶将是本节所呈现的内容。

一、案例介绍

宗某从2014年开始随老乡入城打工，现为某物业公司派驻在某小区的岗亭保安。该岗位按“2个白班、2个夜班、1天休息”的方式进行轮班，每日为早7点到晚7点或晚7点到早7点的12小时上班制。宗某的月工资为3 500元左右，公司未为其缴纳社保。2020年6月，宗某在上班时间被小区内一失控车辆撞成重伤，后因治疗等问题未到岗。2020年6月20日，公司以宗某个人原因为由终止了与宗某的劳动关系；又于2020年7月31日以宗某在2020年6月21日至7月31日期间未上班，又未履行任何请假手续，严重违反劳动纪律为由，解除与宗某的劳动合同关系。在此过程中，物业公司并未主动申请工伤认定，在宗某治疗期间也没有支付其工资，甚至在宗某尚未出院时将其辞退。宗某认为物业公司违反了劳动法，且向单位要求申请工伤待遇，并希望单位支付在职期间的加班工资及违法解除劳动合同的经济赔偿等合计10万元。但物业公司认为不存在任何需要支付的费用，双方产生矛盾。

经调查，当地工会了解到以下事实：宗某确实是以“2个白班、2个夜班、1天休息”的方式进行轮班，每班12小时，且实施的是综合计算工时工作制，结算周期为月。工会也确认了宗某是在工作岗位上受到的伤害。后宗某也到红十字医院等进行诊疗，存在相应的诊疗证明。但因是否存在工伤、是否享受停工留薪待遇，双方存在分歧，宗某为此以看病为由直接未上岗。在此过程中，宗某虽也与公司领导进行沟通说明，但却未办理相应的请假手续。当地工会安排社会工作者协助宗某一方面通过劳动仲裁维护权益，另一方面也积极与物业公司进行调解。社会工作者经过初步了解，发现此次事故给宗某带来的不仅是经济方面的损失，他因车祸致残带来的精神自卑、阴影和痛苦远超过生理层面。宗某的妻子处于下岗待业状态，两人有一个即将上幼儿园的儿子，家庭经济状况较差。宗某出事后，其家庭也受到重创，妻子不得不带着儿子到医院照顾他，医院又拒绝其将儿子一并带入病房，双方也屡次发生口角，这更加重了宗某的负面情绪。因此对宗某进行情绪疏导亦是当务之急。

二、社会工作的介入过程

（一）需求分析

1. 生理与心理需求

在生理层面，宗某因车祸造成残疾，目前尚在恢复期。身体上的疼痛需要他定时服用止痛药以及其他药物，这种身体折磨也影响其心理状态。而在心理层面，宗某身体的残疾给他带来沉重打击，他从原本的外向热情型人格变得郁郁寡欢且情绪难以控制，时常处于暴躁中。同时，在事故发生后，单位始终推卸责任，对他的诉求采取不露面、不理睬以及不回应的态度，让他感到无比愤怒和失望，他希望得到合理的赔偿以及来自单位的关心。作为家庭顶梁柱的他，失去收入来源后，此刻也为如何维持家庭开销、自己的医疗费用以及儿子就读幼儿园的费用发愁。由于他们没有足够的钱支付护工费用，只能让妻子带着孩子在医院里照顾自己，这与医院的规定相违背，他不得不多次和医院沟通，几番争吵后加重其负面情绪和心理压力。同时，他也有无力感和对妻子的愧疚感。

2. 经济需求与维权需求

宗某目前最主要的诉求是获得工伤认定并得到赔偿款。他的工作报酬一直是家里主要的收入来源，事故发生后他不但没有得到赔偿还失去了工作。他在就医期间已花费不少存款，甚至不得已向人借钱，经济负担较大。他的妻子为了照顾他，此时也无法出去重新找工作，何况家中还有三岁多的儿子需要人照料。从长远角度来看，如果他不能回到原单位工作，就需要尽快找到一份足以支撑全家花销的工作。

3. 情感支持以及照料需求

宗某在维权过程中积累了过多的负面情绪，也在维权过程中产生了无力感，十分需要得到理解和情感支持。这种情感支持来自两个方面：一是非正式情感支持，多来自他的家人和朋友；二是正式情感支持，来自单位、工会等正式组织。尤其对于宗某来说，他十分迫切地需要得到工伤认定，这不仅仅是对其经济上的弥补，也是对其工作的认可，具有精神鼓舞意义。同时，由于宗某伤势较重，需要得到专业照护，出院后也需要社会工作者为其链接社区康复中心为他做后续复健。而他的妻子在照护他的过程中，也需要有人能够代替她照顾儿子，这种双重照料需求也是宗某目前急需的。

（二）理论基础

1. 社会支持理论

良好的社会支持对个体发展有着积极作用，可以帮助个体更好地面对日常生活中遇到的问题或危机，保持身心健康①。同时，社会支持在负性生活事件和抑郁症、紧张情绪、攻击性之间可以起到缓冲作用，能够维护个体的心理健康②。在高速发展的现代社会，弱势者是一个多元的群体。在弱势群体的内部，根据自身实际情况的不同，个人所需要的社会支持也是多元的③。依据社会支持理论的观点，一个人拥有的社会支持网络越强大，就越能够更好地应对外在的挑战。

在本案例中，对于宗某这样的外地务工者而言，在他受伤后，其社会支持体系处于断裂状态，无法满足其生理、心理以及社会层面的需求。社会工作者将在该理论的指导下，关注到服务对象的多元需求及其多样化的社会关系，进一步整合和重构其社会支持网络，扩大其社会支持的范围，协助其充分调动社会支持的资源，以更好地凝聚其社会资本，提高其面对社会生活的信心和能力。

2. 增能理论

增能理论，也称增强权能理论。权能不仅表现为一种客观的存在，而且表现为人们的一种主观感受，即权能感，正是这种权能感可以促进人们的自我观念、自尊、尊严感及重要感④。增能理论下的社会工作服务要求社会工作者鼓励服务对象自决，尊重服务对象，并把后者作为重要的专业价值观。增能的视角强调个人的主观能动性和潜能，强调个人有能力、有机会为自己的生活作出决定，并采取行动⑤。同时，增能意味着帮助个人、群体、家庭以及社区在其内部或周围探求和扩展其资源与

① 李强.社会支持与个体心理健康[J].天津社会科学，1998(1)：66－69.

② 李相南，李志勇，张丽.青少年社会支持与攻击的关系：自尊、自我控制的链式中介作用[J].心理发展与教育，2017，33(2)：240－248.

③ 梁君林.基于社会支持理论的社会保障再认识[J].苏州大学学报（哲学社会科学版），2013，34(1)：42－48.

④ 陈树强.增权：社会工作理论与实践的新视角[J].社会学研究，2003(5)：70－83.

⑤ 谢启文.增能：解决失独家庭问题的新视角[J].人口与发展，2013，19(6)：104－109.

手段的意图和过程。探求人们和社区内部的力量，必须撕掉和抛弃歧视性标签，为家庭、机构和社区的资源链接提供机会，让弱势社群远离受害者的思维定式；相信人们的直觉、观点和精神，相信人的梦想。增能的社会工作实务目标要求社会工作者协助服务对象从压抑中解放自己，社会工作者的角色并不是为服务对象增能，而是帮助服务对象实现自我增能。作为专业助人者的社会工作者要避免以一种父爱主义的姿态主导服务对象，即告诉服务对象什么是好的，号召服务对象去做正确的事情。

由于大多数农民工法律知识缺乏，法律意识、维权意识淡薄，因而不会运用法律武器保护自己，对合法和非法行为的认识比较模糊。社会工作者通过增强宗某的自我保护意识和能力，为其提供支持，尊重他的自主决策，积极鼓励其学习基本的法律知识，学会运用法律武器，维护自己权益，关心自身利益。社会工作者将通过服务提升服务对象的自尊与自信感、增强服务对象的维权意识与维权能力；通过专业介入恢复服务对象的人际关系和社会支持网络，以提升其自我效能感。从该群体出发，社会工作者也将以此为契机，注重提升社会对该群体的关注度，为其拓宽获取社会资源的途径，有助于集体力量的发挥，从而实现对农民工群体的增能。

（三）介入目标

1. 总目标

协助宗某合法维权，缓解其经济困难和照护困难，促进其生理、心理与社会层面的调适，开展法律援助社会工作，为宗某开展法律基本知识学习等服务，增强宗某的权能，激发宗某维权的信心和潜能。

2. 具体目标

（1）协助宗某进行工伤鉴定并获得物业公司赔偿，并协助其申请补助。

（2）通过与医务社会工作者合作为宗某在住院期间的护理问题寻求解决方案。

（3）为宗某提供情绪疏导，帮助其获得正式与非正式支持。

（4）增强宗某及其妻子的个人能力与法律意识，协助宗某家庭获得新的收入来源。

（四）服务计划

社会工作者根据宗某的特点、生活环境现状等情况，首先收集材料与证据帮宗某与物业公司进行沟通，必要时借助工会渠道获取法律援助帮助宗某维权并达成诉求；其次联合医务社会工作者解决宗某在住院期间的照护问题，并对其进行情绪疏导，帮助其获得社会支持；最后通过为宗某及其家庭赋权，提升其应对困境的能力，恢复原有生活。

（五）干预过程

1. 第一阶段：专业关系建立，进行情绪疏导

在介入初期，社会工作者需要同宗某建立良好的专业关系。在刚开始接触时，宗某对社会工作者表现出了不信任和警惕的态度，害怕社会工作者是物业公司派来的说客，想要他放弃维权。在察觉到宗某的警惕态度后，社会工作者依照专业工作方法和沟通技巧，将宗某视为普通人，而不是一个被诊断有问题的案主。在这个过程中，社会工作者以真诚、接纳、互惠的技巧同宗某进行了多次交流，对宗某离开自己家乡，来到陌生的大城市工作并且无辜遭遇事故的遭遇表达同情，并且通过自我披露的方式带动宗某自我袒露。同时，社会工作者以其他案主的成功经验与宗某共同讨论或相互对照，促进宗某向成功模范学习。这使宗某对社会工作者产生了信任，双方建立了良好的专业关系。在此过程中，社会工作者也充分对宗某及其家庭进行情绪疏导，并告知其很快会与物业公司进行沟通和协商。在初期接触中，社会工作者对宗某当前的问题和需求有了更深入的了解，并且在宗某的共同参与下，他们一同制定了接下来的目标与任务，双方确立信任和合作的服务关系。

2. 第二阶段：协助案主维权，"三工联动"链接多元资源

在确立专业关系后，社会工作者从宗某当前最主要的需求出发，一边协助宗某进行工伤认定，一边通过工会渠道代表宗某与物业公司进行协商和沟通。同时，社会工作者也帮助宗某整合自身资源，其中包括政府部门关于农民工权益维护（尤其是工伤认定与赔偿方面）的各种法规政策、服务或补助，当地工会提供的服务，所在社区提供的优惠政策和帮扶，来自家人和朋友的情感和经济支持、正在法律专业读研的外甥的专业支持等。社会工作者帮助宗某实现对自身资源的开发和利用，鼓励宗某去寻求这些资源的帮助，增强他在今后独立运用资源的能力。同时，社会工作者还链接当地律师资源，为宗某解答法律疑惑，增强宗某维权信心。宗某失去工作后，因其妻子也处于下岗待业期，儿子即将上幼儿园，社会工作者便针对其家庭状况进行评估，为其链接合适的救助政策，帮助其渡过眼下的难关。目前宗某尚在住院期，因妻子带着儿子陪护而违反医院病房的管理规定，工会社会工作者与该医院的

医务社会工作者联系，针对宗某的情况，双方在院内院外进行合作，为宗某提供情绪疏导以及家庭救助，解决了宗某住院期间的照护需求。此外，社会工作者也及时联系宗某的亲人和同在本地的老乡，鼓励他们多关心宗某，为其提供情感支持。很快，便有很多人在得知宗某的处境后来医院看望宗某，给予宗某极大的心理安慰。社会工作者也提前帮助宗某对接社区康复中心的社会工作者，为宗某不久后出院复健做准备。

3. 第三阶段：案主自决促维权，为案主及其家庭赋权

由于工伤鉴定时间较长，宗某在家休养和复健时，社会工作者为宗某的妻子匹配了合适的工作，薪水虽不高，但能满足宗家目前的日常开支，并且能够有时间照顾丈夫和儿子。宗某恢复基本行动能力后，在社会工作者的陪伴与鼓励下，通过自己的努力主动与物业公司及相关部门进行沟通，并多次独立完成相关手续办理。在进入赔偿阶段后，宗某逐渐掌握了相应的法律知识，以及计算工伤赔偿的方法，并按照规定收集和整理证据材料，其妻子也耳濡目染，协助他完成，两人的能力都得到了提升。在这个过程中，社会工作者充分尊重案主自决，让宗某发挥其能动性，参与到整个维权过程中，社会工作者只做必要的补充和分析，而不代表其做决定。尽管前期宗某表现出对社会工作者的依赖，将社会工作者视为专家或指导者，但社会工作者及时发现并进行适当的澄清和干预，帮助宗某认清两者之间的关系。在宗某维权成功后，社会工作者对宗某的后续生活进行追踪，达到连续式服务的要求。

（六）成效评估

1. 法律维度的增能

维权地位弱势是农民工维权难的重要原因。在社会工作者的帮助下，一方面，宗某发掘自身潜能，学习法律知识，了解自身面临的法律情境，增强对法律武器运用的能力；另一方面，社会工作者向宗某介绍了以往案例，从中剖析协商维权的谈判技巧，并引导宗某增强团队意识，充分发挥团队力量，争取在谈判过程中化被动为主动。此外，社会工作者建议宗某增强自身的执行力，同公司方面保持联系并不断推动协商进度，避免久拖不决导致最终无奈放弃的情况发生。在社会工作者的鼓励下，宗某重拾信心，学习法律知识的意愿增强，并愿意积极主动与公司进行协商。最终，物业公司向宗某支付了赔偿款，妥善解决了双方矛盾，宗某实现了对自身权益的维护。在此过程中，宗某不仅增加了自身的法律知识储备，还在一定程度上掌握了

领导团队、协商沟通等重要能力。

2. 社会支持网络的增能

农民工身处异乡，且长期待在固定且狭小的工作地点，缺少与家人见面沟通的时间与机会。工友则来自天南地北，语言、文化等各方面的差异使得他们难以形成强大的凝聚力，在遭遇权益损害的问题时，农民工往往只能独自面对。社会工作者通过对宗某社会支持网络的增能，强化了宗某与其亲友之间的联结，其维权行动亦取得了他们的支持和认可。宗某在维权过程中，充分感受到了亲友团的力量，背井离乡出来打工的他再次同家乡的亲人、朋友建立了紧密联系，亲友亦积极地为他出谋划策。同时，宗某与同在城市打工的老乡也建立了深厚的友谊，两人常常聚会聊天，互相给予情感支持。在社会工作者的帮助下，宗某改变了自身的个体化状态，网络化联结得到加强，为自身权益维护和情感生活提供了强有力的支持。

3. 自身优势认知

社会工作者基于优势视角对宗某开展服务，能够增强宗某维权的信心。在此之前，宗某下意识地认为自己在与公司的维权博弈过程中处于弱势地位，始终有着“胳膊拧不过大腿”的认知和顾虑，对自己的维权行为没有抱太高的期望。在优势视角的引导下，宗某得到了来自社会工作者的鼓励和认可。社会工作者介绍的成功案例成为一剂强心针，让宗某看到了维权成功的希望。在社会工作者和宗某的共同努力下，宗某对自身能力有了新的认识，且能够积极主动地学习法律知识和维权案例，并不断模拟协商场景，掌握了自主维权的正确方法。同时，宗某在工作岗位上变得更加自信和乐观，与他人的沟通交流也变得更加频繁，那些消极、自卑的心理逐渐被消除。此外，宗某与家人的联系也变得更加紧密，他重新认识到家庭支持对自己的重要作用，并愿意花费更多的时间和精力去促进家庭互动模式的改善。

三、社会工作反思与服务点评

（一）“三工联动”模式带来的优势

“三工联动”是在该案例实践中提炼总结的社会工作实务模式，通过该模式，社会工作者以个案管理的专业工作方法有效地链接政府资源和情境内社会力量，尽可能地为案主的改变创造好的资源环境，充分发挥渠道优势。在社会力量得到成长的时候，工会作为官方群团组织，从原来“大管家”的角色逐渐向“资源提供者”“支持者”等角色转变。“三工联动”的显著优势在于服务主体得到了更大的发展空间，从彼此独立的关系转变为一种积极互动的伙伴关系，能够全方位地为服务对象提供支持。“三工联动”的互动逻辑体现了地方政府与社会力量的有序互动，这种互动是在不同主体关于社会工作参与社会治理的共识性理解基础之上进行的[①]。从案例中不难发现，“三工联动”模式处于一个动态变化的状态，其联动主体的替换、转变、增减与力量的消长均会引起联动模式的样态变化。例如，在为宗某妻子匹配工作时，工会便起到牵头作用，而在处理宗某住院方面的问题时，工会则需要同医务社会工作者保持紧密联系，共同协作以解决案主的需求。后续实践的关键在于探寻多主体联动的底层逻辑和主体间关系的演变机制，有效发挥社会工作者在工会与医务社会工作者之间的桥梁作用，充分链接资源，实现信息的及时共享和方案的及时同步，从而丰富“三工联动”模式的内涵。

（二）社会工作在工伤帮扶中具有的独特优势和实践前景

相较于工会与司法部门对工伤群体的帮扶，社会工作在具体的专业实践中体现出独有的社会关怀，践行了社会工作的伦理价值。首先，社会工作与传统工会工作的联结有利于工会社会工作跳出具体的事务性问题，不仅要考虑当前工伤引发的现实问题，更要看到社会工作对个体增能、促进个体发挥自身潜力的能力。工会社会工作对工伤群体的帮扶展现了赋权于弱势群体的可能性，为案主赋权能够提升工伤群体的黏合度和自助能力，抑制弱势群体的个体化趋势，形成集体力量以更好地维护自身的应得权益。其次，社会工作崇尚关怀的道德与政治实践有利于检视和回归群体需求与社会正义，从而重构富有人性化关怀的社会[②]，发挥社会减压阀与稳定器的重要作用。例如在本案例中，宗某妻子带着儿子陪护违反了医院病房的管理规定，社会工作者不能一味遵循管理办法，而应劝说宗某妻子改变行为方式，并同时为其一家争取资源以解决双重照护的问题，这样既符合案主的实际情况，也渗透着人情味。因此，本案中的社会工作者通过链接救助资源并予以情绪疏导，解决了宗某及其家人的后顾之忧，既不违反医院规定，也满足了宗某的需求，体现出社会工作者的利他主义价值观和充足的人性关怀。无论是从实际问题的解决出发，还是针对社

① 徐选国，徐永祥.基层社会治理中的“三社联动”：内涵、机制及其实践逻辑——基于深圳市H社区的探索[J].社会科学，2016(7)：87－96.

② 王海洋.社会工作“关怀伦理”意涵与实践——以珠三角工伤群体社区工作为例[J].湖南社会科学，2016(3)：104－110.

会工作自身行业的完善，社会工作对工伤群体的帮扶需要进一步探索多样化的专业方法，打造专门帮助工伤群体的社会组织，与基层政府形成良好互动和伙伴关系，为工伤群体进一步提供包括职业能力建设、社会支持网络建构、友善环境健全等在内的专业服务。

（三）社会工作在类似案例中遇到的难点和应对策略

首先，工伤帮扶不仅包括权益维护，同时涵盖了工伤康复等重要内容，这就要求社会工作者不能秉持单一视角，而应将丰富帮扶项目作为应对策略，从心理康复、职业康复、社会康复等多维度着手，需要更具有整合性的专业理论和方法，这对社会工作者本身的能力提出了更高的要求。其次，工伤帮扶需要建立在充分了解和熟悉服务对象全方位的需求的基础之上。为解决这一问题，社会工作者需要统筹相关服务，沟通和协调所能调动的全部社会资本，从家庭、医疗、企业和社会等多个层面为工伤群体提供全方位服务，从而帮助他们更好地回归家庭、职业和社会。最后，在类似案例中，如何弥补政策的不足和缺失是社会工作者面临的一大难关。这就要求社会工作者时刻以反思性实践为基本策略，在帮扶实践中发现现有政策的不足，同相关政府部门形成有效互动和联结，一方面要完善工伤群体保障的有关政策，促进社会公平正义；另一方面也要及时提炼和总结社会工作介入工伤帮扶的机制和模式，从而争取政府支持，在制度与政策层面为社会工作与工伤群体打通双向交流渠道，积极推进工会与社会工作之间的合作和交流。

第二章　共青团社会工作

第一节　我的青春不受“困”——未成年人偏差行为

青少年是国家建设和社会发展的后备军，是我国社会主义现代化建设事业的接班人。经济发展使得社会矛盾不断增加，青少年犯罪问题也成为危害社会稳定的因素，如何对青少年违法犯罪问题进行预防是全社会的责任与义务，需要所有主体的参与。青少年的心智发育尚不成熟且明辨是非的能力较差，他们在经济发展的过程中会面临更多成长的压力、烦恼与诱惑，这些潜在的危机都会滋生不良情绪。一些青少年难以找到正确发泄自身压力和解决问题的途径，且无法严格控制和管理自己的行为，容易出现偏差行为。根据中国国家统计局 2021 年 12 月 21 日公布的《中国儿童发展纲要(2011—2020 年)》，当前我国预防未成年人犯罪工作机制不断健全，未成年人犯罪率大幅降低。然而降低的背后依然有一批青少年犯罪群体。由于青少年具有自身的特点且犯罪成因存在复杂性，仅仅从司法层面切入并不能从源头降低其犯罪率，更不能保障这些青少年未来的人生道路不再偏离正轨，因而无论是预防工作还是犯罪之后的介入服务都需要多元主体的参与以及长期性构建。

我国一直主张将共青团纳入预防青少年违法犯罪的相关工作中，让其能够发挥纽带和桥梁作用。而新修订的《中华人民共和国预防未成年人犯罪法》明确指出，国家鼓励、支持和指导社会工作服务机构等社会组织参与预防未成年人犯罪的相关工作，且有不良行为的未成年人应接受社会工作者的心理疏导和行为干预，对未成年人的矫治教育也需要社会工作服务机构或社会组织的参与。由此可见，社会工作应以专业的价值理念和服务方法介入违法青少年个案以及青少年预防犯罪的长远体制框架，为青少年构建社会支持网络并增能赋权，切实减少其偏差行为的产生，使青少年更加健康茁壮地成长，降低其犯罪率，营造良好的社会环境。

一、案例介绍

案主李晚（化名），男，15 岁。两岁丧母，被亲生父亲抛弃，由外公外婆抚养长大，自从舅舅有了孩子后，外公外婆把更多的关爱倾注在了舅舅的孩子身上。外公不理解处在叛逆期的李晚，经常会动手打他。李晚从小没有感受过父母的关爱，也没有接受过良好的教育，从母亲去世后更是没穿过新衣服。小学五年级时，某同学嘲笑他没有母亲，李晚因与其打架被学校开除。之后李晚便跟着外公外婆外出打工。三年后，李晚觉得外公既没有教他本事，也没有给他工资，便决定一个人出去闯荡。因为年纪太小，李晚在找工作时多次碰壁，好不容易被雇用也会被老板拖欠工资或被无理由辞退。经济来源的不稳定使得他经常吃不上饭，交不起房租，最终流离失所。李晚在流浪的过程中经过大溪爆炸现场，想着进去“捡”点东西换钱去买东西吃。法律意识淡薄的李晚在被警察抓捕后才知道自己已经犯罪，同时对自身犯罪行为的认知有很大不足，检察院决定将其送回户籍所在地的社区进行矫正。当地共青团组织在接到检察院的委托后，派青少年社会工作者联合亲青帮平台专家对案主李晚开展个案介入。

二、社会工作介入的过程

（一）需求分析

社会工作者全面收集与案主有关的心理、生理、社会等方面的资料，经过与李晚本人的详细面谈和其外公外婆的电话沟通，对案主的基本情况基本掌握，遂进行如下分析。

1. 个体心理层面

李晚童年经历了原生家庭的破碎，几乎从未得到过父母的关爱，外公外婆对他的教育有限。尤其在舅舅的孩子出生后，来自家庭的支持就更少了。他在校期间受到了一些嘲笑和讥讽，这也是他被学校开除的导火索。实际上由于李晚还处于义务教育期，本不该因为打架就被剥夺受教育权，这也是他缺乏原生家庭支持的结果。如果当时家人有基本的法律意识，且足够关心李晚，便会帮他向学校据理力争，李晚也就不会被开除。因而这件事也是导致后来李晚独自流浪甚至出现违法行为的重要因素。同时，在和李晚的沟通过程中，社会工作者发现其性格内向，自尊心强，交谈时也总是低着头，对社会工作者的问题小声应答，情绪低落，整体表现出一种自卑。长期的流浪生活让李晚极度缺乏安全感以及对他人的信任，防备心较强，同时他的心理也十分脆弱，极易受到外界影响，因此十分需要社会工作者协助其宣泄积压已久的负面情绪，树立自信，通过鼓励与支持提升其自我效能感并卸下心防，正视目前所遇到的生活困难，对生活重新树立起信心。

2. 家庭关系层面

李晚的原生家庭长期处于缺位状态。母亲去世后，他被父亲抛弃，无法从亲生父母那儿获取寻常孩子能够拥有的父爱和母爱。外公和外婆虽然为他提供了基本的生活条件，但在精神层面给予的关心较少，致使李晚从小和家人的关系较为疏离。尤其是外公的棍棒式教育进一步加重了他叛逆的心理，导致他与家人的关系进一步恶化。舅舅的孩子出生后，更是分走了他本就稀薄的亲情，让他对家人更加失望。他被学校违规开除时，家人并没有关心他打架背后内心的委屈和脆弱，也没有帮他据理力争，致使他小小年纪就失去了受教育的机会。在跟随外公和外婆打工的日子里，李晚彻底心灰意冷，这才选择了离家出走。目前李晚被送回其原籍进行矫治，与家庭将产生更多交集，因此社会工作者需要着重改善其家庭关系，重新建立李晚和家人之间的联系，并使他们建立良好的沟通模式。

3. 教育层面

李晚几乎没有从家庭中得到基本的正确教育，外公的打骂除了加重他的叛逆心理别无他用。他在小学五年级时就被学校开除，致使其仅享受到一半多一点儿的义务教育，因而法律意识淡薄。他并不知道自己的做法触犯了法律，也缺乏相应的悔过意识。李晚需要在社区矫治的过程中弥补其义务教育的欠缺部分，尤其需要接受法律教育，树立法律意识，从而防止其未来再次违法犯罪。

4. 社会支持层面

李晚未满 18 周岁，小学没毕业，低学历使他无法找到合适的工作。他也没有固定住所，四处流浪，生活处于困境中。同时李晚小学被退学，同龄伙伴较少，缺乏同辈群体的支持。李晚早年被外公和外婆带到外地打工，更使他和原有的生活环境割裂，且难以再交新朋友。在他离家出走开始流浪生活后，结交的都是具有临时性、功利性特征的人，他们身份和目的不明，年龄差异大，也难以和李晚交心，且存在较高的风险性。对于李晚而言，他既没有来自家庭的支持，也没有来自朋辈群体的关心，更因为无文凭、无工作而缺乏社会联系。因此，李晚的社会支持网络完全处于断裂状态，无法给予自身足够的支持。他需要紧急的社会救助，同时需要修复其家庭关系、建立社会支持网络，并且弥补其缺失的义务教育。

（二）理论基础

1. 社会支持理论

社会支持是指社会网络运用一定的物质和精神手段对社会弱势群体进行无偿帮助的行为的总和[①]。社会支持从性质上可以分为两类：一类为客观社会支持，这类支持是可见的或实际的，包括物质上的直接援助、社会关系、人脉网络、团体关系的存在和参与等；另一类是主观社会支持，这类支持是个体体验到的情感上的支持，指的是个体在社会中受尊重、被支持和理解的情感体验和满意程度，与个体主观感受密切相关。

在本案例中，李晚的社会支持网络处于松散状态，他无法获得来自家庭、朋辈以及社会的支持，且居无定所，基本生活保障受到严重威胁。李晚之所以会有违法行为而不自知，不仅是因其缺乏必要的法律教育，也是因为社会支持薄弱，社会融入感较低。因此，社会工作者需要联结来自其家庭、朋辈、社区以及社会的正向支持，帮助李晚构建紧密的社会支持网络。

2. 社会学习理论

社会学习理论旨在探讨个人的认知、行为与环境因素三者及其交互作用对人类行为的影响，试图通过学习机制来解释人们社会行为的形成和变化。该理论吸收了行为主义理论学派的主要理论假设，认为先前的学习对现在的行为有决定作用。青少年通过观察历程就能进行学习，并不需要个人亲身体验而直接受到奖惩。经观察学习，被观察者即示范者的行为就成为观察者的“楷模”，再经自我系统的作用，观察者“模仿”了被观察者的行为表现，编码储存在个体内部，进而显现相似的行为[②]。该理论强调以个体心理的主观能动性为基础的内化的自我调节，即通过自己对行为的预期与现实行为进行对比从而调节行为。同时它也强调对自我效能感的提升，帮助

① 金小红，应辰.“互构”型社会支持系统的缺失与城市外来青少年犯罪[J].兰州学刊，2010(8)：100-104.

② 王思斌.社会工作概论[M].3版.北京：高等教育出版社，2014：191.

案主提升自我把握、胜任感和自信心。

在本案例中,社会工作者需要通过引导李晚去学习法律知识,树立正确的法律观念,帮助其形成对犯罪行为的认知以及对自己当下生活状态、未来人生规划的良好设想。同时社会工作者也会为李晚树立榜样,鼓励李晚对其进行观察和学习。再者,社会工作者通过增强李晚自我制约和管理的能力,并在此过程中提升李晚的自我价值,改变他自卑的自我认知,增强其自我效能感。另外,社会学习理论强调强化作用,社会工作者将对服务对象的正确行为给予鼓励,从而巩固其形成的正确认知。

3. 成长小组模式

成长小组是在社会工作者的带领下,通过小组成员之间有目的的互动互助,使参加小组的个人获得行为的改变、社会功能的恢复和发展的康复模式①。成长小组不是为了治疗,而是促进个人的成长,包括了解自我、增强自信、寻求有意义的人际关系等。社会工作者会帮助组员最大限度地发挥自己的潜能,促进组员健康成长。在小组活动中,社会工作者会给组员提供体验性成长的机会,通过精心设计的活动,引导每一位组员进行体验式成长,让组员积累积极正面的体验,使其心智得到改善和建设。通过愉快的成长小组过程将正向积极的情绪体验逐渐沉淀、内化,最后变成稳定的性格品质。

在本案例中,社会工作者在社区内为同样需要进行矫治的未成年人开设了成长小组,帮助李晚和其他有偏差行为的未成年人认识到自身存在的问题,促使他们确立新观念、新视野,增进对犯罪行为的认识。在小组活动中,社会工作者帮助李晚了解、认识和探索自己,从而最大限度地发掘自己的内在及外在资源,发挥自己的潜能,解决自身的问题并促进个人正常健康的发展。同时也可以通过激发同辈群体之间的支持与鼓励,利用小组动力增强他们自己解决问题的能力。

(三) 介入目标

1. 总目标

在社区矫治的环境中,社会工作者通过介入纠正李晚的偏差行为,帮助其走出目前遇到的生存困境,为其进行情绪疏导,同时为他重建包括家庭、同辈、社区在内

① 徐选国,陈琼.社会工作成长小组模式建构——青少年社会工作实践的新领域[J].社会工作(下半月),2010(7):53-55.

的社会支持网络，增强其自我调节能力和自我效能感，帮助他恢复对未来生活的信心，树立正确的人生观与价值观。

2. 具体目标

（1）弥补李晚曾经被剥夺的义务教育，并针对其进行普法知识宣讲，增强李晚的法律意识，让其认清违法行为的边界。

（2）以教育感化为主，遵循个别化原则，通过个案情绪疏导帮助李晚宣泄负面情绪，并通过自我袒露帮助他找回自信心，提高自我获得感和价值感。

（3）改变李晚目前存在的非理性认知及不良行为，为其树立榜样，提升其自我调节能力。在李晚完成基础教育后，协助他在回归社会后有一份稳定且力所能及的工作，联系工会社会工作者为其进行技能培训，并协助他做好职业规划。

（4）为李晚重建社会支持网络，包括获取来自家庭的支持、朋辈的鼓励以及社区和社会的救助，链接共青团、民政部门等正式组织，构建严密的社会支持网络。

（四）服务计划

社会工作者根据李晚的个人情况及所面临的困难，从李晚的优势出发，链接资源，构建正式的支持网络，制定了三阶段的介入服务计划，实现改正偏差行为以及提升自我价值的目标。首先，通过链接教育资源和个案辅导改变李晚目前存在的非理性认知及不良行为，对他进行心理矫治和思想改造，协助其挖掘潜能使以重新审视自我，提升自我效能感。其次，帮助李晚调适情绪，使他在宣泄的过程中明确自己的内心状态和诉求。最后，社会工作者将通过缓和李晚的家庭关系，协助他发展健康的同辈关系，链接社区资源以帮助李晚建立社会支持网络，为其未来的生活保驾护航。

（五）干预过程

1. 第一阶段：情绪疏导，建立专业关系

李晚长期处于内心压抑的状态中，他缺乏家庭的支持以及同龄人的理解与陪伴，又在外流浪多日，一个人孤独而无助，且戒备心较强。因此社会工作者需要运用娴熟的工作技巧，缓解他的抵触情绪，与他建立专业关系。社会工作者在与他初次见面时，首先运用同理心、尊重、倾听等专业沟通技巧帮助其敞开心扉、降低防备心理。同时，社会工作者也对李晚独立、勇敢和坚强的特质表示肯定和赞扬，在几次情绪疏导之后，李晚的情绪日趋稳定，社会工作者也对他目前的需求有了进一步了解。

社会工作者明确告知李晚，他当年被学校开除并不全是他的错，而现在他应该弥补自己缺失的义务教育，这也是其增强法律意识的重要基础，社会工作者可以为他提供帮助。李晚对该提议表示认同，并且表现出对学习的渴望。在李晚的主动参与下，社会工作者与其共同制定了未来的介入目标与任务，双方建立了专业关系。针对其家庭情况，社会工作者为李晚申请了相应的经济补助。

2. 第二阶段：为李晚重建社会支持网络，修复家庭关系、组建成长小组

首先，社会工作者试图帮助李晚修复家庭关系。社会工作者拜访了李晚的外公、外婆以及舅舅，双方经过深度会谈重新梳理了李晚的成长历程，在回顾的过程中，社会工作者引导和启发他们意识到自己对于李晚的忽视以及在教育方式上存在的不足。同时社会工作者向案主外公外婆说明了李晚的情绪、行为属于青春叛逆期典型的表现，应该予以理解和包容，而非责备或打骂。尤其对于李晚早年从学校辍学一事，社会工作者也向其家人说明其打架原因以及学校的违法行为，如果不是因为当初作为家人的他们没有站出来帮李晚维权，那么李晚并不会走到今天这一步。在社会工作者的开解和劝说下，李晚的家人意识到自己家庭责任的缺失，并主动要求和李晚见面，承诺今后会好好照顾他。其次，在促使李晚完成义务教育的同时，社会工作者也通过邀请李晚加入社区青少年成长小组，鼓励李晚结交新朋友，提升其社会交往能力，学会自我调节的技巧，并学习法律知识和相应的职业技能，强化其对犯罪行为的认知以及为未来就业奠定基础。社会工作者也通过小组动力促使李晚产生改变。最后，社会工作者也通过组建帮扶团队，为李晚链接共青团、心理服务中心等正式组织中心的资源，通过"异常青少年帮扶计划"组建由社会工作者、团干、青年志愿者、心理咨询师等专家组成的帮扶团，一对一为李晚进行帮扶，维护其权益。

3. 第三阶段：鼓励李晚参加普法社区活动和志愿者活动，挖掘自身优势

社会工作者利用温岭共青团、彩虹温岭等微信公众号推送普法宣传知识，带领李晚参与线上法治知识竞赛以及线下"青春护蕾·法治同行"未成年人保护宣传周活动，协助其养成良好的法律意识，学会用法律的武器来保护自身权益。社会工作者通过鼓励李晚参加残障人士社区志愿者等活动，积极进行社区参与，获得社区融入感。在这些志愿活动中，社会工作者以引导的方式让李晚寻找可以学习的榜样，通过观察其行为以及彼此的交流，李晚从这些残障人士以及一些曾经陷入困境的人

群身上获取了成功经验和精神力量。在该过程中,李晚也受到了环境的影响,逐渐被这些人的乐观、开朗以及对生活的热情所感染,从心底迸发出对人生的憧憬和希望。为进一步为李晚增能,社会工作者积极链接多方资源。在检察院的协助下,联系帮教基地,在李晚完成义务教育的内容后,根据李晚以往的就业经历,最终为其在某鞋业公司找到一份制作鞋模的工作,工厂为其安排住宿。此外,社会工作者也通过"曙光妈妈一对一帮扶",根据就近原则,为李晚在其未来就业点所处的街道量身配备了一名"曙光妈妈观护团"帮扶人员,定期上门对他进行关怀慰问,并为其送上换洗衣物、牙刷毛巾等日常生活用品,给予妈妈般的温暖。

4. 第四阶段:结案

在此阶段,社会工作者与李晚一起回顾他的改变历程,肯定了他的成功经验,包括他主动参加普法社区活动和志愿者活动、重新参加工作等,希望他能够继续保持,并且能够继续完成其义务教育并学习相应的工作技能,尤其要牢记自己学习的法律知识,时刻对法律底线保持警醒。社会工作者在最后一次访谈中明确告诉李晚,社会工作的介入服务可以暂告一段落,但后期有任何需要可以随时联系自己或者"曙光妈妈",并鼓励李晚多多参与社区活动。

(六)成效评估

1. 缓和情绪,提升情绪管理能力

对比介入前后案主的状态,可以明显看到案主的情绪管理能力得到了提升。破碎的原生家庭造就了案主之前敏感、自卑的性格。在介入初期,社会工作者发现案主经常流露出悲观的情绪,也容易受到外界环境的影响,表现出了过度防备。案主在谈及自己的原生家庭以及经历时,时常忍不住哭泣流泪,表示自己无能为力。针对案主的这种消极悲观的情绪问题,社会工作者对其进行个案情绪疏导以帮助他宣泄负面情绪,也通过开展成长小组帮助其获取朋辈群体的情感支持。社会工作者也通过拜访案主的家庭成员,促进案主与家庭的沟通。接受个案服务后,李晚的行为有了极大的改变。在与案主进行结案谈话时,案主能够积极主动地表达自我,脸上绽开了久违的笑容,对生活的态度积极向上,也能勇敢且有信心地面对自己之后的困难。案主的心理压力得到明显的缓解,情绪的宣泄方式也开始改变。在小组活动中,案主也结交了朋友,懂得通过与朋友以及社会工作者的交谈宣泄自身的负面情绪,由此提升了情绪管理能力。

2. 法律意识增强,预防违法犯罪行为

在接受个案服务之前,案主的法律意识淡薄。案主在被警察抓捕后才知道自己已经犯罪,对犯罪行为认知不足。因而增强案主的法律意识,预防其再次发生违法犯罪行为是本案例成效评估的关键。为了增强案主的法律意识,社会工作者创建了成长小组,利用温岭共青团、彩虹温岭等微信公众号向案主推送普法宣传知识;带领案主参与线上法治知识竞赛以及普法宣传周等活动,促使案主确立新观念、开阔视野,从而强化其对犯罪行为的认知。在社会工作者与共青团的共同努力下,案主的法律意识得到了增强。首先,在一系列的普法活动中,案主的表现积极主动,能够正确回答老师的问题。案主在线上法治知识竞赛中也取得了良好的成绩。其次,案主已经能够用自己学习到的知识影响他人,在成长小组中积极发言,与小组成员讨论法治知识。在结案阶段,案主对自己的违法犯罪行为表示悔悟,多次表示不会再做违法的事情,同时希望通过自己的不断改变来重新融入这个社会。

3. 重建社会支持网络,提升社会融入感

案主的社会支持网络处于松散状态,他无法获得来自家庭、朋辈以及社会的支持,因而案主才会有违法犯罪的行为。社会工作者为案主重建了社会支持网络,帮助案主获取来自家庭的支持、朋辈的鼓励以及社区和社会的救助。通过链接共青团、民政部门等正式组织,社会工作者协助案主构建了严密的社会支持网络。在家庭支持层面,社会工作者对案主的家庭关系进行修复。案主的家人意识到自己家庭责任的缺失,并承诺今后会好好照顾他。在同辈群体支持层面,社会工作者也创建了成长小组,案主在其中提升了自我认知,增强了自信,获得了体验式的成长以及收获了朋辈群体的支持,案主的社会融入感也得到提升。在社会支持层面,社会工作者为其组建了由社会工作者、团干、青年志愿者、心理咨询师等专家组成的帮扶团,一对一为案主提供帮助,并协助其维护权益。结案时,社会工作者还为其联系了“曙光妈妈”以保障他在之后的生活里可以得到及时的帮助和支持。

4. 发挥案主潜能,提升案主能力

在社会工作介入服务的整个过程中,社会工作者鼓励案主参加普法社区活动和志愿者活动,积极进行社区参与,始终注意挖掘和发挥案主自身的潜能。在一系列的社区活动中,案主的人生态度发生了较大转变。他逐步融入社区环境,性格逐渐变得乐观、开朗,同时开始憧憬美好的未来。在此基础上,案主开始更加配合社会工作者，自身改变的意愿也更加强烈。他积极参与社会工作者以及共青团组织的职业技能培训课程，认识到技能学习的重要性以及人生规划的必要性，原先的厌学情绪也逐渐消散，重燃了学习的热情和对融入社会的愿望。在社会工作介入后期，案主不再像之前那么迷茫畏惧，开始变得积极上进，在社会工作者、帮教基地和案主自身的共同努力下，他对以前缺失的义务教育知识进行了弥补，结束课程后也顺利找到了工作。在此期间，社会工作的介入切实提升了案主的就业能力，案主也认识到知识与技术是自己之后生活和就业的基础，并将付出全部努力以获得更美好的明天。

三、社会工作反思与服务点评

（一）共青团社会工作在开展违法青少年个案服务中的独特优势

首先，共青团是青年群体坚强的后盾，两者的关系集中体现在组织青年、引导青年、服务青年和维护青年合法权益等内容上。共青团社会工作是共青团重要的工作力量，青少年社会工作借助共青团的平台能够更加注重对青少年个人潜能的挖掘和培养。在本案例中，社会工作者对李晚做到了完全的尊重和平等对待，能够从青少年的视角看待他所面临的困境和问题。在具体的个案介入中，社会工作者扮演支持者和倡导者的角色，聚焦于李晚自身的潜能和优势，鼓励李晚进一步发掘自身的潜能进行知识和就业技能的学习，帮助李晚自立自强，克服困难。其次，在开展违法青少年个案的服务中，共青团社会工作者能够秉持专业价值观、运用专业的工作方法为未成年人提供更加专业化、职业化的服务。在本案例中，社会工作者在接案、介入和评估等各环节都运用了专业的社会工作技巧。针对李晚一开始的畏惧和恐慌情绪，社会工作者用真诚、同理心和个别化等技巧帮助其进行情绪的宣泄。在看到李晚初步的改变之后，社会工作者充分发挥倡导者的专业角色，鼓励李晚采取新的行动以参与到之后的社区融入以及技能学习中。最后，面对青少年群体当下复杂多样的需求与问题，共青团社会工作在开展违法青少年的个案服务中可以联合团的力量组建专业团队、链接专业资源，形成“社工＋共青团＋志愿者”的协同服务机制，从而更好地提高服务效率与质量。在本案例中，社会工作者为李晚搭建了正向的支持网络，解决了李晚遇到的物质、精神以及社会关系方面的困难。

（二）社会工作在预防未成年人犯罪以及未成年人社区矫治中的重要作用

2020年新修订的《中华人民共和国预防未成年人犯罪法》多处提及社会工作。

这在法律意义上确定了社会工作在预防未成年人犯罪以及未成年人社区矫治中的重要作用。该法案鼓励学校聘请社会工作者长期或者定期进驻学校；对有不良行为的未成年学生要求接受社会工作者或者其他专业人员的心理疏导和行为干预；同时公安机关在进行未成年人矫治教育时，可以邀请社会工作服务机构参与，因而社会工作在介入涉罪未成年人服务时有重要作用。

具体而言，首先，社会工作对于涉罪青少年的心理疏导可以发挥重要作用。在本案例中，针对李晚消极悲观的情绪问题，社会工作者扮演了引导者的角色，通过在个案情绪疏导中引导李晚宣泄负面情绪，并在小组活动中协助李晚获取朋辈群体的情感支持。其次，社会工作对于涉罪青少年的法制教育可以发挥重要作用。在本案例中，社会工作者扮演教育者的角色，通过各类新媒体平台，帮助李晚进行法律知识的学习。帮助引导其形成对违法犯罪行为正确的看法和态度。同时从思想上对李晚进行教育和辅导，帮助其形成对未来和世界正确的看法。最后，社会工作对于涉罪青少年的就业辅导可以发挥重要作用。劳动就业是李晚走向独立生活的标志，在本案例中，社会工作者对李晚的就业意识和劳动态度进行了提升和引导，并为其就业提供直接服务，促使其参与就业培训并提升就业能力。

（三）本案例中社会工作开展服务时遇到的难点和解决路径

首先，未成年人具有反复多变的性格特征，这不利于社会工作专业服务的介入与评估。因此社会工作者需要予以更加充足的耐心、鼓励、理解与支持，运用倾听、尊重、同理心等社会工作专业技巧为李晚提供一个可表达、可倾诉的空间，让李晚压抑的情绪得到释放。在个案介入初期，李晚表现出了畏惧和逃避。因此社会工作者以和对方建立信任关系为开展服务的重要前提，充分秉持个别化的原则，因材施教，在充分熟悉青少年特点的基础上制定介入计划，帮助他改过自新，学会调节行为的技巧，尽快融入正常生活。

其次，李晚进入社会时间较早，对社区的融入程度较低，且存在一定困难。在个案初期，李晚参加社区和小组活动的积极性不高，对于知识以及技能的学习存在抵触情绪，他更希望早日踏入社会获得经济支持。因此社会工作者要扮演引导者的角色，积极运用社会工作关系建立的技巧获取李晚的信任。社会工作者鼓励李晚勇敢地迈出第一步，促使他积极参加社区活动，充分挖掘自身潜能，发挥自己在活动中的作用。同时，社会工作者也为其寻找学习榜样，让他通过观察和学习他人的行为获取自身改变的能量，在具体的活动参与中增强自身的社会融入感。

最后，李晚的社会支持网络处于断裂状态，造成了当下李晚无助迷茫的状态。社会工作者如何系统地建立起对李晚具有正向功能的支持网络，是本次个案介入的难点之一。构建完备的支持网络能够让李晚实现正常的社会化、顺利回归社会，社会工作者扮演的是资源链接者以及使能者的角色，并不是传统的指导者。在具体的个案介入过程中，社会工作者积极链接资源，分别从增强法律教育、建立朋辈正向支持、提升社区融入以及协助就业这四个方向入手，为李晚搭建起了家庭、学校、社区、社会等多元主体的协同参与平台，由此增强其周围环境的支持力度。同时，社会工作者也注重对李晚赋权增能，帮助李晚形成对人生的积极态度，增强其自我效能与价值感。社会工作者也通过帮助李晚学习如何利用社会网络支持的技巧，让他在遇到问题时能具有利用自身资源解决问题的能力，真正达到社会工作助人自助的宗旨。

第二节　别丢下我不管——留守儿童服务身心健康问题

歌曲《留守》中唱道："一个人就是一个家，像荒草一样地长大，……一盏灯就是一个家，孤单比寒冷更可怕，……"2021 年 2 月 23 日，国务院新闻办公室举行民政事业改革发展情况发布会，会上称截至"十三五"末，全国共有农村留守儿童 643.6 万名。农村留守儿童是指外出务工连续半年以上的农民托留在户籍所在地家乡，由父、母单方或其他亲属监护接受义务教育的不满 16 周岁的未成年人。很多未成年人一年只能见父母几面，内心对父爱和母爱充满渴望。作为农村的未来，留守儿童是乡村振兴关注的重要群体之一。关注该群体困境的解决，不仅关系到留守儿童福祉的提升和社会的稳定运行，还关系到切断贫困代际传递以及推动乡村振兴的长远根本。2016 年 2 月 4 日，国务院印发《关于加强农村留守儿童关爱保护工作的意见》，其中指出应加快孵化培育社会工作专业服务机构，因而强调了社会工作专业力量在关爱农村留守儿童工作中的重要地位。2021 年中央一号文件《中共中央 国务院关于全面推进乡村振兴加快农业农村现代化的意见》指出，要提升农村基本公共服务水平，加强农村留守儿童群体的关爱服务。在此背景下，社会工作者应以专业的价值观和工作方法对农村留守儿童的需求进行综合评估，帮助留守儿童建立正确的人生观和价值观，为留守儿童提供社会关爱和心理疏导，巩固其社会支持网络，化解留守儿童问题，保障其健康成长。

一、案例介绍

案主小潘，女，9岁，温岭市滨海镇人，目前就读于滨海小学。小潘的父母长期在外地做生意，她是由爷爷奶奶照看的。她的父母只有节假日才会抽空回家一趟。在小潘读二年级时，父母生育二胎，他们的更多关爱便倾注在了妹妹身上。他们很少有时间能够去陪伴小潘，只是偶尔和女儿用电话、视频的方式进行联系。小潘自认为从小没有感受过父母的关爱，经常拒绝与父母联系，久而久之，变得沉默寡言。每次她放学后看到别人都有爸爸妈妈来接，而自己每天面对着爷爷奶奶，心里很不平衡，因而时常将这种负面情绪发泄在爷爷奶奶的身上。小潘的爷爷奶奶因文化程度有限，无法辅导小潘的学业。她经常无法完成作业，不仅受到老师的批评，也遭到同学的嘲笑。渐渐地，她产生了厌学情绪，性格也更加孤僻，且易怒。在对全市重点青少年进行摸排之后，团市委将小潘列为留守儿童中的重点关爱对象，并派社会工作者对小潘进行结对帮扶，以期改善其生活环境，助力其健康成长。

二、社会工作介入的过程

（一）需求分析

1. 心理需求

因为父母常年在外打工，小潘很少与父母沟通，也没有得到过父母足够的重视与关爱。尤其在妹妹出生后，小潘认为自己成了一个“被抛弃”的人，多余且是全家的负担。与她同龄的小伙伴有很多是跟随父母外出打工的，留下来的孩子也多有家人的陪伴，长时间的心理落差让小潘对父母产生了矛盾的心理。她一方面渴望得到他们的关心和重视，另一方面又因为需求得不到满足而心生怨恨，故而以一种相反的姿态抗拒父母甚至爷爷奶奶对自己的关爱。同时，由于父母与小潘的沟通形式单一，大多采取线上联络的方式，缺少面对面的交流，并且沟通的内容只局限于学习和物质生活，小潘的情感需求长期得不到关注与回应。此外，由于隔代教育的老人不能完全替代父母的位置，爷爷奶奶的精力有限，教育方式较为传统，他们对小潘的管教呈半放养的状态，认为只要孩子有饭吃、有衣穿、不生病便足够了。父母教育的长期缺位，加之隔代教育的老人也只注重孩子的基本生活，小潘的心理健康问题一直没有得到足够的关注。这些都造成了小潘长期的情绪低落以及内心的扭曲，不利于她的身心健康。

2. 学习需求

小潘年纪尚小，还没完全形成独立自主的学习习惯，因而需要依赖家人的辅导。然而爷爷奶奶的文化程度较低，且老人平时还需要务农，对小潘的学习并不太关心，也无能力关心。老人也缺乏与小潘的思想交流，在生活中对孙女更多的是纵容溺爱、放任自流。父母常年在外工作不能对小潘的学习进行必要的监督和引导，只能通过叮嘱的方式，而青少年本就存在自制力不足的情况，不能很好地自主完成学习任务。小潘时常因为不能按时按质地完成作业，不仅被老师批评，还遭到同学的嘲笑，这更加剧了她的厌学情绪。同时，由于小潘长期的心理失衡以及情感支持的缺乏，她的性格较之同龄人更加内向和敏感，整体也十分消极。她每每遇到困难，也不会积极地向同学和老师求助，因而老师无法掌握小潘的课后学习状态，没有对小潘的问题进行特殊的关注和重视，同学也不会向其提供帮助。小潘的学习主动性也受到了影响，学习能力与成绩难以得到提升。

3. 社会支持网络需求

就家庭层面而言，小潘和父母的沟通机会较少，她无法从父母处获得足够的关心与照顾。爷爷奶奶并不能替代父母，在教养方式上存在不足且不自知。小潘内心渴望与父母建立稳固紧密的亲子关系，以满足心理支持的需要。同时，由于小潘的父母在外打工这一事实难以在短时间内改变，爷爷奶奶对小潘的情感支持显得格外重要。小潘需要爷爷奶奶的理解和支持，彼此间需要建立良好的交流机制。就学校层面而言，小潘缺少学习交际技巧的路径且与人交往能力较差。她需要建立与同辈群体之间的联系，也需要得到老师的帮助。因而社会工作者应整合学校和家庭的资源，为小潘建立外部系统中的社会支持网络，这样才能促进小潘人格的健全发展。

（二）理论基础

1. 结构家庭治疗模式

结构式家庭治疗模式认为，家庭问题或个体症状的根源在于家庭结构的功能不良，而家庭组织的功能失调是维持问题的主要因素，家庭结构可以具体划分为次系统、边界、角色、责任分工等几个维度。治疗的目标就是直接有针对性地改变家庭结构，以使家庭能够解决其问题。结构家庭治疗模式强调案主的问题更多的是由家庭不良互动方式所引发的，既是一种整体性介入家庭的方式，也是家庭治疗模式中最具有代表性的模式之一。陈志霞认为结构家庭治疗模式主要通过改变家庭的不良结构以及增强家庭成员之间的互动，来帮助解决家庭中存在的问题，协调成员之间的人际关系，从而促进家庭成员的健康发展以及维护家庭的和谐[①]。

小潘的父母常年在外工作，更多关注小潘的妹妹，没有注重小潘的心理需要。而小潘的爷爷奶奶并不能弥补父母的缺位，更不能完全替代其父母。由此可知，在小潘的家庭结构中存在功能不良、角色缺位等问题，社会工作者需要协助家庭成员厘清成员义务，协调家庭角色的分工，打破原有的功能不良的家庭结构，恢复正常的家庭结构功能，最终满足服务对象的需求。

2. 赋权理论

赋权理论以人的发展理论为基础，关注人的价值实现，通过社会工作者与服务对象之间的互动交流，建立相互合作的伙伴关系，挖掘和激发服务对象的潜能，增强服务对象的自我肯定，帮其找回面对生活的自信心，以达到为服务对象增能的目的。以赋权理论为基础，社会工作者不再以问题视角而是以优势视角来看待留守儿童，并与留守儿童建立平等互惠的互动关系，鼓励留守儿童勇敢地表达自身需求，强调和肯定留守儿童的能力，链接其所需要的社会资源。促使留守儿童强化自我控制的能力，并提升自我效能感。

留守儿童因为缺乏来自周围环境的支持，长期处于自卑、消极的心理状态中，容易被问题化。化解小潘的心理困境和现实困境的重点在于激发她自身的能力，并通过信心建设和能力建设的形式恢复其心理健康和自助的功能，尊重她的能力探索和自主决策，让她可以凭借自己的优势与能力发生改变。同时，社会工作者也将在该理论的指导下协助小潘与家庭、朋辈群体、学校等建立良好且稳固的社会交往网络，端正其学习态度。

3. 人本治疗模式

人本治疗模式将人看作本质是好的、善良的、理智的和可信赖的人，这样的人具

---

① 陈志霞.个案社会工作[M].武汉：华中科技大学出版社，2006：264－265.

有较大的潜力,能够发展自己,并且能够和谐地与他人合作。该模式的治疗目标是让当事人“变成自己”“从面具后面走出来”,去掉那些受“有价值条件”影响所形成的自我概念,能够更加独立地发挥自我机能。以“人”的发展为出发原则,创设出自由接纳的氛围,将当事人所面对的问题“常态化”,协助其主动踏出自我发展的步伐。同时,该模式反对通过外在的指标来衡量当事人,而是应该赋予当事人主动权,让当事人自己发现自己、发挥潜能并实现自我。社会工作者应退居被动地位,真诚、无条件地去引导当事人,帮助当事人适应真正的自己。

在该理论的指导下,社会工作者始终将小潘看作有能力和价值的人,在服务过程中不断鼓励小潘,注重激发小潘的潜能,使其实现真正的自我。首先,通过与小潘接触和建立专业关系,为小潘营造安全的心理氛围,引导小潘自我觉察并表达其需求;其次,引导小潘认识和分析产生心理适应问题的原因,并赋予小潘解决问题的能力;再次,帮助小潘接纳和欣赏自己,调适心理适应问题;最后,让小潘意识到真正的自己,即一个有潜能、具有自我实现价值的自信的人。社会工作者在服务过程中主要扮演支持者、指导者和使能者的角色。

(三) 介入目标

1. 总目标

帮助小潘解开心结、走出自卑情绪,提高自我效能感,促使她以积极健康的心态应对学习和生活中面临的难题,学会运用优势、发挥潜能以帮助自己走出困境。修复小潘的家庭和学校的支持网络,培养其人际沟通能力,提高其主动融入周围环境的能力,增强社会互动,切实保障留守儿童的权益,帮助小潘健康快乐地成长。

2. 具体目标

(1) 疏解服务对象的心理困扰,增强服务对象的自信心,使其缓解心理孤僻及沉默寡言的现象,发现自身潜能。

(2) 介入服务对象的家庭,寻找并制定计划解决服务对象与其父母、爷爷奶奶之间交流沟通存在的问题,增强服务对象家庭之间的正向沟通,增进沟通理解,为服务对象重塑健康的家庭支持系统。

(3) 帮助服务对象增强自身在生活中的自我认同感,鼓励其积极主动地向家庭、学校等表达自身的需求,用自己的能力去解决学习困境,培养正确的学习能力,化解厌学情绪。

(4) 呼吁社会关注留守儿童的身心健康,联合学校社会工作者开展“社工进校园”系列活动,为青少年的健康成长保驾护航。

(四) 服务计划

社会工作者首先开展针对“留守儿童”的心理健康辅导,通过疏导、鼓励、支持等专业方法对小潘进行心理治疗,向其普及心理健康知识,并引导小潘自测、自控和自我调节,充分认识自己的优势,形成积极向上的人生态度。同时,要以家庭为单位对小潘的父母、爷爷奶奶甚至身边重要他人所存在的问题进行整体分析和把握,促进其家庭关系、教养方式的改变与完善。社会工作者将利用小潘的父母假期回家探亲的时间组织相关亲子类活动,努力改变家长外出务工时与子女的教育沟通方式。让小潘的家人与学校保持联系,共同商讨针对小潘的教育策略,确保其改善心理健康状态。此外,社会工作者也将发起社会倡议,在小潘的居住地、学校、社区乃至社会网络呼吁对留守儿童的关爱,进一步改善该群体的成长环境。

(五) 干预过程

1. 第一阶段:情绪疏导,建立专业关系

社会工作者运用了解、接纳、积极倾听、同理心、鼓励和积极帮助等支持技巧,对小潘进行家访,同时也通过走访小潘的学校,对其老师、同学进行访谈,充分了解小潘所生活的环境及其当前存在的问题。之后,社会工作者通过与小潘进行多次深度面谈为其提供宣泄负面情绪、袒露心扉的环境,并对她进行专业的情绪疏导,鼓励其积极抒发心理感受,缓解其心理问题,引导小潘重新建立对自我角色的认知和对家庭成员的理解。在此过程中与小潘逐步建立专业关系。在小潘对社会工作者产生信任感后,社会工作者鼓励小潘参与到后续介入目标、计划以及具体任务的制定过程中,充分发挥小潘的主观能动性,激发其潜能。

2. 第二阶段:修复家庭关系,改良教育方式

小潘的负面情绪以及自卑性格的形成主要来源于原生家庭长期的忽视与不恰当的教育方式,因此社会工作者需要帮助其修复家庭关系。由于小潘的父母长期在外打工,小潘与父母的沟通交流较少,为澄清父母的家庭功能,社会工作者首先让小潘明白父母的工作是为了能够给她提供更好的物质生活条件,她应该站在父母的角度思考问题。其次,社会工作者通过与小潘的父母进行线上会谈,鼓励和引导对方与小潘沟通,表达他们对女儿关心不足的歉意以及发自心底的爱意。社会工作者努

力让小潘认识到,妹妹的出生并不会夺走父母对她的爱,但的确会暂时分散父母的注意力。此外,社会工作者也通过线上线下相结合的家庭会谈模式帮助小潘增强与父母的联系,增进三人之间的沟通和理解。社会工作者通过引导小潘的父母形成正确的教育意识,帮助他们掌握适当的沟通技巧,告知他们应增加与孩子的沟通次数,尽可能地多抽出时间来督促孩子的学习,和学校、教师保持经常性联系,及时了解和掌握小潘的学习动态,与学校合力解决小潘的厌学问题。再次,由于小潘的爷爷奶奶是其主要的陪伴者与教育者,社会工作者也通过家访让两位老人意识到以往在教育方式上存在的不足,以及这种不足对孩子可能带来的严重影响。在整个过程中,社会工作者也通过鼓励、引导和教授的方法促使其改善教育方式。最后,社会工作者也通过家庭联合会议增进小潘与爷爷奶奶、舅舅等重要亲人之间的联系,将小潘的需求反馈给他们,改善其沟通方式,缓解小潘的不安全感,确立被爱的认知。社会工作者通过与小潘的密切交流,努力让小潘了解自己与父母之间的情感纽带,并同时教授小潘沟通的技巧,启发其认识到自己既要体谅父母的不易,也要学会适当表达自己内心的真实想法,适时地释放情感,这也是增进人与人之间的关系的重要步骤。

3. 第三阶段：融入集体,建立同辈联系

学校是小潘的重要生活场域,但由于她长期自卑且拒绝与人沟通,性格孤僻且缺乏信心,社会工作者需要在改善其家庭关系之余帮助她融入集体,建立同辈联系,由此增强社会支持。一方面,社会工作者协助小潘挖掘自身有效的学习资源,鼓励她运用身边的资源解决自身的学习问题,化解其厌学情绪。同时,社会工作者也鼓励小潘积极主动地向老师、同学表达自己的想法、需求,并向他们寻求帮助。另一方面,社会工作者鼓励小潘与同学多沟通,提升自己的社会交往能力,主动融入集体生活。社会工作者通过联系学校社会工作者开展"社工进校园"的活动,鼓励小潘积极参与活动,并在此过程中锻炼自己与人交往的能力。

4. 第四阶段：发起社会倡导,增强自我效能感

社会工作者通过共青团等渠道联合当地媒体组织了"少年说"和"给父母的一封信"活动,并邀请小潘的父母参加,二人的突然出现给了小潘莫大的惊喜。借着这次活动,小潘得以和父母团聚,同村的其他留守儿童也见到了父母,现场交织着喜悦与泪水。在"少年说"活动中,社会工作者鼓励留守儿童上台说出心声,面向社会发起

关注留守儿童的倡导。小潘鼓起勇气第一个走上台，她讲述了自己内心曾经有过的孤独、悲伤、愤怒等一系列负面情绪，以及自己是如何走出困境，重拾对生活信心的全过程。在此过程中，小潘通过积极参与，及时巩固了本次专业介入取得的积极成果，也增强了她的自我效能感。而在“给父母的一封信”的活动中，社会工作者鼓励小潘及其他留守儿童以书信的形式同家长建立联系，让他们通过文字充分表达出留守儿童对父母的真实情感，为孩子和父母建立一个情感沟通的平台和桥梁，消除同父母之间的情感疏离感，加深父母和孩子之间的了解和沟通，增进亲子关系。在以上两个活动中，社会工作者都充分联合媒体进行宣传，以期扩大活动的社会影响力，呼吁社会各界共同关注留守儿童的健康成长。

（六）成效评估

1. 服务对象的心理状态得到改善，能主动表达自己的想法和需求

社会工作者运用专业知识与技术，如建议、自我披露等影响性技巧，以及倾听、尊重、接纳、同理心等沟通技巧，与小潘进行深入沟通后，与小潘成功建立信任关系，并激发了小潘想要改变的意愿，社会工作者通过调适小潘的心理状态，促使小潘的非理性信念发生改变。曾经那些困扰她的负面情绪也渐渐消散，小潘在这个过程中也对自己有了更深刻的认知，她开始相信自己的能力，主动发掘自己的潜力和优势，并以积极向上的态度迎接未来的生活，充分提升了自我效能感。同时，小潘的幸福感也得到了提升，她的性格开始变得外向，能主动与家人、朋友和老师进行沟通交流，勇敢表达自己的想法和需求。

2. 服务对象的家庭关系得到改善

由于小潘长期和父母缺乏沟通，因而亲子关系需要得到改善与增强。同时小潘与祖父母的沟通也需要得到正确的引导，尤其是隔代抚养之下，老年人的教养方式需要被进一步纠正。为此，在社会工作者的建议和督促下，小潘的父母认识到自己之前对大女儿的忽视，他们开始认真履行监护职责，关注小潘的成长，并与女儿保持沟通和联络。小潘一家人的亲子关系得到缓和，两代人之间的沟通进一步加强，彼此之间也增进了信任和了解。此外，社会工作者对小潘祖父母的监护职责进行了澄清，教授了科学的教育理念与方式，协助其更好地在小潘的成长之路上扮演引路人和守护者的角色。在介入服务开展过后，爷爷奶奶和小潘的交流不只停留在生活层面，祖孙之间也经常会沟通，他们开始通过换位思考去理解和接纳小潘的行为和情绪，并且做

出正向的回应和积极的支持引导。尽管社会工作者无法完全改变小潘的爷爷奶奶，但小潘表示自己能感受到爷爷奶奶正在努力为她而作出改变，这就足以让她开心。

3. 服务对象逐渐融入集体，学习能力和与人交往能力提升

通过社会工作者的服务，小潘提升了与人交往的技巧与能力，她开始主动融入班集体，并得到了来自老师和同学的关心和帮助。在此过程中，小潘的厌学情绪得到改变，对学习知识的渴求度得到了增强。由此，其学习能力也逐渐提升，并养成了良好的学习习惯。每当她在学习上遇到困难时，都能够主动求助，并且得到积极的回应以顺利解决问题。同时，小潘也得到了老师的理解和关怀，尽管其原生家庭存在支持不足的情况，但学校作为“第二家庭”在一定程度上弥补了其亲情的缺失，并帮助她建立同辈支持群体，完善其社会功能，有助于她协调自身和环境之间的关系，以更好地适应生活环境。通过社会支持体系的建立和完善，小潘能够以更加健康、积极的心态投入学习和生活中去，这也将促进她的身心健康和茁壮成长。

4. 呼吁社会关注，共青团与学校社工联动模式的形成

社会工作者通过宣传教育，强化了大众对留守儿童的关怀意识和责任感。其中留守儿童的现实处境得到了社会的广泛关注，尤其是其原生家庭和学校教育的环境建设引发了大众的反思。社会工作者联合各责任主体、发动各宣传渠道创建的活动不仅在小潘的家乡引发了强烈的社会效应，网络上也发起了有关关爱留守儿童的讨论，由此也拉动了慈善资源的进驻。在这一过程中，共青团和学校社会工作者结合起来形成了联动效应，此模式不仅有利于为留守儿童提供针对性的辅导和个人能力提升的训练，也有助于为未成年人、家庭和学校之间的联系与合作搭建平台，由此形成一套整合性的留守儿童关爱网络，大大增强了社会支持的成效。

三、社会工作反思与服务点评

（一）本案例中社会工作的介入要点

首先，社会工作者要注重去除“留守”标签可能会给服务对象带来的负面影响，协助服务对象建立积极的自我认同感和生活态度，建立正确的自我认知和家庭认知。在本案例中，服务对象小潘有较强的修复家庭功能的需要，社会工作者更需要关注其家庭功能的完善。因为留守青少年问题的解决不仅要处理青少年个人的问题，更需要家庭成员的支持与配合才能从根源上帮助服务对象重建家庭支持，并重

新恢复家庭功能，增进家庭成员之间的联系。不仅要增进留守青少年与父母之间的关系，也要关注服务对象与兄弟姐妹之间关系的和谐建构，增进家庭成员之间的了解和心理支持，营造积极、健康的家庭生活氛围。同时，社会工作者也应链接共青团、学校、社区以及社会各界的资源与力量，共同组建团队以开展整合性服务。其次，社会工作者应针对留守儿童的教育问题，从宏观层面呼吁社会各界的关注，应关注正式资源背后自上而下的推行效力；同时也应该注重对互联网、媒体的运用，进一步扩大社会影响力，增强社会各界对留守儿童的关注力度，为支持体系的构建创造有利条件。最后，从教育的角度出发，社会工作者应关注留守儿童的教育环境，尤其是对未成年人的心理教育；应尽快完善学校社会工作进入校园的机制，加强针对留守儿童的心理干预，预防未成年人偏差行为的出现，促进其身心健康和人格的完善。在目前较为落后的地区的教育体系中，对文化课程的重视依然占据主导，心理健康以及综合素质的提升仍未得到充分的关注，心理层面的失衡实际会诱发未成年人在认知和行为上出现严重的偏差。社会工作者应进一步促进心理教育作用在预防职能层面的发挥，加强学校、家庭和社会之间的互动与沟通，为守护留守儿童的身心健康创造良好的环境。

（二）共青团社会工作在应对农村留守儿童服务中的优势

首先，共青团社会工作介入留守儿童案例有利于从儿童的视角关注其成长，并致力于创建和完善适合儿童生活的环境。对于未成年人而言，他们有自己独立和特有的逻辑和认知行为习惯，并非需要完全依附于成年人。因此社会工作者在提供服务时，更倾向于尊重儿童的自主性，并强调与其平等对话，从儿童的角度看待问题。在这种平等沟通的环境中，社会工作者能够丰富留守儿童的生活，帮助其热爱生活，充分挖掘他们的潜能，并强调其本人在介入服务中的积极参与，由此提升儿童的自我价值感与效能感。其次，共青团社会工作介入留守儿童案例有利于提供整合型服务。留守儿童家庭的问题存在多样性和复杂性，不仅涉及家庭、学校、社区甚至社会宏观层面，对于未成年人本身而言还需要同时关注生理、心理与社会多系统之间的互动与联系。凭借共青团在正式体制内的资源链接渠道，社会工作能够更便捷地获取对促进服务对象改变的有益资源，并且能在最短的时间内链接多方主体参与到资源提供的过程中。从社会工作自身的专业优势出发，它以利他主义为行为准则，秉持助人自助的核心理念，同时关注农村留守儿童在物质和心理层面的匮乏问题，注重对其进行潜能挖掘和能力提升，对于未成年人而言，这种专业服务将有利于其未来的成长，具有长远的助人效应。

（三）社会工作在介入农村留守儿童服务中的不足与应对策略

社会工作介入农村留守儿童服务时，虽然有力地回应了农村留守儿童的心理社会需求，也推动了社会力量有序参与农村留守儿童的健康成长，对脱贫攻坚、创新社会治理和乡村振兴也都发挥了积极的作用。但在社会工作实际开展介入的过程中，常常会面临以下难题：第一，社会工作介入会导致儿童产生应激反应，留守儿童本身心理较为脆弱，得到社会工作者的关注后易导致过分紧张和防备的情绪，并出现不适应的问题，不利于社会工作服务的进行。因此，在社会工作者初步接案和建立专业关系时，可以通过案主熟悉和信任的人作为中间人，由此降低案主的防备心理，以便于社会工作者与案主建立信任关系。第二，社会工作者在服务的过程中，容易对案主"贴标签"与"问题化"。这很容易导致案主的敏感度增加和自身效能感的弱化，将会在很大程度上影响其自我形象和自信心的构建，不利于社会工作服务的开展和专业目标的实现。因此，社会工作者在服务过程中要端正服务价值，不将留守儿童当成问题儿童看待。第三，留守儿童已成为当今农村中普遍存在的群体，甚至出现了"泛留守"现象，即存在很多有监护人但未受到实际监护的隐性留守儿童群体。受家庭、学校、社区等多种社会因素的限制，他们在成长发展过程中面临着"有养无教，有教不精"的问题，其身上显露出许多与显性留守儿童相同或相似的问题。面对这一群体，社会工作者作为专业助人者，应该及时转变思维，跳出服务对象固化的认知圈，将存在心理留守事实的隐性留守儿童也纳入服务范围内，通过对服务对象进行拓展，有针对性地为其制定服务策略，完善社会工作专业助人的过程及成效，从根本上改善农村留守儿童的生活环境，守护他们的健康成长。

第三节　同在蓝天下——流动青少年的压力困境

2020 年，中国流动人口子女约 1.3 亿人，超过中国儿童人口总数的 40%①。流

① 魏佳羽.在一起！中国流动人口子女发展报告 2021[EB/OL].(2022-01-12)[2022-01-15].https://m.thepaper.cn/baijiahao_16255384.

动青少年与留守儿童是我国城乡差距背景下，同一个问题的两个方面。相较于留守儿童，流动青少年有机会与父母共同生活，减少了与原生家庭关系断裂的风险。但与此同时，流动青少年的教育问题、安全问题、社会融入问题与心理健康问题依然不容小觑。关爱流动青少年群体已经成为社会共识，社会工作者在青少年关爱和保护中是重要的责任主体。社会工作者能以其平等、接纳的专业特点为流动青少年提供与政府、学校和隔代教养不同的关爱，改变他们在成长过程中主体性缺席的不良状态，亦能够发挥资源链接的功能，为其创造更好的学习和生活环境。社会工作者正逐渐成为青少年成长道路上的安全阀和构成青少年关爱保护体系的重要一环，有助于帮助青少年群体破茧成蝶、茁壮成长。

一、案例介绍

小仪，女，14岁，其父母在她幼年时外出打工，她一直在爷爷奶奶的家中生活。小仪作为一名留守儿童，也常常思念双亲，但因为爷爷奶奶对她照顾有加，父母也时常和她通电话，她一直保持着积极乐观的性格。然而好景不长，在小仪10岁时，她的父亲因车祸去世。飞来横祸使她原本平静的生活掀起巨浪，打破了曾经的祥和。失去父亲的小仪很快便察觉爷爷奶奶不再像过去那样和蔼，家中充斥着哭声、叹气声和抱怨声。他们时常当着小仪的面痛骂她的母亲，认为是这个儿媳坚持外出打工，才让儿子死于非命。小仪认为爷爷奶奶看着自己的时候也像在看妈妈，他们也憎恨她。久而久之，小仪的性格便从曾经的乐观开朗变成了内向和孤僻，她的学习成绩也开始退步，爷爷奶奶便对她有了更多的埋怨，祖孙三人的沟通也不如以前多。

小仪即将升初中时，母亲突然将她接到城市里读书，她原本很兴奋，认为自己终于可以逃离爷爷奶奶那个令她感到压抑的家，然而，她和母亲的相处更加冷淡。自从父亲突发意外去世，母亲的性格也完全变了，她变得易怒和没有耐心，只要小仪稍微有一点错误就会打骂她。小仪的母亲平常工作很忙，除了早出晚归外，还时常需要加夜班，根本没有时间关心小仪。每次她要加夜班，就把小仪送到隔壁邻居家，这使得小仪那本就缺少父母关怀的幼小心灵更加封闭和敏感，性格更加内向，母女之间的关系也更加疏离。转学到新环境的小仪因为性格问题也很难交到朋友，她也觉得自己和城市里的小孩不一样，心中的落差也逐步加大。学校、教材和学习环境的更换让小仪难以适应，转学至今，她的成绩始终在班级里垫底，不仅被同学嘲笑，也经常被老师批评。小仪的母亲更是责骂她不争气、对不起自己的辛苦工作，她也因为文化程度有限，无法辅导小仪的功课。

目前，小仪正处于初二的关键时期，因为有户籍限制，她需要回到原户籍所在地读书并参加中考，否则便只能进入民办高中，这需要花费更多钱。因为亲子关系的紧张、自身性格的内向、同辈支持的缺乏，小仪已经产生了厌学心理，她想直接考中专，但母亲却希望她去读普通中学，之后再去读大学。母女俩为这件事大吵过几次，关系更加紧张，她很快出现了逃学的行为，甚至开始与一些街头混混待在一起。学校社会工作者很快知道了这一情况，她连同团市委社会工作者一同对小仪开展专业服务的介入。

二、社会工作的介入过程

（一）需求分析

美国心理学家马斯洛（Maslow）认为，人类在成长的过程中有很多的问题和需要解决的疑惑。相较于普通青少年，流动青少年有更多的诉求，在需求长期得不到满足的情况下便会产生心理健康问题。接案后，社会工作者以“人在情境中”的理论为依据，收集与小仪有关的心理、生理、社会等方面的资料。经过与她本人、她的母亲的详细面谈，以及和她的爷爷奶奶的电话沟通，社会工作者对小仪的需求有了较清晰的了解。

1. 心理需求

在流动青少年中，自卑和悲观心理普遍存在，个体的自我接纳程度低。一方面，小仪由于自身的家庭经济条件和学习成绩差，较易对未来产生迷茫感；另一方面，家庭关爱和社会关注的缺失使得小仪难以拥有一个正向积极的生活环境，塑造了其敏感和内向的性格。在本案例中，小仪自从父亲意外去世后，就难以感受到来自家庭的关爱，对亲情有着强烈的需求，渴望得到家人给予的关怀。同时，学习生活环境的改变也为小仪带来了心理落差，她难以在同辈群体中获得群体认同以及来自朋辈群体的支持。因此，社会工作者需要从个体、家庭、学校三个层面对小仪开展介入服务，以增强小仪的自信心，引导小仪的家人改变教养模式，帮助其建立同辈群体支持。

2. 社会支持网络的需求

社会工作者在一系列的调查研究中发现，流动青少年在成长过程中出现的偏差行为往往与他们突然变更的成长环境，以及父母忙于工作无暇陪伴他们、对环境的融入感较差、性格缺陷、缺少朋友等问题有着不可忽视的关系。在本案例中，小仪在父亲意外去世后失去了原有的关爱与情感支持，十分缺乏安全感，人际交往能力较弱，性格内向，在平时和同学、朋友相处时有一定的自卑情绪，由此造成严重的心理困扰。对于小仪来说，学会人际交往的技巧、敞开心扉、提高自己的信心和能力、多与老师同学进行交流以及获得情感支持是她目前的一大诉求。从长远来看，小仪需要通过学习社交技巧，使自己快速融入新环境，建构自己的社会支持网络，并让自己同整个环境形成一种互惠关系，增强与周围系统的互动。

3. 学业需求

小仪目前已有厌学情绪和逃学行为，这严重影响了她的学业。在沟通中，社会工作者也发现小仪并非真心想要放弃学习，而是出于一种青春期少年的叛逆思想。她想要和母亲的期望反着来，看到母亲生气，她反而容易得到一种异样的快乐。这种轻微的心理扭曲在青少年时期十分常见，社会工作者认为只要加以引导，便能将其带回正途。目前小仪的真实想法是不希望自己再给母亲造成更大的负担，但同时她也的确想要通过读书改变自己的命运，通过升学这一路径留在这个城市。她并不想回到爷爷奶奶的身边，而是希望和母亲生活在一起。此外，由于小仪的母亲没有能力辅导她的功课，也没有时间陪伴她，更没有多余的钱送小仪去补习班，因此小仪需要提升自己独立自主的学习习惯与能力来弥补这些不足。社会工作者需要尽快链接资源，帮助小仪提升学习能力和学习成绩，缓解她对学业的焦虑，消除其厌学情绪。

4. 和谐家庭环境的需求

小仪的家庭经历过多次变革。首先，她作为一个留守儿童，曾经长时间和父母分离，因而很早就有不安全感，尽管在爷爷奶奶的宠爱下，这种负面情绪得到了一定程度的改善。之后她遭遇家庭变故，失去父亲的她突然陷入一种世界骤然崩塌的负面环境中，曾经给予她关爱和支持的亲情关系发生断裂，不仅母亲忽视她，爷爷奶奶也不像过去那么宠爱她，这使她产生了较大的心理落差，直接造成其性格突变。因此，小仪十分希望自己的家庭关系能回到从前。其次，她被母亲接到城市中后，母亲的繁忙以及其性格转变使小仪无法从家庭内部获得情感支持，从而她形成了更加内向、敏感的性格。与母亲屡次发生争吵后，母女关系也降到冰点，亟须缓和。

（二）理论基础

1. 生态系统理论

生态系统理论为社会工作实务提供了分析“人与环境”互动的具体工作框架，这一框架包括“栖息地”和“生存空间/活动范围”两部分。“栖息地”是指人生活的环境，包括物理环境和社会环境。当栖息地有丰富的资源，能够提供有机体成长和发展所需时，人就会逐渐地繁殖和成长；当栖息地缺乏必要的资源时，人的生理、社会、情绪的发展和相关的行为功能则会受到严重的影响。基于此，人们和他们所处的环境也被视为相互依赖且彼此辅助的一个整体。“生存空间/活动范围”指的是人在社会中所处的地位和扮演的角色。从发展心理学的角度看，成功扮演社会赋予的社会角色是每个人成长过程的生命任务之一。生态系统理论认为，作为人类发展过程建构起来的生存空间/活动范围是成长中的个人与其环境间长期交流的结果，而不是单一的个人特质因素的产物，个体需握有取得资源的机会，否则无法建立自己的生存空间/活动范围。生态系统理论的关键在于将个体放在一个系统之中，将个体与其所生活的环境作为一个整体来看待。但是，个体能否与其所生活的环境系统之间形成积极的互动关系，则直接决定了一个人的生活状态①。

在上述理论的影响下，生态系统理论要求社会工作实务对人有如下认知：(1) 人生来就有与环境和其他人互动的能力，人与环境的关系是互惠的，并且个人能够与环境形成良好的调适关系。因此在本案例中，社会工作者需要引导小仪主动融入环境，增强自信心，并善于和主动发现所处环境中积极的一面。(2) 个人的行动是有目的的，人类遵循适者生存的法则。个人生活的意义是环境赋予的，要理解个人，就必须将其置于环境之中。在本案例中，小仪个人的失范行为需要被置于其成长与生活环境中进行综合考察，以此为基础理解和接纳小仪的认知与行为。(3) 个人的问题是生活过程中的问题，对个人问题的理解和判定也必须在其生存的环境中进行。在本案例中，小仪个体问题的判断与解决均需结合其所处的环境，社会工作者应通过改善小仪的生活环境以达到服务介入的目标。

2. 非社会性行为理论

通常在研究青少年心理时，社会工作者会根据青少年的外在行为来判断，很多

---

① 关盛梅.生态系统理论视角下的青少年社会化与社区服务[J].当代青年研究，2009(10)：33－39.

时候青少年行为的细节容易被忽略。然而这些细节往往是由一定心理因素造成的，甚至可以用来预测、推断青少年的心理和行为，尤其是针对流动青少年这种环境不稳定、父母忙于工作无暇照顾、对新集体融入存在困难的孩子来说的，他们缺少来自整个环境的支持，更容易隐藏自己的真实想法，所以研究该群体的非社会性行为对评估其需求和制定介入计划就显得十分重要。

非社会性行为的定义通常是：某种客观原因使青少年自我心理封闭，主动地将自己与他人隔离起来，拒绝与外界的接触①。非社会行为并没有好坏之分，即并不能将其分为亲社会行为或者是反社会行为，更不是一种行为障碍。非社会行为有内向型和逃避型两种类型。内向型的非社会行为是指具有明显的、自我封闭式特征的行为。内向型的非社会行为具有长久性、非时刻性的特点。青少年一旦有内向型的非社会行为，就会随时随地表现出极端自我封闭的行为，不受任何地点和时间的限制，也不受周围环境的影响。在这种行为下，青少年一般会在交谈与交往中呈现出冷漠、讨厌、不喜欢与他人共事，也不能与他人分享快乐和悲伤。极端的内向，无处发泄自己的心情，会导致青少年承受挫折的能力较低，内心比较敏感，苛责自己的言行，最终产生出不安全感与自卑感。长此以往，自卑感会导致青少年对自己评估较低，使得自己更加封闭，最终难以获得积极的生活态度与行为，并产生逃避性行为——青少年从感受到威胁的特定场所或特定情景中退避逃离以进行自我防卫的行为。

在本案例中，小仪由于缺少家庭的关爱和同辈群体的认同，逐渐形成了敏感自卑的性格，并产生了厌学等非社会性行为，对自己的未来充满了不自信和迷茫，对学业抱以逃避态度。在社会交往中，小仪则与社会青年来往密切，其本质是在校园中被同学嘲笑后采取的一种逃避型的自我防卫行为，因而社会工作者需要对这种心理和行为及时识别并开展介入。

3. 优势视角

优势视角往往与抗逆力分不开。优势视角强调发掘、利用案主的优点与能力，帮助案主克服困难，走出生活困境。因此，社会工作者利用优势视角这一理论开展服务的时候，需要关注案主的内在优势与资源，而不是仅仅关注案主的问题。在优势视角中，几乎所有的境遇和个人特征都可以看作案主的优势，即使是挣扎、应对和

---

① 侯春在.非社会性行为：儿童社会化研究的新视角[J].南京师大学报(社会科学版)，2001(4)：95－100.

抗争虐待、创伤、疾病、困惑、压迫，人们也能够从他们自身、他人和周围的环境获益①。在社会工作实务中，依据优势视角理论，我们需要注意以下几点原则：（1）对流动青少年“去标签化”，即不能因为流动青少年某一方面所表现出来的不良特征对其进行“标签化”，比如在介入过程中，尽量避免称案主为流动青少年，避免视对方为差生。（2）不要给予案主过分的关爱，否则会让流动青少年认为自己处于一种弱势地位并形成心理暗示，造成其内心的抵触，自我封闭与丧失信心。（3）社会工作介入时要注意保持与流动青少年的“平等关系”，这也是优势视角的一个基础前提。在平等的关系下，耐心倾听流动青少年对生活故事的叙述以满足他们的情感需求，并且在工作持续期间，始终保持对青少年优势的强调，激发他们对生活的自信心与控制能力，提高他们的社会适应水平。

在本案例中，小仪需要对自身具有的能力和优势进行重新挖掘，促进自身潜能的发挥，以改善自己的学习与生活状态，实现偏差行为的矫正。社会工作者秉持优势视角介入本案，能够增强小仪的自信心，保持两者之间的平等关系，从而帮助小仪提升自己应对困境的能力，最终实现助人自助的目标。

（三）介入目标

1. 总目标

在优势视角的引导下，帮助小仪重新审视所处的生态系统，通过专业服务处理其负面情绪、改善其非社会性行为以及促进其性格的转变。同时通过链接共青团与学校的资源，进行“共青团＋社工＋学校社工”联动，帮助小仪满足其需求，改善其家庭关系，建立其社会支持网络。

2. 具体目标

（1）在心理与性格问题上，进行情绪疏导，帮助小仪敞开心扉、表达自己内心的想法，厘清当前的问题和需求，促使小仪的性格发生改变。

（2）在人际交往问题上，协助小仪掌握人际交往的技巧，提高自信心和互动能力。首先是促使小仪与家人处理好家庭关系，母女之间应互相理解、鼓励与支持，同时与爷爷奶奶之间也应保持联系，对其过去的照顾和关爱持有感恩之心。其次是促使小仪与同学建立良好的人际关系，主动与同学交流沟通，积极参与班级活动，勇于说出自己的

---

① 赵罗英.社会工作理论与实务的“优势视角”模式[J].国际关系学院学报，2010(2)：92－96.

想法，以平和的心态去表达自己，使同学能接纳自己，让自己真正成为班级的一员。

(3) 在学习问题上，社会工作者一方面应链接学校社会工作者、小仪的老师和同学帮助其提升独立自主的学习能力，另一方面可以帮助小仪链接大学生志愿者资源，请志愿者来小仪家中为其补习功课，提升学习成绩。

(4) 在社会支持网络问题上，社会工作者应协助小仪主动接受并认可目前所处的环境和充分合理地利用环境中的资源，分别从家庭、学校、同辈群体、社区等各方面为小仪建立社会支持网络，如让小仪参与社区暑期志愿者活动，增强其融入感等，以提升其社会融入度。社会工作者还应发起社会倡导，协同学校社会工作者、社区社会工作者举办宣传活动以呼吁社会对流动青少年群体的关注。

(四) 服务计划

根据初步的计划，设计出符合案主要求的服务计划书。与案主一起制定目标，这样能使目标更明确，也能使其更好地完成计划。具体计划如表 2－1 所示。

表 2－1 服务计划

服务阶段	工作内容	工作目标	介入人员
第一阶段：安抚情绪，建立专业关系	1. 对案主进行情绪疏导，给予其袒露心扉的机会； 2. 收集资料，进行问题评估，了解案主的需求和期望； 3. 与案主建立良好的专业关系，共同制定目标与计划	1. 缓和案主情绪； 2. 建立专业关系，消除案主陌生感和防备心理； 3. 了解案主需求	案主、案主家庭、案主学校
第二阶段：促进人际关系，建构支持网络	1. 通过家访、学校访视，个案会谈帮助案主与家人、老师和同学增进联系和互相之间的了解； 2. 教授案主人际交往技巧，通过邀请其参与同伴成长小组提升其与人沟通的能力	1. 促使案主家庭关系、同辈关系的改变； 2. 增强案主社会支持网络； 3. 提升案主社交能力； 4. 帮助案主重拾自信，改变其心理认知	案主、案主家庭、案主学校
第三阶段：提升案主学习能力，充分发挥其优势	1. 通过链接大学生志愿者资源，为案主进行课业补习； 2. 通过优势视角提升案主在学习中的自信心，重拾原来的学习方法和学习态度； 3. 联系学校的老师和同学，对案主给予更多的关注，帮助其提升学习成绩	1. 消除案主厌学心理，提升案主的学习成绩； 2. 提升案主的自信心； 3. 帮助案主适应校园生活	案主、案主学校、志愿者

续　表

服务阶段	工 作 内 容	工 作 目 标	介入人员
第四阶段：增强社会融入，呼吁大众关注流动青少年群体	1. 带领案主进行城市体验，积极了解城市文化和生活方式； 2. 通过政策倡导和社会呼吁，提升社会对流动青少年群体的关注度	1. 增强案主的社会融入程度； 2. 提升社会对流动青少年群体的关注，打造流动青少年友好型社会	案主、相关政府部门

（五）干预过程

1. 第一阶段：专业关系的建立

社会工作者在团市委的协助下，快速组建帮扶团队，成立包括驻村干部、村后备干部、青年志愿者、心理咨询师等专家在内的帮扶团，分头开展对小仪、小仪家庭、小仪学校的走访调查工作。对小仪的情况有了初步了解后，社会工作者当即确定了几个大的服务方向，并开始与小仪初步接触。尽管小仪对社会工作者并不热情，言谈举止之间有些局促，但她并不排斥社会工作者对其的关心。在经过两次面谈后，社会工作者对小仪的需求有了进一步了解，给予小仪袒露心扉的机会，帮助其宣泄情绪和表达诉求。最后社会工作者同小仪一起制定了服务目标和计划。良好的开端为之后的服务打下了基础。

2. 第二阶段：建构社会支持网络

为解决小仪的家庭情感支持的需求，一方面，社会工作者多次与小仪的爷爷奶奶进行单独会谈，教授他们科学的教育方法和沟通技巧，并鼓励爷爷奶奶先找小仪多聊天，在聊天过程中应多使用关怀性的话术，让小仪感受到爷爷奶奶对她的关爱，体会到家庭的温馨；另一方面，社会工作者也对小仪进行心理疏导，帮助她克服自身的悲观情绪，积极乐观地面对生活。同时，社会工作者也鼓励她多向爷爷奶奶敞开心扉，主动且勇敢地表达自己。此外，社会工作者与小仪母亲进行多次会谈，引导其改变原来以打骂为主的教养方式，教授其合适的教育方法和技巧，鼓励其多同小仪进行对话和沟通，在日常生活中对小仪多一些认可和激励。针对小仪在学校里的支持网络构建问题，社会工作者向学校老师寻求帮助，希望老师在日常学习生活中对小仪抱以积极、温和的态度，多给予她关心与帮助，并引导同学多与其互动。社会工作者也鼓励小仪积极参加班级集体活动，真正成为班级中的一分子，而不是游离于集体之外。面对小仪不知道该如何与他人相处的不安,社会工作者通过情景剧的方式,帮助小仪学习人际交往技巧。同时,共青团社会工作者联系小仪所在学校的社会工作者,双方在校园里开展同伴成长小组活动。在小组活动过程中,小仪认识了新同学,并建立了较为亲密的同辈关系,也通过小组活动习得了人际交往技巧,并重新树立起积极的心态。在小仪取得初步成效后,社会工作者还鼓励小仪参加社区组织的"候鸟守护计划"以及社区青年团日活动,以增强小仪对社区的融入感,并帮助她发掘自己的潜能、重拾自信。

3. 第三阶段:改变厌学心理,提升学习能力

随着小仪对社会工作者信任的建立,社会工作者的个案服务取得新进展。为改变小仪的厌学心理、解决小仪的学习需求,社会工作者在街道团工委的协助下,联系本地学校的老师,根据小仪的学习情况,为其设计个性化学习计划,帮助她提高学习成绩,并推荐其利用线上免费的学习资源进行自我提升。同时,根据就近原则,社会工作者还为小仪在所在街道量身配备了一名"手拉手志愿者"帮扶人员。该志愿者为浙江一所重点大学的在读大学生,能够定期上门为小仪进行功课辅导。除此之外,该志愿者还会定期为其送上换洗衣物、牙刷毛巾等日常生活用品,同时给予其物质与精神上的关爱和帮助,鼓励其积极面对生活。在社会工作者、家人、老师和同学的帮助下,小仪在不断地学习和尝试中逐渐学会接纳自己以及适应所处环境中的人和物,同时她和爷爷奶奶的关系也越来越亲密,整体状态也变得越来越积极和乐观,而且会主动跟所处环境产生互动,并与环境中的其他人建立联系。在心态转变的同时,小仪的学习成绩也稳步提升。

4. 第四阶段:增强社会融入,呼吁社会关注

社会工作者进一步鼓励小仪走出自己的舒适圈,主动融入新环境,体验并逐渐适应城市生活。同时,社会工作者带领小仪前往城市中的著名景点打卡,感受该城市的风土人情。在社会工作者和小仪的共同努力下,小仪逐渐适应了城市的生活方式和生活节奏,为其融入新环境奠定了良好的基础。社会工作者在评估小仪的情况后,认为达到了结案条件。在结案后,社会工作者还数次回访小仪的家庭和学校,帮助小仪巩固已经取得的成果,并鼓励小仪坚定信心,保持积极向上的心态和改变的动力,在以后的生活中勇于面对问题和挑战。结案后,社会工作者通过微信公众号、微博等方式,呼吁社会对流动青少年群体予以更多关注,指出标签化和污名化对流

动青少年带来的伤害，并倡导政府相关部门出台有关政策，保护流动青少年群体的基本权益，对该群体予以适当的政策保护和照顾。

（六）成效评估

1. 情绪宣泄，性格转变

案主在社会工作者、志愿者、家人以及老师同学的帮助下，参与了“候鸟守护计划”、青年大学习、村居青年团建等活动，经过社会工作者的多次心理疏导后，案主相较于刚接触时表现得更自信大方，在交流过程中会和其他参与者频频微笑点头，与社会工作者介入之前相比，待人接物更加开朗阳光。其内向型和逃避型非社会行为基本得到改善，能够更加积极地面对外界，愿意去主动接纳外界事物，其内在成长机制得到激活。

2. 重建社会支持网络

首先是家庭关系层面。通过案主和家人的多次沟通，案主的母亲认识到自己过去对女儿的关心不够，尤其忽视了女儿的心理状态。同时案主也更加体谅母亲的不易与辛酸，尤其是在社会工作者的帮助下，案主和爷爷奶奶之间的关系也有所恢复，她体会到爷爷奶奶从小把她带大的艰辛和不易，承诺今后一定要努力学习、努力工作，赚钱照顾爷爷奶奶，不再让那些爱护自己的人为自己担心。其次是与老师和同学的关系层面。案主改变厌学心理与行为后，也愿意与老师和同学多交流，并开始主动融入班集体和校园生活。通过参与同伴成长小组活动，她与同学之间更加熟悉，结交了很多伙伴，增强了来自同辈群体的支持与帮助。最后是社区社会关系层面。在社会工作者的鼓励和资源链接下，案主主动报名参加了假期里的社区志愿活动，提升了社会责任感以及社会融入感。

3. 提升学习能力，充分发挥潜能

通过老师和志愿者的悉心辅导，案主改变了厌学心理与行为，并在对方为其制定的学习计划以及线上优质学习资源的帮助下，学习热情和兴趣得到充分激发，在月考中取得了不小的进步。这进一步增强了她的自信心，有利于在现实生活中真正建立起积极乐观的生活态度。经过社会工作者的专业服务，案主学会用优势视角积极看待自己的生活，对自己所处的生态系统有了新的评估，不仅乐于接纳周围的环境，也善于发现环境中蕴藏的巨大优势并化为己用，在此过程中充分发挥其潜能。

4. 流动青少年群体引发社会关注

在此案例的激发下，学校社会工作者建议校领导将同伴成长小组设为常态化活动，专门服务于流动青少年群体以及其他环境适应不良的学生。学校也召开大会，要求在校教师更加积极主动地关注流动青少年群体的身心健康，并建立相关工作机制。案主所在社区进一步开展了社区融入的主题活动，积极动员社区内的外来务工人员及其家属参加，致力于打造和谐社区。社会工作者在通过微信公众号等平台进行宣传后，该案例引起了社会的广泛关注，相关媒体也报道了流动青少年群体现状及社会工作者在其中所发挥的作用，提升了社会各界对社会工作介入流动青少年群体的认同。

三、社会工作反思与服务点评

（一）“共青团＋社工＋学校社工”联动对流动青少年群体的介入经验

流动青少年群体具有显著的学龄特征，其活动场所主要集中于学校和家庭。因此，社会工作者在介入流动青少年群体时，需要注意联动两大环境场域，通过环境适应以解决案主的问题。同时，共青团作为流动青少年在该阶段主要的引领性组织，需要探索和落实其牵头作用，促进社会整体形成对流动青少年群体的关注和关爱。这就要求社会工作者链接共青团与学校社会工作者等多方资源，形成“共青团＋社工＋学校社工”联动的整合性服务模式，从而形成对服务对象全方位的介入和改变。其中，政府应增加购买青少年社会工作服务的投入，推进政府购买青少年社会工作服务纵深发展，全面发挥共青团的带头作用①。社会工作者则需要发挥资源链接者的角色优势，通过个案管理等专业的工作方法，成为学校、家庭等多方环境之间的桥梁，发挥桥接作用。学校是流动青少年群体的主要社会化场所，学校社会工作未来更需要进一步探索社会工作服务与传统学校教育体系之间的有效衔接和良性吸纳，为流动青少年群体适应校园生活奠定制度基础。

（二）流动青少年群体中的社会工作介入与留守儿童群体中社会工作介入存在的异同

相较于留守儿童群体而言，流动青少年群体面临着更多问题，主要包括两点：

① 隗娜.共青团购买青少年社会工作服务的探究与效果评价[J].现代营销(信息版)，2019(1)：46－47.

一是青少年重新与父母生活在一起后，亲子关系需要重新联结并进一步完善。与留守儿童群体不同，流动青少年群体往往会在学龄期后被父母重新带在身边，但由于缺乏早年成长时期的陪伴，流动青少年群体与父母之间的关系往往呈现出紧张或冷漠的状态，因而双方都需要重新适应这种关系的转变。而从年龄层面出发，青少年大多在学龄期被接到父母身边，多处于叛逆阶段，更容易和父母产生摩擦，因而更需要对其心理问题进行关注。二是新环境的适应问题。留守儿童往往长期处于同一环境中，而流动青少年群体的学习生活环境则面临着时刻变化的可能。同时，流动青少年还需要面对从农村到城市生活的适应问题，包括生活方式的变化、学习内容的增加、生活与学习节奏的变更等，这对流动青少年群体而言都是充满挑战的考验，需要更多来自周围环境的支持，以帮助他们适应和融入新的空间。

（三）本案例存在的不足以及与之相应的对策、建议

青少年的非社会性行为之所以不受关注，是因为很多青少年都会在青春期产生一些偏差性行为，其本身已经被普遍化和正常化了。同时，正常的青少年非社会性行为处于可控的范围内，且非社会性行为本身并不一定会直接构成问题或行为障碍。多数情况下，这种行为会随年龄的增长而自然消失。但是流动青少年由于家庭功能的缺失，具有更强的脆弱性和敏感性，一旦其心理产生扭曲且得不到及时解决，相应的非社会性行为就容易伴随终身。这种持久深远的非社会性行为背后潜藏着转化为反社会化行为的危机，不仅危害青少年群体的身心健康，也不利于社会的和谐稳定，因此需要引起足够的重视。

在本案例中，社会工作者对小仪的服务取得了良好的成效，但对于流动青少年来说，长时间父母缺位造成的成长困境，很难在短时间的服务中得到充分的解决。所以在服务过程中，社会工作者不断进行专业反思，概括而言有如下几点：一是青少年传统社会地位的挑战。在中国传统农村，人们的行为方式习惯于以老为尊，对青少年情感需求的关注度不高。面对本就缺乏双亲关怀的流动青少年，爱与关注对他们来说是最重要的。在整个服务过程中，案主的爷爷奶奶经历复杂的思想斗争才愿意放下面子，主动关心案主的生活情况。在这个过程中，如何有效转变老一辈群体的思想观念，需要社会工作者在服务过程中不断反思总结。二是专业角色区分不清。社会工作者在初步接触案主和在案主学校走访调查时，发现许多孩子会称呼社会工作者为老师，但在跟他们交流的时候，又更倾向于朋友的感觉，学生们也会把平常不跟老师说的话告诉社会工作者，并让社会工作者保密。社会工作者在该过程中将时常面临伦理问题，因此更需要时刻保持对专业价值的警惕以更适当地处理这些困境。三是介入时间有限。社会工作者在结案之后尽管有过几次回访，但案主处于学习紧张阶段，社会工作者并不能过多打扰，因而无法保持对案主的持续跟进和观察，且无法确定案主是否能将良好的状态继续保持下去。社会工作者需要与案主的老师和家长保持联系，从而及时获知案主的学习和生活状况，在不过多打扰案主的前提下实时了解其情绪和心理状态。

第四节　涅槃重生，拥抱生活——困境儿童救助

儿童是国家的未来、民族的希望，为儿童的成长发展优先提供保障，是党和政府的重要职责。随着现代社会救助体系的不断建设与完善，儿童依托现有社会救助、福利制度框架已得到基本生活保障，但其中仍不乏陷入困境的儿童等待救助，他们都迫切需要专业化、规范化的社会工作服务。2016 年，《国务院关于加强困境儿童保障工作的意见》提及应让共青团广泛动员团员青年开展多种形式的困境儿童关爱服务，依托儿童之家、家长学校、家庭教育指导中心、青少年综合服务平台等加强对困境儿童及其家庭的教育指导和培训帮扶；也应让社会工作者担(兼)任儿童福利督导员或儿童权利监察员，负责困境儿童保障政策宣传和日常工作，或是针对困境儿童的不同特点提供心理疏导、精神关爱、家庭教育指导、权益维护等服务。其中也提及应加快孵化培育专业社会工作服务机构，引导其为困境儿童提供专业服务。为困境儿童营造安全无忧、生活无忧、充满关爱、健康发展的成长环境，是家庭、政府和社会的共同责任。建立困境儿童分类和保障制度并推动这一制度得以不断完善和发展，是提升儿童福利水平，落实以人为本的执政理念，维护儿童基本权益和促进儿童全面发展的重要举措。

一、案例介绍

案主陈宇(化名)，男，14 岁。他原本有一个幸福的家庭，但父亲因生意失败欠下百万元外债，在走投无路的情况下一时冲动走上了犯罪道路，因此锒铛入狱；母亲

因无法忍受别人异样的目光，选择离开，从此下落不明。失去父母的陈宇开始与爷爷奶奶一起生活，但是爷爷的身体不好，患有癌症，家里仅靠出租老屋的微薄收入度日。没过多久，爷爷去世，奶奶患脑卒中后瘫痪在床，没有行为能力，也无法照顾陈宇。刚刚升入初中的陈宇需要自己买菜、做饭、洗衣。每天放学，他都是第一个冲出校园跑回家的，只为照顾卧床的奶奶。陈宇从小缺少父母的关爱，而且在学校里常常因为自己的家庭情况受到同学的嘲笑和欺负。长期处于这样压抑的环境中，他变得自闭和自卑，不爱与人沟通，大多时候都独来独往。陈宇不仅需要照顾瘫痪的奶奶，还常常在晚上放学后通过谎报年龄的方式出去打零工以补贴家用，没有足够的时间与精力学习，上课时经常因为疲惫睡着，成绩一落千丈。学校和老师知道他的情况，也无能为力，最终演变为对他的忽视。近期，陈宇在打工时结交了一些社会青年，萌生了退学的念头，想跟着他们一起"创业"。社区网格员在了解他家的情况后，将他列为困境儿童，并向团市委申请救助。社会工作者接案后，迅速启动帮扶工作，对陈宇及其家庭开展专业介入。

二、社会工作介入的过程

（一）需求分析

陈宇所在的街道团委、社区和当地童鞋志愿队全面收集了与陈宇有关的资料，并通过与陈宇本人，以及他的奶奶、邻居、老师和同学的多次会谈对他的基本情况有了较为清晰的了解。工作人员对搜集到的资料进行整理和分析，认为案主陈宇的需求主要有如下三个方面。

1. 心理健康需求

陈宇的原生家庭残缺不全，连续遭受巨大冲击。在父亲入狱、母亲离家出走后，他孤苦无依，一夜之间失去父母。原本代替父母照顾他的爷爷奶奶也没有陪伴他太久，爷爷的去世和奶奶的瘫痪无疑是压倒陈宇的最后一根稻草。原本阳光开朗的少年变得颓废沮丧，他几乎被生活的重担压得喘不过气来。小小年纪就要承担起照顾卧床老人的责任以及整个家庭的运转。而在学校里，他也从名列前茅的优等生变成了"吊车尾"。他时常因为无暇打理自己的外形而被同学嘲笑。尤其在看到其他同龄的孩子生活优渥时，他的内心都会产生较大的落差，时常觉得自己非常糟糕，也开始质疑活着的意义。他几乎没有家人，没有朋友。心中有委屈和烦恼也不方便和奶奶说,他不想再让老人操心。长期积累的负面情绪几乎改变了他的性格,现在的陈宇性格内向自卑,且自尊心较强。他的心仿佛上了重重枷锁,不对任何人敞开。他也无法融入同龄群体,开始产生厌学心理,对人生充满无意义感。

2. 情感支持需求

首先,从家庭关系出发,在父亲入狱之前,陈宇原本有一个幸福的大家庭。然而在父亲出事后,他甚至还没弄明白究竟发生了什么,母亲就离他而去。没有人向他解释家中的变故,也没有人在乎他的内心感受,他自述“就像一袋垃圾被人随手丢弃”。爷爷奶奶是他绝望生活中的一缕阳光,他们将他带离沼泽,重新给予他关怀和爱。但好景不长,爷爷因病去世后,陈宇一边陪奶奶操办后事,一边在灵堂前痛哭。奶奶很快也倒下了,虽然没有完全离开,但却再也无法下床。陈宇在父亲出事后,失去了父母的关爱,爷爷去世后,他只剩下年迈且病重的奶奶,家庭关系脆弱,无法给予陈宇足够的支持。家中的其他亲戚与陈宇也很少来往,只在他的父母出事、爷爷去世后来过家中,之后也杳无音信,生怕要负担这一对祖孙的生活。因此对年仅14岁的陈宇来说,他渴望拥有更多的情感支持。其次,从同辈群体的关系出发,对于青少年而言,除家庭外,最能给予其情感支持的便是同辈群体,然而陈宇因为家庭因素性格自卑而孤僻,没有朋友,还时常受到同学的嘲笑,在学校里独来独往,与环境格格不入。原本是尖子生的他,学习成绩一落千丈,这种落差感加剧了陈宇的负面情绪,他更加感到自卑,且无法融入同龄群体。在外出打工的过程中,他结交了很多社会青年,这并不是一种健康有益的同辈关系,反而会加剧其出现偏差行为的风险。对于陈宇而言,他需要建立正向的同辈支持网络,融入正常的校园生活。

3. 生计、学业与未来规划需求

陈宇父亲欠债入狱后,所有家产悉数抵押。母亲离家出走,爷爷治疗癌症时卖掉了仅有的出租屋。之后爷爷去世,奶奶瘫痪在床,家庭经济困难,生活条件较差。陈宇被列入困境儿童后有生活补助,社区社会工作者也为他们家申请了救助,但由于奶奶需要较多的医药费,陈宇不得不谎报年龄在放学后外出打工。因此陈宇依然需要更多的救助以维持他和奶奶的生活。陈宇尚未完成义务教育,且他原本具有较好的学习能力,内心实际是渴望读书和上大学的,但受家庭困境以及心理创伤等因素影响,已经出现了厌学心理。当务之急,社会工作者要帮助陈宇恢复他以往学习的积极性与热情,避免他出现逃学甚至更严重的偏差行为。对于陈宇这个年纪的青少年而言，社会工作者应该尽早帮助其树立远大志向，协助其制定人生计划，增强其以积极态度面对生活的信心和动力，提升人生的意义感。

（二）理论基础

1. 社会支持理论

社会支持是由社区、社会网络和亲密伙伴所提供的感知的和实际的工具性或表达性支持。工具性支持包括引导、协助、有形支持与解决问题的行动等，表达性支持包括心理支持、情绪支持、自尊支持、情感支持等。社会支持网络是指以个体为中心的、起支持作用的关系的集合，关系网络反映的是个人与其生活环境中各系统的关系状态，通常能够在预防、治疗和恢复这三个方面发挥作用。能够为服务对象提供帮助的社会支持网络通常分为两种：一种是正式的社会支持网络，另一种是非正式的社会支持网络①。

困境儿童陈宇同时存在物质与情感双重需求。社会支持理论重视个人从人际关系中获取资源，获得工具性或表达性支持，能够协助困境儿童解决实际问题，满足其心理、情感支持等需要。同时，该理论不仅能够解决困境儿童当下面临的问题，还能恢复困境儿童与生活环境和人际关系的联系，增强困境儿童与社会的联系，预防困境儿童再次陷入困境，促进困境儿童健康成长。社会工作者作为一种正式的社会支持网络，应当与政府、学校、社区取得联系，为陈宇争取更多的社会救助，以满足其经济需求，缓解其生活压力，为其解决后顾之忧，使陈宇回归正常的校园生活。除了提供正式支持之外，社会工作者也应致力于帮助陈宇补充和扩展非正式的社会支持网络，例如父母、亲属、同学，帮助陈宇提高建立和利用社会支持网络的能力，协助其重建过去的联结，或是建立新的联结，并使关系网络中的人能够发挥支持作用，以解决陈宇的问题，提升陈宇的生活品质。

2. 心理社会治疗模式

心理社会治疗模式强调个人生活在特定的社会环境中，其成长发展过程受到生理、心理和社会三个方面因素以及这些因素之间的相互作用的影响，服务对象的问题是各种因素综合作用的结果。它还强调人际沟通是保证个人与个人之间进行有效沟通交流的基础，是形成个人健康人格的基本条件，其中家庭成员之间的沟通尤

① 王思斌.社会工作综合能力（中级）[M].北京：中国社会出版社，2019：113－116.

为重要。社会工作者需注重从这些因素入手，帮助服务对象改善生活环境与人际关系，增强服务对象的社会适应能力。此外，心理社会治疗模式有很多具体治疗技巧，根据服务提供的方式可分为直接治疗技巧和间接治疗技巧①。

家庭变故会对儿童的成长和发展产生重大影响。困境儿童陈宇不幸遭遇了家庭变故，其性格发生明显变化，从阳光开朗转变为自卑孤僻，心事重重，不愿与人沟通。为支付奶奶的医药费，陈宇不得不谎报年龄打零工赚钱，在 14 岁的年纪进行过度的体力劳动将对其生理健康产生不利影响，也影响其学业。这种落差感加剧了他的负面情绪，使其更加自卑，难以融入同辈群体中。问题的成因往往是复杂的，心理社会治疗模式强调从生理、心理和社会三个方面因素以及这些因素的互动来探析案主问题的成因。在分析问题的过程中，该理论主张厘清各方面因素的互动与作用，找到症结所在，对症下药，分别从生理、心理和社会三个方面开展介入。

（三）介入目标

1. 总目标

运用社会支持理论和心理社会治疗模式，帮助陈宇解决其心理问题，促进其性格转变，为陈宇提供政府、学校、社区等正式的社会支持网络，重建案主与父母、亲戚、同学之间的非正式社会支持网络，协助他提高建立和利用社会支持网络的能力，消除厌学心理，制定人生规划，重建人生的意义感。发起社会倡导，呼吁社会、学校、社区关心困境儿童的境遇。

2. 具体目标

(1) 社会工作者通过心理疏导，使陈宇建立良好的心理应对模式，提高其自尊获得感和自我价值感，缓解自卑情绪、消除厌学心理，解决其心理健康问题。

(2) 链接资源以寻找陈宇的母亲，并以征求陈宇意见为前提让其与服刑的父亲见面，联合司法社会工作者促进父子关系的改善。同时社会工作者也应联系与陈宇关系密切的亲戚，促使他们为陈宇提供情感支持。

(3) 帮助陈宇祖孙申请补助金，提高其家庭收入，改善生活条件。为陈宇的奶奶链接照护资源（志愿者、照护机构等），减轻陈宇的负担，让其能重回校园，安心读书。

(4) 与学校社会工作者、童鞋志愿队共同努力，协助陈宇融入同龄群体，改善其

① 许莉娅.个案工作[M].北京：高等教育出版社，2013：193－198.

人际关系，邀请其加入同伴成长小组，建立非正式的社会支持网络。对那些嘲笑、欺负陈宇的学生，以及对陈宇有忽视行为的教师进行教育与规劝。

(5) 通过发起社会倡导，联合学校社会工作者、社区社会工作者举办有关困境儿童的宣传活动，呼吁社会、学校、社区关注和关爱困境儿童。

(四) 服务计划

根据陈宇当前的实际情况，社会工作者从促进困境儿童健康成长的角度出发，制定了为期三个月的服务计划。第一，社会工作者需要与案主建立相互信任的良好服务关系，将案主放到情境中去理解，探析社会环境与案主心理的互动机制，为之后服务的开展夯实基础；第二，从情绪疏导入手，鼓励案主宣泄情绪、表达自我，为其注入希望，促进其性格的改变，增强生命的意义感；第三，从增强社会支持、改变社会环境入手，改善案主与家人的关系，增进其良性互动；第四，从学校、社区入手，营造友好和谐温暖的环境，协助案主与社会环境的进行良好互动，最终实现消除厌学情绪、建构社会支持网络的目标；第五，引发社会大众对困境儿童的关注与关爱。

(五) 干预过程

1. 第一阶段：心理疏导，服务关系建立期

在团市委的领导和组织下，街道团委和当地童鞋志愿队落实上级指示，派社会工作者积极开展对陈宇的帮扶工作。社会工作者首先将服务的重点放在陈宇消极情绪的缓解与自我价值感的提高上。社会工作者在全面收集案主陈宇的相关资料后，与陈宇进行了初步面谈。面谈中，社会工作者先运用游戏的方式创造轻松和谐的沟通氛围，通过耐心询问、认真倾听以及同理心等专业沟通技巧让陈宇放低警惕心，渐渐能够敞开心扉，将自己的内心感受、需求以及认为存在的问题告知社会工作者，宣泄长期压抑的消极情绪，并重点运用接纳和同感的方式，让他感受到社会工作者对他的理解和支持，舒缓其内心的压力。社会工作者也在他倾诉的过程中注入专业方法以对其进行心理疏导，促进其性格的转变，帮助他回归从前的积极和乐观。该阶段，社会工作者与陈宇都对对方有了一定的了解和信任，为之后的帮扶服务打下良好基础，并成功建立起专业的服务关系纽带。在社会工作者的鼓励与协助下，双方共同制定了服务目标与计划。

2. 第二阶段：多管齐下，家庭关系改变期

首先，社会工作者与陈宇父亲服刑所在地的司法社会工作者进行对接，两边对

陈宇和他的父亲都分别做了访谈，将他们的现状都反馈给对方。社会工作者前往服刑地点与陈宇的父亲见面，在说明当前陈宇存在的问题后，他的父亲几次因情绪崩溃中断谈话，但在社会工作者的鼓励下，他决定通过这次见面表达对儿子的愧疚和歉意，同时也希望劝说他回归校园、继续学业。之后父子俩的见面效果也基本达到社会工作者的预想，陈宇一改从前对父亲单一的仇恨和抱怨，转而开始接纳父亲，并且感受到久违的父爱。其次，社会工作者也动员社会力量，运用正式渠道帮助陈宇寻找母亲，最终也在一个月后有了陈宇母亲的消息。虽然陈宇的母亲并不愿意重回陈家，但她表示自己后续会尽所能承担陈宇的抚养费，并定期来看望他。母子的重逢促进了陈宇家庭关系的修复，也增强了陈宇的家庭支持，弥补了缺失已久的父爱与母爱。社会工作者与陈宇的其他亲属也取得了联系，并促使他们多给予陈宇关心和帮助，这种帮助不一定要以物质的形式呈现。家庭关系的改善，让陈宇感受到来自家人的爱与温暖，从源头上提高了其自尊获得感和自我价值感。最后，社会工作者组建了专门帮扶团队，按照“1＋1＋1”机制，即“一名团支部书记＋一名网格员＋一名志愿者”，让他们与陈宇结对帮扶，定期上门看望陈宇并与其谈心，了解他的近况，表达关心和支持。

3. 第三阶段：链接资源，社会支持建立期

社会工作者协调各方资源，面对陈宇家庭条件困难的状况，帮助其家人申请补助金，并与村居干部沟通以增大社区对陈宇一家的支持力度。在重要节假日，社会工作者也会为他准备一些学习用品和生活用品，改善其生活条件，送去关心与温暖。同时，社会工作者也通过链接志愿者上门为陈宇的奶奶提供照护服务，以减轻陈宇的负担，让其能够安心读书。社会工作者与学校取得联系，争取陈宇的老师和同学的支持，要求学校团委与陈宇的班主任等老师对陈宇的学习、在校生活以及学习情况多关注，希望老师能够在学校多给陈宇一些肯定，并与其他同学进行沟通，释放善意，共同为陈宇营造良好和谐的学习氛围，这有利于陈宇与其他同学建立联结，帮助他逐渐融入校园集体，结交更多同伴，从而有效消除其自卑、孤独、厌学等消极情绪。社会工作者还为陈宇寻找合适的或者由社会工作者组织的兴趣培养学习小组，借此机会增强陈宇与他人的沟通和交流，转移其注意力，促使他远离那些自己缺乏了解的社会青年。同时，社会工作者也联合学校社会工作者举办同伴成长小组，不仅提升了陈宇的社会交往能力，也改善了校园里其他学生甚至老师对陈宇的态度。此外，社

会工作者鼓励陈宇积极参与公益慈善活动，邀请他参加童鞋志愿队开展的志愿导医、走进养老院等公益活动，使其感受社会的善意，提高他融入社会、建立非正式社会支持网络的能力。此举也增强了陈宇的自我效能感、社会责任心以及人生意义感。

4. 第四阶段：社会倡导，成效巩固结案期

社会工作者除了对案主及其家庭、周围的生活环境进行介入外，也通过社会倡导的方式呼吁社会各界关注和关爱困境儿童的处境。除在社区、学校以及一些人流量较大的公共场所进行困境儿童知识宣讲活动外，社会工作者也联合各街道的未成年人保护工作站、社会工作站对困境儿童进行走访慰问，试图帮助更多像陈宇这样的未成年人走出困境，充分发挥共青团社会工作的资源链接优势以及社会工作站的平台枢纽作用。社会工作者从陈宇家人、老师同学处了解到，经过长期的专业服务，陈宇有了显著的转变，无论是家庭关系、学校关系还是与社区和社会的融入度都有所改善。

（六）成效评估

在为期三个月的专业介入工作结束后，社会工作者对服务成效进行评估。在社会工作者与学校、家庭、街道团工委和童鞋志愿队的共同努力下，本次服务的成效如下。

1. 涅槃重生，重返校园

陈宇的负面情绪得到疏导和改变，对学习重燃热情，在树立理想目标并制定人生计划后，决心重返校园。陈宇重新建立了自我认知，建立起良好的心理应对模式，提高了自尊获得感和自我价值感，能够在学校里展现出自信、阳光的一面，愿意主动参加同伴成长小组，积极融入同辈群体，掌握一定的社交技巧，平时与同学保持良好的社交关系，其建立社会支持网络的能力得到提升。

2. 获得救助，经济状况改善

陈宇的家庭顺利申请到了补助金，能够支付奶奶的医药费以及日常生活开销。平时村干部和村民们也会不定期地给予他们关心与帮助，而且社区为陈宇的奶奶提供定期志愿者上门照护服务。陈宇的家庭条件得到改善，生活质量有所提高，因此陈宇的负担得到减轻，能够安心读书。

3. 关系重塑，拥抱生活

陈宇建立了稳定的家庭亲子关系。陈宇放下对父亲的抱怨，开始接纳父亲，并

且感受到久违的父爱。社会工作者与陈宇的母亲取得联系后，她表示自己后续会尽所能承担陈宇的抚养费，并定期来看望他，弥补其缺失的母爱。此外，陈宇的其他亲属也表示会多多给予陈宇关心和帮助。陈宇家庭关系的修复，增强了陈宇的家庭支持。在学校里，陈宇参加兴趣培养小组和同伴成长小组，既培养了兴趣爱好，又提高了社会交往能力，同时感受到来自同学的善意和老师的肯定。在和谐友好的学习氛围中，陈宇能够安心自在地、心无旁骛地为了实现理想目标而努力。家庭关系、朋辈关系、学校关系的重塑，为陈宇提供了坚实有力的支持，让陈宇感受到关爱与温暖，从中获得力量，愿意敞开心扉，拥抱生活。

三、社会工作反思与服务点评

（一）困境儿童专业服务中的介入要点

首先，在建立专业关系之前，社会工作者需要与困境儿童建立信任关系。在初次面谈之前，社会工作者应提前了解案主的基本信息，考虑是否存在面谈时需要规避的敏感点，避免在无意识中引起案主的反感，从而促进双方互信关系的建立。初次面谈时，社会工作者可以运用游戏的方式引起困境儿童的兴趣，创造轻松和谐的沟通氛围，通过耐心询问、认真倾听以及同理心等专业沟通技巧让困境儿童放松警惕，促使其敞开心扉，表达真实的感受。社会工作者应重点运用接纳和同感的方式，让困境儿童感受到社会工作者对自己的真诚、理解和支持。在言语沟通与情感交流中，社会工作者与困境儿童的信任关系慢慢建立起来，为之后的专业介入打下良好的基础，并成功建立起专业的服务关系纽带。其次，在需求评估期间，社会工作者需要运用访谈、资料收集等方式从多方面、多渠道获得困境儿童的相关资料，对困境儿童形成全面的了解。重点关注存在的问题以及困境儿童与环境互动的情况，进行综合分析判断，形成多维度的需求评估结论。最后，在介入过程中，由于面对的是陷入困境的未成年群体，社会工作者应当尽可能地保持亲和力并运用专业沟通技巧，以平等的视角与困境儿童互动和沟通，使其感受到真诚与尊重。社会工作者也应帮助困境儿童认识自己、掌握面对困难和解决问题的方法，促使他们在生活、学业和人际关系等方面能够动员自身和周围的资源以全面发展并充分发挥潜能。

（二）社会工作介入困境儿童服务的必要性

首先，就政策支持的角度而言，社会工作在介入困境儿童的服务中具有必要性。

2017 年 4 月，中共中央、国务院印发了《中长期青年发展规划（2016—2025 年）》。为落实《中长期青年发展规划（2016—2025 年）》的要求，提升青少年社会工作服务专业化、规范化水平，2019 年 6 月《青少年社会工作服务指南》（以下简称《指南》）在北京发布。《指南》是由民政部、共青团中央共同提出，由全国社会工作标准化技术委员会统一归口，由高校、政府、社工机构、标准领域等多方专家共同起草而成，是第一个社会工作领域的国家级标准，也是我国青少年社会工作领域的首个标准，对于共青团发挥联系服务青少年的职责具有重要的指导作用①。其次，就社会工作专业服务理念而言，其介入工作也将有利于帮助儿童脱困。社会工作是一项具有专业性的助人工作，以案主为中心，强调案主个人的尊严和价值，力求充分认识和理解案主的特殊性，注重人与人之间关系的重要性，相信案主的潜能并尊重案主想法，主张以平等真诚的态度对待案主，且坚守伦理原则。困境儿童大多处于危机状态中，无论是生理还是心理都较为敏感与脆弱，社会工作能够给予其生理、心理与社会层面的关怀，在尊重儿童的想法和相信儿童的潜能的前提下协助其走出困境，促进其健康成长。最后，从社会工作的专业服务方法出发，针对困境儿童的服务将具有整合性特征。当前，社会工作的专业实践领域已逐渐突破对个案、小组和社区等几大工作方法的割裂，转而采用整合性取向以调动一切资源满足服务对象的复合型需求。在此基础上，社会工作者能够个别化地对待具体处于不同困境中的儿童，并有针对性地为其制定介入方案，以及提供更为精细化的专业服务。

（三）本案例中社会工作开展专业介入的经验与不足

本案例中，传统共青团工作与专业社会工作的融合带来了以下两个方面的优势：首先是资源优势。借助共青团的平台，社会工作者在开展专业介入过程中扮演服务提供者、支持者、教育者、资源获取者的角色，其中资源获取者的角色起到了重要作用。为帮助困境儿童陈宇修复家庭关系并获得家庭支持，社会工作者联合司法社会工作者对陈宇及其父亲分别进行访谈，并安排双方见面，促进父子关系的改善；同时还动员了社会力量，通过正式渠道找到陈宇的母亲，尝试弥补陈宇缺失已久的母爱。此外，社会工作者也联合学校社会工作者开展学校小组工作，营造和谐友爱的学习氛围，提高陈宇的社会交往能力，协助其建立同辈支持网络。其次是服务的

① 彭振.《青少年社会工作服务指南》要点解读[J].中国共青团，2021(18)：12－13.

持续性。相较于传统共青团工作的事务性、即时性特征，社会工作的专业服务则更强调持续性发展。他们更加注重为困境儿童提供持续性资源，即使在个案服务结束后，困境儿童也能够得到相应的跟踪服务。社会工作者将困境儿童的信息存档后，会进行长期的定期摸排和回访，对其处境进行持续性的关注。在本案例中，社会工作者为困境儿童陈宇搭建政府、学校、社区以及亲属之间的沟通桥梁，为其建立更加牢固和紧密的社会支持网络体系。如此一来，即使双方结束专业关系，这些主体依然能够为其提供源源不断的支持。

同时，本案例在具体的实践过程中也存在以下两点不足。一是社会工作者忽视了案主与祖母之间的沟通问题。为增强案主的情感支持，社会工作者着力于改善案主脆弱的家庭关系。在改善案主家庭关系、重建家庭支持的过程中，社会工作者将重点放在了案主与其父母和其他亲属的关系修复上。但回顾预估阶段，可以发现案主与奶奶的沟通存在一定问题。案主不愿让奶奶操心，便将许多情绪和想法压抑在心中，不肯诉说。事实上，奶奶作为案主的重要他人，是与案主朝夕相处的亲人，也是案主潜在的重要情感支撑。社会工作者在开展服务过程中，应当协助案主改变与奶奶的相处模式，促进日常交流与沟通，鼓励奶奶主动关心案主，询问其在学校的学习状况以及与同学、老师的相处，肯定案主的进步，了解案主的理想与人生规划，让案主感受到更多的关爱，从而促进案主健康成长。二是社会工作者的情感表达不够精准。案主为14岁青少年，处于人生的重要发展阶段，是从不成熟的自我走向成熟自我的过程，该阶段情绪发展比较丰富和强烈，自我意识高涨。案主内心敏感，有自卑感且自尊心强烈。尤其在服务关系建立初期，社会工作者与案主交流互动时，由于社会工作者本身比较敏感、经验尚浅，在聆听了案主的故事与想法后，表现出来的行为与眼神让案主误以为是在同情可怜他，这让案主难以接受。社会工作者应准确地向案主传递情感，若是产生误会，应当及时向案主解释并澄清。适当的共情与同感能够拉近与案主的距离，增进信任感，有助于专业关系的维系与专业服务的顺利开展。

第五节　照亮隐秘的角落——聚焦校园欺凌

青少年是国家的未来、民族的希望。然而在当前经济文化高速发展的大环境中,伴随而来的文化多元化对青少年群体的价值观造成了冲击。青少年普遍存在缺乏高尚的理想信念、价值观过于理想化、过度重视个人利益等现象。青少年群体正处于成长期,且社会资本匮乏,这也是个体的世界观、人生观、价值观塑造的关键时期,容易产生价值观念模糊和心理失衡等问题,甚至导致青少年偏差行为的发生。校园欺凌是发生在校园内外,以学生为参与主体的一种攻击性行为,是最常见的一种校园暴力,具体包括语言暴力、身体暴力和心理暴力。当前世界各国的校园里都存在严峻的校园欺凌现象,这种欺凌行为不仅给受害者带来身心伤害,也会对其造成永久的心理阴影。而对于施暴者而言,他们也会面临社会的谴责和批评,存在走上犯罪道路的风险,危害未成年人的未来与社会的和谐稳定。

我国为防治校园欺凌,近些年来已陆续出台了相关法律法规、政策等。2016 年,国务院教育督导委员会办公室印发《关于开展校园欺凌专项治理的通知》。同年 11 月,教育部、最高人民法院等九部门出台了《关于防治中小学生欺凌和暴力的指导意见》。2017 年,教育部等 11 部门联合印发了《加强中小学生欺凌综合治理方案》,明确将语言及网络欺凌纳入校园欺凌范畴,提出了指导学校切实加强教育、组织展开家长培训、严格学校日常管理和定期展开排查四项措施。2021 年 6 月 1 日,教育部颁布《未成年人学校保护规定》,明确了学生欺凌的概念,要求学校应当定期针对全体学生开展防治欺凌专项调查,保护未成年人远离欺凌。2020 年修订的《中华人民共和国未成年人保护法》也明确规定了社会工作在未成年人保护工作中的职责,其中提到"地方人民政府应当培育、引导和规范有关社会组织、社会工作者参与未成年人保护工作,开展家庭教育指导服务,为未成年人的心理疏导、康复救助、监护及收养评估等提供专业服务""国家鼓励和支持社会组织、社会工作者参与涉及未成年人案件中未成年人的心理干预、法律援助、社会调查、社会观护、教育矫治、社区矫正等工作"等重要内容。由此可见,社会工作在校园欺凌的个案介入中有其使命与必要性。

一、案例介绍

案主沉默(化名)是一名转校生,13 岁,男。在来城市之前,他一直是一名留守儿童,在乡下和爷爷奶奶同住,父母长期不在身边。考虑到升学压力以及教育资源的差距,父母决定将沉默接到城里的初中读书。来到新环境的沉默因为口音、穿着等问题难以融入班集体。城乡之间物质条件的巨大差异也给他的内心带来冲击和强烈的落差感，这使他更加自卑，也不敢主动与同学交流。因为独特的口音，他常受到同桌吴迪（化名）的嘲笑与捉弄，孤立无助的他并不敢反抗，只能默默承受。其他同学一开始只是旁观者，漠不关心，仿佛在看他的笑话。然而时间长了，越来越多的人都把沉默当作取笑的对象，这让沉默更加自卑，他甚至萌生了退学的想法。他开始害怕去上学，害怕走进教室。老师并没有注意到沉默的异常，更没有及时发现班里的异常，她只当沉默是刚来到新的环境中，还没完全适应，所以并没有放在心上。

同时，沉默因为长期不在父母身边，亲子关系也很生疏。来到陌生的地方，他没有朋友，更无法和父母倾诉自己的烦恼。他曾经尝试告诉父亲学校有人欺负他，但父亲却让他凡事多忍让，因为他们只是来这里打工的人，在这里如浮萍一样没有根基，做人更应该低调。沉默觉得委屈，只好在微博上记录自己的心情和对大家这种捉弄行为的厌恶和不理解。但是这个微博账号被同桌吴迪发现了，对方把他的微博截图发在班群里，大家对沉默公开进行调侃，沉默的负面情绪终于爆发了，他和吴迪发生了肢体冲突。暴力事件之后，沉默开始有逃课行为，上课时间经常不在学校而是跑出去上网。沉默的父亲发现后痛打沉默，但是沉默却与父母对抗，并且绝食、冷战。沉默在网吧遇到过吴迪几次，曾被他和他的朋友围堵并羞辱，沉默变得越来越易怒、暴躁，在很长一段时间里将自己锁在房间里上网，再不出门。沉默母亲无奈之下向团市委专门负责未成年人保护的社会工作者求助，社会工作者立刻展开调查和跟进工作。

二、社会工作介入的过程

（一）需求分析

1. 身心健康需求

沉默因为受到情绪、压力等负面因素的影响，为了与父母对抗出现绝食行为，危害身体健康。同时，社会工作者在与沉默谈话的过程中发现他已经有轻生倾向，虽然还很轻微，但依然存在对生命的潜在威胁，需要尽快进行情绪疏导。并且校园欺凌以及一些暴力事件也会对其生命健康造成危害。从心理层面来说，沉默目前有强烈的自卑感以及对外界的恐惧和排斥，他的原生家庭关系疏离，对新环境无法适应，也无法融入新的集体，人际关系淡薄。作为校园欺凌的受害者，沉默的性格更加内向，负面情绪长久堆积在心底，变得易怒和暴躁，情绪起伏较大且容易失控。校园环境的不友好，也影响了沉默的学习兴趣，他已出现严重的厌学心理，这也急需社会工作者的干预。

2. 人际需求

沉默从老家来到大城市，原有的社会交往断裂。由于校园欺凌的发生，以及城乡间物质差距带来的心理落差，沉默难以对周围的人敞开心扉，人际交往处于封锁状态，他难以结交朋友，缺少同龄人的陪伴与支持。从他的原生家庭出发，因为儿时便与父母常年分离，沉默与父母的关系较疏离。处于叛逆期的沉默与忙于工作、无暇顾及儿子心理状态的父母使家庭关系恶化。无论是家庭还是学校，沉默都无法获得正常的人际交往，他也逐渐产生了逃避、拒绝、不信任和恐惧等负面心理。为此，他将希望寄托于网络，想在虚拟世界中满足自己的社交需求。沉迷网络的沉默性格更加孤僻，与父母的交流越来越少，在情感表达上也出现了障碍。尽管网络社交是社会发展的产物，但它并不能完全代替日常生活中的社交，尤其对于沉默这个年纪的青少年而言，正常、健康和积极的社交有利于其人格的健全以及未来的人生规划，更是提升其集体融入感和社会融入感的关键。

3. 学业、未来规划需求

沉默在老家读书时一直名列前茅，到新学校后需要适应新的教材、教学进度、教学风格、课程设置，一开始的落后属正常现象。如果家长、老师和同学能够帮助沉默进步，那么他不会走到现在这一步。家长的忽视、老师的漠视、同学的嘲笑让沉默渐渐产生厌学心理并出现逃学行为。但社会工作者在与沉默的访谈中发现，沉默的内心深处对学习是有热情的，他对于自己的学习成绩也充满了不甘，因此社会工作者认为沉默有学业需求，甚至比其他人都更加强烈。同时，对于青少年而言，学业与未来人生的规划也息息相关。当前的沉默仍然有改变现状的动机，社会工作者在满足其对学业需求的同时也应协助其进行人生规划。

（二）理论基础

1. 优势视角

优势视角是起源于20世纪80年代美国社会工作领域中的一种思维模式和实践方式。它是一种关注案主自身的内在力量和所拥有的资源的视角，从案主自身的优势角度出发，突出挖掘其优点，使其正确认识自身优势，并帮助其从困境、挫折和逆境中重新站立起来，最终达到心愿、实现目标的一种工作方法和思维方式[①]。个体

---

① 万虎，裴浩.后疫情时期优势视角理论在青少年网瘾心理干预中的新尝试[J].湖北科技学院学报，2021,41(6)：123－127.

在自身发展的过程中都具有长处，且具备内在的转变能力。在对待问题时以个人的优势为基础，以最大限度地挖掘和利用人的潜能为出发点，分析、探索和发展案主的优势和能力，为案主培养那些能够解决他们问题的环境资源，协助他们利用优势将挑战变为机会，从而达到自己的目标，满足他们自己的需求并从不自信的状态中解脱出来。

在本案例中，沉默从小和爷爷奶奶一起生活，除上学外会做家务、去农田帮忙，是个开朗、孝顺、懂事且勤奋的少年。来到大城市后，沉默在环境适应上存在困难，又同时面临家庭关系疏离、校园欺凌等冲击，因而性格发生突变，看上去成了一个叛逆、不听话、逃学的“网瘾少年”。社会工作者应秉持优势视角，坚持去问题化，重点挖掘沉默身上的优点，不仅协助其本人去标签化地看待他自身的优势，并且应协助他形成做出改变的信念，也促使他身边的人看到他的闪光点。尽管目前沉默的状态不佳，无论是对他自己还是对家人来说都是前所未有的挑战，但这也是令沉默做出改变和改善其家庭关系、同辈关系以及增强其社会和集体融入感的机遇。

2. 增能理论

增能视角作为一个新的研究视角，着重强调一种新的服务方向而不是具体的操作实务技能，其主要的内容是在探讨个人与环境之间的资源及互动的状态，认为产生问题的困境是个人权能的发挥受到直接或间接的障碍，并非个人自身缺乏解决问题的能力①。增能同样也是社会工作者与弱势群体共同参与的过程，其目的在于减少被耻辱和烙印化的目标群体成员因为负面评价所形成的无能。在此，能力的涵义为个体、群体或组织运用所拥有的能力与资源对他人、组织及社会的控制力和影响力，这既是一种客观状况，也是弱势群体对自身的评价。增能理论认为处于弱势或边缘化地位的群体和个人产生无能感的主要原因包括以往与环境互动时的负面经验、歧视或资源分配不均、社会环境中的一些不利于其潜能发挥的制度和政策因素等。以上均会妨碍其个体潜能的发挥，导致其无法实现与环境的良性互动。社会工作主要通过介入或干预，从个体、人际和政治三个层面挖掘或激发弱势群体的潜能。个体层面的增能聚焦于个人发展、个人能力和自我效能感；人际层面增能强调使个体可以有更多影响他人能力的具体技术的发展；政治层面的增能则强调社会行动和

① 姜萍，姜又春.增能视角下“三无”老人的养老服务探析[J].南方论刊，2019(6)：40－42.

社会改变的目标。

在本案例中，沉默之所以会陷入困境，更多的是因为受到其与环境互动时遭遇的负面经验，所以产生了自卑心理和低自我效能感。譬如沉默与父母互动时，并没有得到足够的关心、理解与认同。而当他与同学和老师互动时，不仅受到了校园欺凌，也没有得到老师的关心和重视。从沉默的整个外部环境来看，校园欺凌在校园里屡见不鲜，无论是学生、老师还是家长的重视程度和认知程度都有所欠缺，这些都妨碍了沉默个体潜能的发挥。为此社会工作者要和沉默一起面对他此刻遇到的难题，运用社会工作专业的沟通技巧予以支持，通过对他赋能的方式促进其自信心的提升，激发他自身的潜能，让他能够依靠自己的能力走出困境。

3. 生态系统理论

生态系统理论强调将个人置于其生活的环境中是社会工作实务的焦点，该理论认为人类的发展是一个不断地适应环境、与环境多方面进行系统交换的过程。人们可以改变环境，也可以被环境改变，形成人与环境的互动适应。[①] 个体发展是个体和周围环境互相作用的结果，它强调社会工作实务的干预焦点应将个人置于其生活的场景中，重视人的生活经验、发展时期、生活空间与生态资源分布等有关个人与环境的交流活动，并从生活变迁、环境特性与调和度三个层面的互动中来考虑社会工作专业服务的开展。在本案例中，沉默的问题绝不仅限于他的个人层面，而应该看到个体问题背后整个生态系统存在的风险因素。他的原生家庭、学校、社区乃至整个社会环境，都是将沉默推入困境的源头。社会工作者在评估需求、制定介入计划和目标时需要综合考虑沉默与其家庭、学校、社区、社会等系统之间的相互作用，全面且系统地识别他的需求，在此基础上提供整合性社会工作服务。

（三）介入目标

1. 总目标

协助案主沉默恢复身心健康并重返校园，修复其与父母之间的亲子关系，提升其适应、利用环境的能力，从沉默所处的微观、中观和宏观系统入手，提高系统间的交流能力，帮助沉默改善生活环境，充分发挥潜能。

---

① 高晓雨.社会生态系统理论视域下社会工作介入流浪青少年服务的思考[J].现代商贸工业，2021，42(29)：116－117.

2. 具体目标

（1）对沉默进行情绪疏导，提升其情绪管理能力，促进其性格转变，增强沉默对环境的适应能力，提高沉默个体与环境的调和度，帮助沉默更好地适应城市生活。

（2）对沉默及其父母进行家庭治疗，帮助沉默的父母学习更有效的亲子互动方式，增进父母亲与孩子之间的沟通和交流。

（3）对沉默的老师和同学进行介入，联合校园社会工作者对施暴者进行教育与劝导，并让老师也参与其中。改善班里同学对沉默的看法，使沉默重获尊重，重新搭建朋辈支持网络。通过情景模拟，提升沉默的社会交往技巧，帮助其建立同辈支持。

（4）联合共青团、校园社会工作者、社工站、社区等主体开展抵制校园欺凌的主题宣传活动，提升公众对校园欺凌的认知并积极参与到保护未成年人的队伍中来。

（四）服务计划

社会工作者在详细评估沉默的情况后，以优势视角、增能理论和生态系统理论为指导，以个案辅导、家庭治疗、成长小组为主要介入方法，对沉默进行为期两个月的介入服务，旨在协助沉默改善心理状态、家庭关系与互动模式，并建立朋辈支持网络，使其重返校园，提高其对新环境的适应力和融入度，充分发挥自身潜能。最终也希望以此为切入口发起社会倡导，让更多的人认同、参与对校园欺凌的抵制。

（五）干预过程

1. 第一阶段：心理疏导，专业关系的建立

社会工作者首先对沉默进行心理疏导，让其走出房门进行基本的生活补给，消除其轻生的念头和生命威胁。其次对于沉默的逃避、抵触以及易怒的状态，社会工作者充分保持耐心的倾听与同理心，多次上门与其交谈，并从他感兴趣的网络世界入手，与其确立共同话题，持续表达自己对他的关切之心，以融化他心中的坚冰。在社会工作者的不懈努力下，沉默逐渐愿意分享自己的感受与想法，在其倾诉的过程中，心理疏导达到了帮助案主宣泄负面情绪的效果，同时也给予社会工作者引导和改变其非理性认知的机会。通过一段时间的心理疏导，沉默已经出现明显的转变，不再将自己关在房间里，但仍对学校充满恐惧和抵触。社会工作者引导其表达自己的诉求，发现他其实有主动学习的动机，也有改变自己当前状态的意愿。基于此，社会工作者与沉默确立了专业服务关系，并协助他共同制定介入目标与计划，双方建立了信任关系。

2. 第二阶段：家庭治疗，增进亲子关系

沉默从小不在父母身边，爷爷奶奶虽然疼爱他，但也无法取代父母。沉默不懂得如何与父母沟通交流，且父母平常工作较忙，几乎无暇顾及沉默的心理状态，双方难免存在误会和隔阂。社会工作者以沉默的家庭为介入目标，运用家庭结构疗法，协助沉默一家人看到当前其家庭结构和互动模式中存在的问题，同时也让沉默体会到父母为了给他创造更好的生活条件而经历的艰辛，以及沉默看似内向的性格背后那颗渴望与父母亲近的心，消除对孩子的刻板印象。尤其对于沉默在学校的遭遇，社会工作者重申了校园欺凌对受害者产生的负面影响，从而帮助沉默的父母理解沉默近段时间以来的偏差行为，并促使其给予儿子更多的支持和关心。社会工作者也通过教授沉默一家人关于亲子沟通的技巧，改善其家庭成员间的沟通方式，促进家庭内在系统的改变，增进彼此间的信任和认同，优化沉默成长的家庭环境，实现家庭成员的良性互动。

3. 第三阶段：融入集体，建立朋辈支持

在改善沉默的家庭关系之后，此阶段的主要目标是帮助沉默重返校园。首先，针对校园欺凌事件，社会工作者联合学校社会工作者对施暴者进行教育与劝导，若情形严重则需要进行行为矫正；通过“空椅子”等专业疗法帮助施暴者换位思考，让他们充分认识到自己的行为给他人带来的身心伤害，从而反思自己的行为，改正错误。同时，在社会工作者的鼓励和引导下，施暴者对沉默郑重道歉，双方冰释前嫌，从根源上帮沉默解开了心结。其次，对于此次校园欺凌事件的“旁观者”，即班里的其他同学和老师，社会工作者也专门开设关于“抵制校园暴力”的专题小组活动，促进其观念的转变，即认识到校园欺凌的严重性。通过该活动，社会工作者着重让他们明白作为旁观者的责任是尽可能及时提供帮助制止事态继续恶化。最后，社会工作者也通过开办同伴成长小组，邀请沉默参与其中以提升社交技巧，帮助他结交伙伴并建立朋辈支持网络。此外社会工作者也通过开设校园欺凌受害者支持小组，帮助更多和沉默有同样经历的未成年人敞开心扉，交流感受，增强自我保护意识以及掌握正确应对校园欺凌的方法。以上措施都有助于提升沉默的归属感和融入感。

4. 第四阶段：重返校园，社会倡导

在社会工作者以及沉默身边支持系统的不懈努力下，沉默终于重新回到校园和班级，他渐渐恢复从前的开朗和乐观。社会工作者以此为契机，向有关部门呼吁完善立法规范。同时社会工作者也向学校建言献策，推动学校制定校园反欺凌的制度规范，并在驻校社工站开通举报校园欺凌的专线。在社会范围内，社会工作者也联合共青团、学校、家长、社工站、社区以及相关社会组织开展“抵制校园欺凌”主题活动，在全社会范围内加大对校园反欺凌行为的宣传力度，提升社会大众对校园欺凌的重视程度和认知度。

（六）成效评估

1. 性格和心理状态发生转变

社会工作者针对案主的情况开展了为期两个月的专业服务，服务结束后，案主的性格和心理状况都有了较大转变。在介入初期，社会工作者从案主感兴趣的网络话题入手，与案主建立了良好的专业关系，这为接下来的服务开展打下了良好基础。社会工作者从案主口中得知，他本身拥有改变现状的意愿，但苦于不知道从何开始。他只能把自己封闭起来在家中上网。在双方建立良好的专业关系之后，社会工作者运用增能理论对案主情况进行具体分析，告知案主他当下所遭遇的困境源于和环境互动过程中出现的问题。社会工作者运用专业的沟通技巧对案主进行心理疏导，通过对案主进行赋能的方式增加其自信心。由此，案主不再像过去那样易怒，也能够敞开心扉和真诚表达，并能用更加积极的眼光去看待当下遭遇的困境。

2. 家庭关系改善，建立朋辈支持

缺少家庭的支持与关爱，没有良好的朋辈群体以及社会支持网络是导致案主陷入困境的主要原因。在开展服务的过程中，社会工作者运用生态系统理论对案主进行具体分析，发现案主与父母存在基本的沟通问题。案主曾经常年与父母分离，但其实内心依然渴望得到父母的关爱与支持，无奈因他不擅长表达，且父母也没有足够的时间和耐心与他交流，这进一步增强了亲子之间的疏离感，需要社会工作者为他们的沟通搭建桥梁。通过教授专业的沟通技巧，社会工作者让案主体会到父母工作的不易，同时也让案主的父母认识到儿子看似内向但仍有一颗想和父母亲近的心。通过家庭治疗，案主一家人的关系趋于缓和，家庭关系得到改善，家庭功能也得到恢复。此外案主也缺乏正常的同辈社交网络。在社会工作者的介入下，施暴者向案主道歉，双方均解开了心结。社会工作者通过与校方沟通，在学校开展相关的知识讲座以帮助师生更好地了解和预防校园欺凌。在此过程中，社会工作者也协助案主拉近和同学之间的距离，支持他迅速建立起积极和正向的朋辈支持。

3. 重返校园，发挥潜能

通过社会工作者的专业服务，案主的厌学心理有了明显转变。在家庭关系和朋辈关系恢复正常后，案主主动表示要回到校园和课堂里继续学习。在其重返校园后，社会工作者依然继续对他展开帮助。案主本身具有较强的学习能力和扎实的基础，只是因为存在环境适应问题，成绩才下滑的，所以在优势视角的指导下，社会工作者对案主进行去问题化，帮助他重新识别自身的优势，认识和发掘自身的潜力，并且理性认知其当下暂时性的学习困境。此外，社会工作者也鼓励他主动融入班集体，并积极向身边的同学和老师请教，这样可以事半功倍。除基础学业外，社会工作者也协助案主重新制定学业计划和人生规划，找到目标和方向，以提升自我效能感、价值感与意义感。

4. 提高全社会对校园欺凌的认知，发起社会倡导

当下中国的校园欺凌事件频频发生，早已成为各界关注的社会问题。青春期是人生进程当中的重要阶段，校园欺凌不仅会对当事人造成严重的心理问题，如若处理不当，也会导致施暴者走向违法犯罪的道路，对社会造成重大隐患。社会工作者借此事件联合相关各责任主体，向社会公众发起倡导，并呼吁完善相关的立法规范。同时，社会工作者也和学校进行沟通，推动学校制定反校园欺凌的规章制度，并联合学校社会工作者在校园里定期开展相关的知识讲座进行科普与宣传，帮助广大师生提升对校园欺凌的认知度，尤其关注学生自我保护意识能力的提升。社会工作者也通过联合社工站、机构、社区大力开展反对校园欺凌的主题活动，通过板报宣传、知识讲座、社区普及等方式加大社会各界对校园欺凌的关注力度，促使社会公众共同参与到抵制校园欺凌和守护未成年人健康成长的队伍中来。

三、社会工作反思与服务点评

（一）“旁观者”主体在预防和整治校园欺凌行为中的重要性和介入要点

以往在校园欺凌事件中常被关注的是施暴者和受害者，往往会忽略另一个重要群体——旁观者。实际上，旁观者是目睹和最早知晓校园欺凌事件发生的个人或群体，他们对事件的行为表现和方式往往影响着欺凌事件发生的进程和方向。对于旁观者而言，他们的共情能力和认知能力对他们的行为选择起着决定性作用。共情能力强的人在面对欺凌事件时容易选择积极的干预，例如劝说、阻止、报告等，以避免

事件往消极方向发展。而共情能力和认知能力相对弱一点的人则会选择消极行为，例如怂恿、漠视、跟随等。这种行为对当事人来说无疑是二次伤害，也会助长施暴者的气焰，从而加速暴力事件的发生。社会工作将充分考虑到事件中的每一个责任主体，能够以更加全面、整合的视角开展介入服务。因此，就对欺凌事件的干预和预防而言，社会工作者有必要从旁观者的角度对欺凌事件进行审视。针对旁观者群体的介入要点可以从以下三个方面展开：首先，应对“旁观者”群体开展共情能力训练，如通过角色模拟和网络虚拟学习等方式对其开展针对性训练，促使其换位思考。其次，应引导学生正确评估风险，认识校园欺凌的危害。准确识别欺凌事件是预防的前提，当学生无法判断事件的性质时可以选择报告。最后，应在社会范围内加强反欺凌宣传和思想教育，引导学生准确辨识和积极应对欺凌行为，让学生清楚地认识校园欺凌的危害以及积极干预的重要性。

（二）社会工作介入校园欺凌行为防治的必要性

社会工作以利他主义的理念和价值观为指导开展服务工作，一直主张在服务过程中秉持“助人自助”“以生命影响生命”的价值理念。实际社会工作也是一种特别的专业助人行为，不仅能够有效地改善个体行为，也有利于挖掘以及促使个体发挥潜能。另外就教育机构以及学校而言，社会工作能弥补其在未成年人心理健康教育以及社会关系建立层面的不足。而社会工作的诸多专业方法也与常规的教育模式不同，更为灵活和容易让学生接受。对于教师而言，共同参与学校社会工作的相关课程也有利于开拓教师的思路并增强其特殊的体验感。尤其在应对校园欺凌事件时，社会工作者也将教师纳入宣传的受众中来，试图在校园里构建严密的防护网，从校级领导到师生都应该是其中的一员。再者，由于校园欺凌事件涉及多方主体的责任，更需要链接社会各方资源加以干预。社会工作将凭借其资源链接的专业职能，为受害者提供其所需的资源，切实帮助其解决问题、走出困境。

（三）本案例的经验与不足

由于本案案主有绝食等威胁生命健康的行为，因此社会工作者在整个服务过程中，首先秉持生命至上的原则，通过运用专业方法对案主进行心理疏导。介入初期阶段，案主存在较强的抵触情绪，将自己关在房间里拒绝沟通，并且存在轻生的想法。社会工作者针对案主情况，选择从其感兴趣的网络话题入手，先让案主走出房间，为建立良好专业关系打下基础。随后社会工作者对案主表达真诚、同理心和关爱，以融化案主心中的坚冰。在社会工作者的不懈努力之下，案主逐渐开始愿意倾诉自己的想法。在其倾诉的过程中，心理疏导达到了帮助案主消除负面情绪的效果，消除了案主的轻生念头和生命威胁。基于此，社会工作者与案主确立了专业服务关系和良好的信任关系，为后续服务的开展打下良好基础。其次是以整合性视角从多个层面剖析案主的问题。在以往的校园欺凌事件中，无论是社会工作者还是学校层面大多只将关注点放在被欺凌者和施暴者的身上。本案例中，社会工作者在关注被欺凌者和施暴者的同时，还从旁观者群体的视角进行介入，此举对欺凌事件的预防与干预有较好的效果。此外，社会工作者也就此问题和学校层面进行沟通，针对旁观者群体开展共情能力的训练，加强反欺凌宣传教育，引导学生准确辨识和积极应对欺凌行为，这将有助于在学校搭建针对未成年人的保护网。本案例同时也存在不足之处，如社会工作者介入时间有限，结案之后无法对案主进行持续的跟踪观察等。而从隐性问题的拓展层面分析可知，虽然此次事件得到圆满解决，但类似的留守青少年进城融入问题在很短时间内难以得到有效解决。这也引起了社会工作者和相关部门的重视，反思在留守青少年工作领域的不足之处。例如外来务工人员子女的城市融入问题，需要引起社会各界的重视并反思在此领域社会工作能发挥怎样的作用。在本案例中，社会工作者对家长开展的相关教育培训较少，如沉默父母对儿子遭受校园欺凌的经历不够重视，这也是导致后续情况恶化的源头。因此应倡导宣扬家庭在未成年人保护中的重要职能，以引起家长们的重视。

第三章　妇女社会工作

第一节　破茧成蝶——中年丧偶妇女的生活适应

联合国大会于2010年12月21日通过189号决议，决定将每年的6月23日设立为国际丧偶妇女日，对所有地域和文化背景下的各年龄层丧偶妇女的处境予以特别关注，呼吁人们关注丧偶妇女的处境，倾听她们的声音并给予其所需要的支持。风险社会的到来加剧了个体日常生活世界的不确定性，重型疾病与突发性事故的增加不仅给个体带来巨大打击，也冲击着家庭乃至社会的稳定。丧偶妇女在经历配偶离世后，不仅心理上、生理上承受着巨大的打击，经济保障、社会支持网络等也相应地发生改变。丧偶妇女原有的生态系统失去平衡，无论个体、家庭还是社会生活都面临一系列的适应问题。处于中年时期的丧偶妇女，知识仍在积累增加，经验日益丰富，但身体机能和体力却在不断衰减，家庭责任和社会角色也发生改变，如何利用地域、资源等优势让处于人生中年阶段的丧偶妇女更好地适应丧偶后生活，缓解经济危机，积极调整心态并走出悲伤情绪，直至最终重拾生活信心，这是值得全社会广泛关注的。《中国妇女发展纲要(2021—2030年)》中提及社会工作对于介入妇女工作的必要性与职能，它能够强化传统妇女工作模式中的社会服务功能，既有利于社会工作自身的本土化，也有利于妇女工作的专业化与职业化，让妇女社会工作更好地服务于广大妇女群体。

一、案例介绍

徐女士，42岁。原本她拥有一个幸福的家庭，后来丈夫车祸去世，生活就此被打破平静。她的儿子在外地工作，因工作繁忙，逢年过节才回家一次。丈夫的突然去世让徐女士陷入了悲痛，久久无法自拔。远在外地的儿子并没有给予她安慰，她只能独自一人消化哀伤。然而祸不单行，没过多久，徐女士也遭遇了突发事故，左腿受伤较为严重。事发当时情况较为紧急，徐女士立刻被送往医院治疗，之后经历了四次手术，但是病情始终不见好转，而儿子又忙于工作，最终只能请护工照顾。因为护工工作不负责，徐女士与其屡次发生语言冲突，却又不得不依靠她的帮忙。她不想让儿子再为她的事分心，只是一个人承受这些负面情绪。在长期的治疗后，徐女士的病情逐渐好转。出院后，虽然徐女士的腿经过治疗已经恢复，但落下了残疾。因为承受接二连三的变故，她不仅体重暴跌，还伴有失眠、情绪低落等问题，经常自己一个人在家对着丈夫的遗像默默流泪。在丈夫去世前，徐女士每天的生活内容就是上班、买菜和做家务，生活简单但充实。她本人性格较内向，和邻居大多是点头之交，朋友都在邻市生活，见面的机会也比较少，社会圈子很小。丈夫去世后，徐女士本就承受了很大的心理压力，觉得自己没有了依靠，儿子也经常顾不上自己，且她也不想影响儿子的工作。自己这边又因为残疾，不愿意再外出工作。后遗症让她不得不终身服药，巨大的医疗花销让她一筹莫展。徐女士想不通自己为什么那么命苦、苦难咋就接二连三地找上自己？她开始自怨自艾，觉得生命已经没什么意义。社区网格员在摸排时发现了徐女士的情况，并经过她本人的同意，让妇联社会工作者开展介入服务，旨在帮助徐女士解决眼下的困难，让她重新找回生活的意义。

二、社会工作介入的过程

（一）需求分析

1. 生理需求

由于丈夫并非自然死亡，突发事故给徐女士带来较大的精神冲击。在丈夫走后的几个月里，她茶饭不思，食欲明显下降。而在她自己又遭遇事故后，不仅身体上感受到痛苦，心理上也无法接受现状，变得烦躁、抑郁、焦虑，这些情绪也作用在她的身体上，因而徐女士没有规律饮食，一个人也不想买菜做饭，时常随便吃点东西凑合了事，因而一年中体重减轻了 20 斤，严重损害其身体健康。另外，由于长期负面情绪的积累，徐女士开始出现失眠，严重时整夜都睡不着觉。她睡不着时，就会起来对着丈夫的遗像哭泣，或者翻看他们曾经的照片缅怀，这更加重了她心中的悲痛。

2. 心理需求

徐女士在丈夫去世之前生活幸福，内心充实且快乐。对于丈夫的突然离世，徐女士内心总是无法面对这个事实。且在她最悲伤的时候，儿子因为工作繁忙，葬礼结束就离开了徐女士，独留她一人消化哀伤，徐女士只能通过每天机械的工作来麻痹自己，但是接着自己又遭遇事故，仿佛悲剧的重演。漫长而痛苦的治疗、与护工的摩擦、儿子的缺席都让徐女士觉得生活一片黑暗，内心产生了强烈的孤独感和寂寞感，内心更加悲观。再者，徐女士因为落下了终身残疾，她本人也比较好面子，因而不愿意再回原单位上班，一时冲动就辞职了。丢掉工作的她每日更无所事事，时间久了，整个人也越来越消极。

3. 社会关系需求

徐女士原本一直以事业和家庭为中心，几乎每天过着两点一线的生活，节奏规律、内容简单。因为徐女士性格内向且话少，很少社交，也没有其他的社会活动，和邻里的关系淡薄。她仅有的几个老朋友都生活在其他城市，偶尔通过电话交流。丈夫在世时，她平常还能和丈夫谈心，但在丈夫突然走后，她面对着空荡荡的家，更加觉得孤独。

4. 生计与就业需求

徐女士在工作中一直兢兢业业，然而这次突发事故让她的身体大不如从前，尤其还落下了残疾。她觉得自己很丢脸，甚至因为积压已久的负面情绪而变得十分消极。但是辞职后的徐女士面临着如下几个问题：首先，辞职后的生活让徐女士无法适应现状，生活节奏被打乱。社会工作者通过个案访谈发现徐女士仍然有就业的意愿，存在寻找新工作的需求，然而徐女士缺乏就业信息和渠道，自身职业技能缺乏。她在住院治疗期间花费较大，这次事故也留下了后遗症，需要终身服药，因此她还需要更多的收入以支撑这笔花销。

（二）理论基础

1. 社会支持理论

社会支持系统是一个复杂的多维体系，包括主体、客体和介体。主体是包括正式和非正式的各种社会关系网络，客体是社会上所有需要帮助的个体和群体，介体是联结社会支持主体和客体的纽带和桥梁，如物质、行为、情感支持等。社会支持理论认为社会支持包括：物质帮助，如提供金钱、实物等有形帮助；行为支持，如分担劳动等；亲密的互动，如倾听，表示尊重、关怀、理解等形式[①]。该理论也强调社会支持是意识到的或实际社区、社会网络和亲密伙伴提供的工具性或表达性支持，可以从个人网络、志愿链接、相互援助、邻里援助、社区援助的角度挖掘服务对象的资源，帮助弱势群体搭建社会支持网络以拓宽服务对象的交往范围。社会工作者整合各类资源，通过直接或间接的方式对服务对象进行干预，促进服务对象的改变。社会支持分为物质性支持和精神性支持。物质支持包括金钱、物品、技能培训等；精神支持包括对服务对象的感受与情绪的理解以及对服务对象开展的心理疏导。

对于徐女士来说，提供社会支持是非常必要的，社会支持网络的构建是丧偶妇女尽快解决生活适应问题的有效方式。徐女士原有的社会支持网络薄弱以及突发事故后的断裂带来了她目前遭遇的种种困境。此时重建社会支持网络，链接社会资源，可以充分满足徐女士的需求，并有效分散其注意力，让她能够尽快适应新的生活，并从周围环境中汲取勇气与力量，改变之前消极、悲观的生活态度，重新找回生活的价值感和意义感。

2. 增能理论

增能是激发服务对象的潜能，提高他们适应生活和改变现状的能力。社会工作者通过直接和间接的介入，帮助个体或群体提高自身的、与他人之间的、与社会之间的沟通和协调能力，从而达到改善他们自身生存状态的目的。对个体或群体赋予更多的权限和能力能够让个体之间进行有效的互动，体现积极向上的自我，为个人或者群体的需求提供有效的帮助。在该理论的指导下，社会工作者通过对服务对象存在的问题进行分析和总结，激发服务对象的潜能，增强服务对象解决问题的内在能力以及对自己生活的控制能力，继而达到其自助的目的。

在本案例中，社会工作者通过挖掘徐女士的个人人际交往能力，鼓励其建立有效的社会支持网络，消解她的孤独感和其他不良情绪。此外，社会工作者也致力于徐女士的能力提升，为徐女士提供就业指导和技能培训的机会，发掘徐女士的潜能，促使徐女士了解自己的优势和专长，链接就业资源，帮助徐女士就业，推动徐女士的个人成长和就业发展。除工作外，社会工作者也通过赋能的方式帮助徐女士增强自身的权能感，消除对自身和环境的消极印象，让其能够依靠自己的力量应对未来可

---

① 周林刚，冯建华.社会支持理论——一个文献的回顾[J].广西师范学院学报，2005(3)：11－14，20.

能发生的意外事故，增强对其对自己生活的控制感。

（三）介入目标

1. 总目标

运用社会支持理论和增能理论，以个案工作的方法介入，疏导服务对象的情绪，为其提供哀伤辅导。同时挖掘服务对象自身的潜能，探索解决服务对象生活适应问题的方法，帮助服务对象树立积极的生活态度、重拾自我，走出心理悲伤低谷，建立社会支持网络，重新找回生命的意义感和价值感。

2. 具体目标

（1）对徐女士进行哀伤辅导，处理其情绪问题，缓解由此造成的生理不适。通过疏导徐女士的情绪问题，缓解其失眠的症状。

（2）增强徐女士的家庭联系与亲子关系，拓展其社会支持网络，建立稳固健康的社会支持系统。以多种形式帮助徐女士拓展社交圈，丰富她的社会生活。

（3）挖掘服务对象的潜能，重塑自我认知。链接社会资源，协助徐女士参加就业技能培训，帮助其找到一份新工作。

（四）服务计划

首先，运用哀伤辅导的技巧，鼓励徐女士进行负面情绪的释放，提升其重新开始正常生活的能力。同时通过心理疏导缓解她的心理问题，强化其自我认同，帮助其树立正确的自我价值判断以及参与社会生活和就业的自信心。其次，帮助徐女士增强与儿子之间的联系，让他了解母亲当前的心理状况并尽可能地提供情感支持。通过鼓励徐女士参与各种活动，促使她和周围的人进行互动，扩展社会交际圈，提高其人际交往能力，建立有效的社会支持网络。邀请徐女士参加妇联举办的兴趣小组，分散其注意力，提高其生活幸福感，提升其应对困境的信心、抗逆力和解决能力。最后，社会工作者也将链接资源让徐女士参加就业技能培训，提升其个人能力，帮助其更好地实现再就业，解决生计与就业问题。

（五）干预过程

1. 第一阶段：接案与建立专业关系

社会工作者在社区妇女主任的带领下来到服务对象徐女士的家中，正式接案并与其建立服务关系。首先，社会工作者向其介绍身份及此次个案介入的服务目的和基本工作原则，通过收集徐女士的相关资料并进行整理分析后，界定服务对象存在的问题。在与她沟通协商后明确服务目标和具体介入计划，该过程也充分体现服务对象的自主性，最终的服务方案制定是由社会工作者和徐女士共同完成的。

2. 第二阶段：哀伤辅导，重建生活希望

社会工作者首先对徐女士进行了哀伤辅导，主要通过“空椅子”疗法和仪式活动帮助徐女士接受丈夫离世以及自己已经落下残疾的事实。之后，社会工作者对徐女士采取直接介入的方式开展正式访谈，运用专注、倾听、同感的技巧，增强服务对象的信任感，引导服务对象释放不良情绪。在徐女士倾诉的过程中，社会工作者采取询问的方式，尽可能地让徐女士多表达自己，并在交流过程中发现徐女士的特长和爱好。在徐女士诉说失眠的苦恼时，社会工作者也主动为其提供了一些助眠小方法，以期改善徐女士的睡眠。同时，社会工作者也使用同理心和尊重的沟通技巧，帮助服务对象恢复原有的健康生活方式，重新找回生命的价值感与意义感。

3. 第三阶段：链接资源，拓展支持网络

首先，徐女士一直渴望与儿子多些交流，但又害怕打扰对方的工作，很多话憋在心中无法表达。社会工作者便主动联系她的儿子，经过几次线上沟通，徐女士的儿子意识到自己之前对母亲的疏忽，心中感到愧疚且希望能尽可能多地弥补对母亲关心的欠缺。在社会工作者的引导下，他开始提高每周和母亲聊天的频率，包括微信、电话、视频等方式。并且他也尽量在闲暇时间回家看望母亲，并陪母亲外出散步、逛街等。其次，社会工作者也在尊重徐女士意见的基础上，积极为其链接社区资源，增强其参与社交的意识。社会工作者从徐女士的儿子口中得知她年轻时学过舞蹈，为此邀请她加入妇联舞蹈兴趣小组，拓展其社交网络，丰富她的社会生活，增加她结交朋友的机会。徐女士本身便具备较好的学习能力和接受能力，愿意学习新事物。她在社会工作者的帮助下开通短视频平台的账号，即兴分享自己做的家常菜以及在舞蹈队跳舞的视频。这大大提升了徐女士的人生意义感与价值感，也分散了她的注意力，有利于她尽快走出悲伤，并与周围环境建立新的联系。

4. 第四阶段：挖掘潜能，重塑自我认知

在社会工作者的鼓励、支持与引导下，徐女士渐渐意识到自己身上的潜能以及生活的价值与意义，无形中也增强了对自身的认同感，建立起积极的生活态度。由于徐女士还未到退休年龄，她仍具有工作能力且自身有意愿再就业，社会工作者便在了解其本人对新工作的需求以及对她的综合能力进行评估后，安排其参加了社区组织的就业技能培训，从而提升其就业能力。社会工作者还通过妇联的平台为其对接所在工会，之后由工会安排就业援助员和职业指导师进行跟踪对接，通过协助办理求职登记、指导完善简历、提供就业信息、推荐岗位等，徐女士最后成为一家民营企业的兼职会计，可以在家里上班，适合她目前的身体状况。拥有新工作的徐女士渐渐走出昔日的悲伤，不仅母子间的关系有所改善，她也得到短视频平台上与她有着相似经历的粉丝的回应和鼓励，日子终于逐渐回到正轨。

（六）成效评估

1. 恢复身心健康，重拾积极乐观

在帮助徐女士梳理和回忆介入过程之后，社会工作者请她从自己的生活习惯、心情等方面着重谈谈自身的感受。徐女士表示自己按照社会工作者教授的方法那样做后，睡眠情况得到了有效改善，情绪也更加稳定。不仅胃口逐渐变好，饮食规律后体重也慢慢回升到之前的健康状态。她的性格也变得更加乐观开朗，除工作外，开始有了闲暇生活，比如会参加一些舞蹈兴趣小组等。这样既帮助她打发了时间，也让她能结交到更多志同道合的朋友。好的心情也同时促进了她的睡眠状况，身心健康状况都得到了改善。社会工作者在个案介入前后都请徐女士填写了“抑郁自评量表 SDS”“焦虑自评量表 SAS”和“社会支持量表”。通过前后测试结果对比可以看出，个案服务的介入效果比较明显，徐女士的抑郁和焦虑状况得到缓解，社会支持情况得到明显改善。本次个案服务对服务对象情绪、心情方面的改变效果最为明显，从评估结果和效果来看，个案介入的阶段目标已达成。

2. 增强亲子关系，重建社会支持网络

在社会工作者的帮助下，徐女士开始学会熟练地使用视频聊天，能够自己操作与儿子和朋友的视频对话。她的儿子也经常关心她的心理动态，这让她感觉到欣慰和温暖，也深切体会到并不是丧偶之后就孤苦无依，被世界所抛弃。儿子的爱与期待，给了徐女士强大的精神动力。除亲子关系有所改善外，徐女士和邻居也加强了来往，她在社区内认识了很多新朋友，通过妇联舞蹈小组不仅培养了自己的兴趣爱好，也收获了很多友谊，认识了很多跟她处境相同的人。徐女士在短视频平台上也发展了新的爱好。她积极地和“粉丝”分享自己的生活，并经常和“粉丝”们互动，从中收获了别样的支持和鼓励，这进一步增强了她的社会支持网络。

3. 减轻经济负担，提升就业能力

在社会工作者的帮助下，徐女士找到了适合自己的新工作。这份工作的强度较低且健康风险较小，和她当前的健康状况相匹配。并且这是徐女士自身喜欢和擅长的工作，因此也提升了她的就业热情和积极性。徐女士通过参加职业技能培训，其工作效率和就业能力也得到了一定的提升。她的就业收入也能够支持自身的药物支出和生活支出，减轻了自身的经济负担。有了稳定的生活来源，徐女士恢复了丧偶前正常的生活水平。

4. 发挥潜能，重拾生命意义

社会工作者以鼓励、肯定的态度帮助徐女士发掘了自身的潜能，让她感受到了自己的优势，在此过程中重拾了生命意义。徐女士不再认为自己是一个毫无价值和意义的人。她在兼职会计的工作中找到了自我价值感和生活的归属感，充分达到了自我实现的目标，收获了满满的成就感。通过与短视频平台上有相似经历粉丝的互动，徐女士提升了自我价值，发挥了个人优势，并且改变了她原本对自己的认知。在短视频平台的互动过程中，徐女士还能够主动发挥自身价值的带动作用。她会通过分享自己的经历来帮助和自己一样曾陷入困境的人，给予他们安慰、鼓励和支持等，充分实现“助人自助”，也体现出本次服务的介入成效。

三、社会工作反思与服务点评

（一）妇女社会工作介入丧偶中年妇女个案的必要性

首先，妇女社会工作介入丧偶中年妇女个案时有利于为服务对象提供个别化的服务。社会工作者会根据服务对象的性格特点和其遇到的实际问题为其制定更有利于解决问题的服务计划和服务方案。其次，传统妇联工作与社会工作的融合有利于保证服务对象的隐私，因而更容易建立专业信任关系。在实际开展个案工作中，女性案主有很多涉及隐私的话题，不愿意被外人知晓。而在社会工作的专业服务伦理中有保密要求，由此容易得到案主的信任。最后，社会工作的加入有利于提升对个人福祉的追求，超越传统工作中仅仅对事务性工作的解决。对于案主而言，社会工作提供的服务不仅可以帮助其满足需求、解决问题，更有利于提升其个人能力，挖掘潜力和优势，从而让服务对象自己能够有应对困境的能力。即便有时受到客观条件的限制，服务成效并不能完全和目标对应，但在整个服务过程中，服务对象的综合能力提升可以达到事半功倍的效果。

（二）女性主义视角下社会工作实践的特点

在当前社会文化的语境中，女性相较于男性更容易在社会地位和经济状况中处于弱势地位，且女性自身在情感承受方面也有一定的脆弱性，因而大多遭遇困境的女性首先会因为情绪崩溃而影响生活。丈夫丧亡则更容易将女性推入弱势范围，且使她们容易受到更多的忽视和歧视。这些女性在丧偶以后需要面临心理、精神和生活适应等方面的多重适应性问题，仅凭借其个人的力量难以走出困境，需要得到来自其周围生活环境的关注和支持。女性主义视角下的社会工作实践存在以下几个特点：首先是社会工作灵活的服务方式在实务过程中有利于解决服务对象的问题。社会工作者可以充分运用心理学、社会性别理论等，支持妇女自我增能，促进妇女的身心健康，使丧偶妇女可以在生活上、精神上、情感上以及经济上获得支持。其次是社会工作可以充分发挥链接者的作用，增强女性案主的社会融入感。社会工作者将利用社区平台为妇女的能力建设创造积极的环境，通过丰富妇女的娱乐生活增强其周围环境的社会支持。

（三）本案例的经验与不足

在本案例中，社会工作开展丧偶女性介入服务的经验主要包括以下两点：一是社会工作者在实务中重视案主的特性，能够在与案主全面沟通的基础上，从多维度分析案主社会适应能力缺乏的具体成因，结合案主的突出问题，发掘案主的自身潜力，为案主制定最为契合其个人特质的服务方案。二是社会工作者在实务中重视对社会支持的增强。从本案例的实务中可以发现，丧偶中年妇女获得的社会支持严重不足，直接影响其社会适应能力的提升和恢复。因而本案例中的社会工作者在科学分析案主现状需求的基础上，为案主充分链接多种社会资源，在案主周围搭建起涵盖多因素、多领域的社会支持网络，帮助其解决所面临的突出问题，重建案主生活的信心。尽管本案例取得了一定成效，但依然存在不足。社会工作介入丧偶中年妇女个案时还需要进一步扩大对整个丧偶女性群体的关注。长期以来，社会大众对于该群体的关注尚显不足。从国家政策角度出发，目前对于老人、儿童、残障人士等群体的政策帮扶较多，与丧偶妇女相关的政策较少。为了更好地帮助城市中年丧偶妇女适应丧偶后的生活，社会工作者应通过社会工作充分发挥宏观职能，倡导建立相应的社会支持体系，如有针对性地开展针对丧偶失业女性的职业技术培训，增加就业岗位，加强对女性在报酬、职业健康和福利方面的保障。同时，社会工作者也应呼吁社会大众对她们的重视与关怀，在服务方案中突出性别因素，强调个体价值与社会价值的统一。

第二节　家庭与工作的天平——女性角色困境

习近平总书记在庆祝中国共产党成立100周年大会上的重要讲话中提到要团结引领广大妇女为实现第二个百年奋斗目标、夺取新时代中国特色社会主义伟大胜利贡献巾帼力量。由此可见女性在人民创造历史的伟大奋斗中将发挥更大的作用。然而在历史发展的长河中，女性更多地被赋予家庭角色，常常被排除在劳动力市场之外。这不仅是由自然界赋予女性的特殊生理结构所带来的，更与男权社会下女性缺乏话语权、处于被支配地位的文化背景息息相关。“男主外、女主内”的背后体现出的正是传统文化中两性在劳动分工中既定的分配方式，即男性更多承担家庭收入的职能，而女性则需要负责家务、育儿、孝顺双亲等一系列繁杂的家庭琐事。伴随着社会现代化进程，女性和男性一样进入劳动市场。几乎大多数女性在步入职场时都会被问及如何平衡家庭与工作，这已然成为当代社会女性的群体性角色困境。“母职焦虑”“丧偶式育儿”等热频词的出现引发了社会对该现象的关注与热议，同时也为新时代妇女社会工作的专业服务领域指明了方向。

近些年来，社会工作事业随着我国经济的快速发展也在逐步壮大。社会工作专业领域对所服务群体的划分也愈加详细，妇女社会工作是社会工作的一个分支领域。由于女性在家庭中时常承担着更多职能，因而理解女性的境遇、肯定女性的隐性付出以及缓解女性目前面临的困境对家庭的稳定和社会的长远发展都有非常重要的意义。妇联与社会工作融合之下的新型妇女社会工作服务将使更多女性获益，它将同时结合微观与宏观视角，既从陷入困境的女性案主的个体层面出发满足其需求，同时也将发挥社会工作的宏观职能，旨在为更多女性进行集体赋权，呼吁性别平等意识，为保护她们的权益、促进女性的全面发展而奋斗。

一、案例介绍

案主陈红(化名)本是名校出身，学历高且能吃苦耐劳，硕士研究生刚毕业就找到了一份令很多人羡慕的工作，晋升速度快，前途无量。直到她有了两个孩子，在丈夫的再三劝说下，她不得已放弃自己的工作，成了一名全职太太。直到儿子上小学、女儿上幼儿园，她才重返工作岗位，但无论是薪资待遇还是她自身的工作状态都大不如前。她的丈夫在外企工作，收入不低，但时常需要加班、应酬和出差，无暇顾及家庭。陈红重新返回工作岗位后，很快便意识到自己同时承担着两份工作，需要在多重角色之间来回切换。譬如她在工作之余仍需接送两个孩子，平常买菜、做饭和打扫擦洗等家务活也是由她承担。她每天都很忙碌，时常觉得自己被生活压得喘不过气来。每当她被家务弄得手忙脚乱时，丈夫总是不在她的身边，不仅不能帮她的忙，甚至还经常在深夜回家时喝得烂醉如泥。她试图让双方的老人过来帮忙，但婆婆以身体不好为由拒绝来带孩子，而她的母亲尚未退休。她只得向丈夫提议请一个钟点工帮她分担家务，但遭到丈夫的拒绝，理由是不习惯家中有陌生人，并且认为外人对孩子以及家庭的安全而言具有风险性。陈红为此十分苦恼和沮丧，每日都无精打采。这种状态蔓延到工作中，导致她近期出现了一次较大的工作失误，不仅被领导痛骂，还面临被裁员的危机。这些生活中的不顺心让她无人倾诉，原本的几个朋友在她做全职太太后都渐渐疏远，整日埋头做家务的她几乎没什么朋友。长此以往，负面情绪堆积也让她的心态甚至性格都发生了转变，她对待孩子和丈夫的耐心逐渐变少，并且时常与丈夫发生争吵。最近一次，她因为下班晚，没有按时去接女儿，导致女儿淋雨发烧，夫妻俩在医院里大吵了一架，甚至在情绪激动时提及离婚。陈红觉得身心俱疲，生活态度也越来越消极。机缘巧合下，某次妇联在社区做主题宣传活动，她便主动向社会工作者求助，社会工作者在了解她的情况后及时接案并着手介入服务。

二、社会工作介入的过程

（一）需求分析

1. 心理需求

陈红目前正承受着多重心理压力。一是陈红在妻子、母亲、职员等几个社会角色之间切换，已经力不从心。所有的事情如同大山一样悉数压在她的身上，而她无从选择，只能被生活强推着向前走，她几乎没有时间停下来喘息。二是陈红感受不到来自周围环境的支持，尤其是这种“丧偶式育儿”让她对丈夫产生了更多消极情绪,这种心理也影响了她对婚姻乃至生活的评价。丈夫将她的辛苦当作理所当然,也从不会站在她的角度思考问题,甚至拒绝了她提出的改良方案,对她漠不关心。在接连的夫妻争吵后,陈红不得不开始考虑离婚给她的生活带来的改变,在母职焦虑之余也陷入了对婚姻以及未来生活的焦虑。三是陈红自身对当前的生活也不满意,产生了低自我效能感以及低生命意义感,存在理想与现实之间的巨大落差,且认为自己是个无能者,无论是家庭还是工作都做不好。这也是其目前迫切需要改变心理状态的原因。

2. 工作与自我实现需求

陈红学历高,在做全职太太之前也是职场里的女精英。比起普通女性,她的事业心以及对自我实现的要求更高。在接连生育两个孩子之后,她的事业心有所减弱,尤其在丈夫的劝哄下,她一时脑热决定回归家庭,暂时放弃了事业。然而社会变迁的加速使得劳动市场的竞争日益激烈,女性天然的劣势更是降低其竞争力。暂停几年工作的陈红,其精力、能力、脑力等都无法与年轻人相比,何况她还需要同时兼顾母职。社会工作者从访谈中能明显感受到陈红的悔恨、不甘与自怨自艾。她觉得自己还年轻,仍有去职场打拼一番的勇气和决心,只要有人能帮助她分担家庭的重担,她依然有意愿去做一名合格的职场女性。

3. 社会交往需求

陈红的朋友比较少,原因有多方面:陈红是从外地嫁到浙江来的,原先的同学和好友也不在这边。工作后,她是一个彻底的工作狂,只注重工作效率,在与人沟通和交往方面存在缺陷,因而工作伙伴要远远多于真心好友。在陈红辞去工作并成为一名家庭主妇后,她的生活圈和社交圈都迅速缩小,每天都埋头于家庭琐事,更没有时间和朋友联络,以致现在她重回职场,这些来自家庭、工作的烦心事她都无人诉说,也无法获得来自朋辈的支持。唯一可以听她倾诉的丈夫却完全无法理解她的苦恼,甚至只会抱怨和训斥她,两人的矛盾也逐渐升级。她的两个孩子年纪尚幼,且性格较顽劣,不能完全体会陈红的辛苦。因此,陈红摆脱困境的一条重要途径便是重建其社会支持网络,增强社会支持。

4. 增强权能感,为陷入困境的女性发声

在访谈中,社会工作者发现陈红屡次提及她对于当前社会背景下关于女性困境的诸多思考,这源于她本身的学历背景、要强的个性等。这不仅仅是案主本人的需求，同时对于妇联以及妇女社会工作而言，也是重要的宏观职能，即帮助困境中的女性发声，呼吁社会关注两性平等并切实保障女性的权益。

（二）理论基础

1. 优势视角

优势视角是社会工作专业领域的一种基本理念和实践模式，由萨利贝明确提出[①]，并被广泛运用于不同的人群和各种社会工作实务领域中。该理论关注服务对象自身的优势和能力，赋权、抗逆力、成员资格、对话与合作等是其基本信念[②]。同时该视角也坚信个人、团体、家庭和社区都有其特定的优势（财富、能力、资源、智慧、知识等）。这些优势可能已经被发现或实现，也可能未被发掘或利用。在优势视角指导下的实践中，社会工作者需要发现、寻求、探索及利用案主的优势和资源，协助他们达到自己的目标，实现他们的梦想，并面对他们生命中的挫折和不幸，抗拒社会主流的控制。这一视角强调人类精神的内在智慧，即使是最可怜的、被社会遗弃的人都具有内在的转变能力。立足于服务对象的优势与资源，以服务对象有什么为出发点，推动能力建设，协助服务对象发掘并发展自身的潜能、依靠自身力量摆脱困境以实现自助，这是优势视角下社会工作的实务原则。

在本案例中，社会工作者通过对案主陈红存在的问题及其表达的需求进行评估，并没有让其被动接受自己的服务和安排，而是主动邀请其参与服务目标以及计划的制定。在此过程中，社会工作者充分激发陈红的潜能，增强其解决问题的能力，继而达到自助的目的。譬如陈红较好的学历背景以及早期工作中的出色能力和业绩，都是其重新回归职场的基础与资本，也足以证明其自身具有的能力与潜质。同时，陈红多年来一直在多重身份中切换，也佐证了她吃苦耐劳、勤奋能干的优秀品质与高效率。社会工作者对陈红的优势与能力进行了充分的肯定和认同，并鼓励她利用自身的优势去解决眼前的困难，变被动为主动。社会工作者将从旁协助，做一名辅助者，主导者仍是陈红自己。

2. 赋权理论

“赋权”是西方现代社会工作理论和实践中的一个重要概念和工作方式，总体上

---

① 郭伟和，徐明心.从抗逆力到抵抗：重建西方社会工作实务中的优势视角[J].思想战线，2013，39(5)：105－110.

② 张和清，杨锡聪，古学斌.优势视角下的农村社会工作——以能力建设和资产建立为核心的农村社会工作实践模式[J].社会学研究，2008(6)：174－193，246.

可以理解为增加个体、群体或社区的权力。“权力”是个体或群体所拥有的能力，包括获得所需要东西的能力，影响他人思考、感受、行动或信念的能力以及在诸如家庭、组织、社区或社会等社会系统中分配的能力。赋权取向的社会工作认为个人或群体拥有的权力是变化和发展的，无权或弱权的地位状况通过努力便可以改变。个人、家庭和社区可以在社会工作者的引导下，积极参与决策和行动来改变他们的不利处境，通过提升权力和能力使整个社会的权力结构更趋向于公正①。

从赋权视角看，当前陈红已经出现了低权能感。具体表现在以下两个方面：一方面是对家庭与工作无法平衡所引发的焦虑和无力，她在访谈中反复对社会工作者说“我现在就是个废人”和“我什么都做不好”。在家庭事务中，她无法再拥有足够的时间和耐心去教育孩子以及面对丈夫的抱怨，因而在家人眼中的她开始变得“凶巴巴”和“不可理喻”等。而在工作中，她也因为繁重的家务活引发的体力不支，以及辞职几年后脑力和效率的降低导致频频失误，接连受到上司的责骂、同事的嘲笑，她自己内心增加了自责、不甘和懊恼。尤其这两者之间也会互相影响，譬如陈红因为加班没有按时接女儿，间接导致女儿淋雨发烧，最终引发夫妻争吵，如此形成了恶性循环。另一方面，陈红对自己的生活极不满意，她很清楚这不是她想要的生活。在经历了几年全职太太的生活后，她更加明确自己想要的是什么。对目前的这个自己，她觉得失望透顶且黯淡无光。针对以上问题，社会工作者将从赋权的角度出发，通过去问题化，将关注点聚焦在陈红的自我发展意识与能力的提升和培育上，充分促使其潜力的发挥，从根源上增强权能感。

（三）介入目标

1. 总目标

妇联社会工作通过两个月的介入，试图帮助案主陈红缓解当前的情绪问题和心理压力，同时修复其家庭关系，让她的丈夫能够充分理解其目前所处的困境，寻求新的方案以分担陈红的家庭重担，并帮助陈红重建其社交网络，以增强社会支持。在赋权视角下，社会工作者将鼓励陈红参加能力提升小组，并邀请其参与工会和妇联开设的兴趣爱好班，丰富其的生活，提高其生命意义感。最终，社会工作者也将以陈红的案例为基础，联合社区社会工作者、企业社会工作者等开展多项关于现代女性

① 陈树强.增权：社会工作理论与实践的新视角[J].社会学研究，2003(5)：70－83.

困境的主题宣传活动，让更多的人关注女性困境与权益保障，尤其促使男性群体对女性群体更多一些理解、关爱与支持。

2. 具体目标

（1）为陈红提供情绪疏导，教授其控制和调节情绪的技巧，帮助其宣泄负面情绪，倾诉自己内心的想法。

（2）为陈红夫妇进行家庭治疗，尤其促使陈红的丈夫认识到妻子目前面临的困境，共同商讨缓解陈红家务重担的方案，修复其夫妻关系。同时通过联合企业社会工作者开展团建活动，以及借助工会、妇联等平台，邀请陈红参加兴趣小组、交友活动等，拓展她的朋友圈，为其建构社会支持网络。

（3）邀请陈红参加职业能力提升班，提高其个人能力，增强其权能感。

（4）发起社会倡导与呼吁，为处于困境中的新时代女性发声，保障女性权益、提升女性福祉。

（四）服务计划

在接到陈红的求助信息之后，妇联便根据陈红的实际情况派社会工作者对其当下面临的困境和需求进行综合评估，之后邀请陈红一同参与服务目标与计划的制定。在优势视角理论和赋权理论的指导下，社会工作者通过两个月的个案干预、交友小组、能力提升小组、社区倡导等多种方式帮助陈红解决问题并满足其需求，最终促使其境遇得以改变，并提高其人生的意义感与价值感。

（五）干预过程

1. 第一阶段：心理疏导，建立关系

社会工作者在与案主陈红初步接触时，首先判断出案主主动来寻求帮助易于建立良好的专业关系，也能看出案主本身具有强烈的期望改变的意愿，因此最终选择以优势视角和赋权理论作为指导。在起初的几次访谈中，社会工作者发现陈红目前的情绪状态低落，且有明显的无力感。无论对自己、家庭、工作还是她全部的生活环境皆持否定态度。她的问题也较为复杂和综合，但根源都来自女性在家庭与职场中难以获得完美平衡的现实。且在案主陈红的陈述过程中，社会工作者发现她时常陷入自己片段式的回忆，也时常被自己的沮丧、焦虑等负面情绪打断。因此社会工作者充分给予她倾诉和宣泄的安全环境，帮助其缓和情绪状态。在访谈的最后，社会工作者也将控制与调节情绪的技巧教给陈红。在双方建立信任关系后，社会工作者协助陈红理清思路，明确自己眼下最紧迫的问题与内心诉求，并邀请陈红一同制定后续的服务目标与计划。

2. 第二阶段：家庭治疗，修复夫妻关系

陈红的丈夫是陈红最大的心结，他平常忙于工作，对家庭漠不关心。尤其对于妻子的付出，他认为是理所当然的，没有予以肯定，只会一味地抱怨，从自己的角度思考问题。所幸，陈红夫妇二人对挽救他们的婚姻都有强烈的意愿，因而也积极配合社会工作者的介入方案。社会工作者首先与陈红的丈夫进行了几次会谈，从会谈中得知他的确有浓烈的男权思想，认为女性就应该多承担家务事。对于这样的非理性观念，社会工作者也运用认知行为治疗帮助其认识到自己固有观念中的非理性部分，这也恰恰是他们夫妻关系频频出现问题的症结所在。在该疗法的帮助下，陈红的丈夫逐渐认识到自己的错误观念。之后，社会工作者又通过角色扮演的方式，让陈红的丈夫完整复制陈红的一天，让他充分体会到在职场与家庭之间来回切换角色的艰辛与困难。最后，社会工作者通过夫妻双方的联合会谈帮助两人平静、理性地进行对话和自我袒露，增进了夫妻之间的信任和了解。在社会工作者的协助下，陈红夫妇决定请钟点工每晚到家里做饭，以缓解陈红的家务压力。

3. 第三阶段：重建社会网络，拓宽朋友圈

陈红在做全职太太之前朋友就相对较少，完全居家后生活圈进一步缩小。她本人也非常羡慕那些有姐妹一起逛街、喝下午茶和聊天八卦的人，所以也希望社会工作者能帮其搭建交友平台。社会工作者首先与陈红所在公司的企业社会工作者取得联系，并帮助陈红积极报名参加公司团建活动。此外，社会工作者也通过工会和妇联平台为陈红寻找交友机会并提供报名信息。为进一步提升陈红的社交技巧与能力，社会工作者也邀请其加入中年职场女性支持小组，不仅帮她拓宽了朋友圈，也让她结识到更多与她有相同境遇的人。她们惺惺相惜并产生了共鸣，这也是治愈心灵的过程。

4. 第四阶段：女性赋能，社会倡导

社会工作者在对陈红开展介入时，发现其有强烈的提升个人能力的意愿。为此，社会工作者也为其链接了不少能力提升的培训班，除此之外也包括一些兴趣特长课程以提供有针对性的学习机会，借此提升陈红的综合能力，并丰富其闲暇生活。这让她的世界里不再只有工作和家务两件事，而是可以花更多时间关注自身的感受

与发展。在提升个人能力的过程中，陈红的工作效率也得到了提高，由此提升了她的个人效能感，也促进其心态的转变。针对陈红关于向社会发起呼吁以促进两性平等、缓解女性困境的需求，社会工作者也通过工会、妇联、社工站、社区等多元主体的合作，开展了多项围绕女性困境的主题活动，引发社会公众对当前女性在家庭与职场中难以平衡的议题的探讨。社会工作者也以此案例为基础，撰写相关政策建议和宣传文章以呼吁社会公众对女性的理解和支持。

（六）成效评估

1. 缓和情绪，促进心态转变

社会工作者通过与案主陈红的前几次交谈，注意到案主此时的情绪是处于极度低落的，于是在接下来的沟通之中，着重引导案主说出自己在工作中的不顺以及与丈夫之间存在的家庭矛盾，缓解案主的情绪。在案主发泄完自己的负面情绪之后，社会工作者充分为其注入希望，双方建立了信任合作关系。社会工作者针对案主当前遇到的问题，协助其进行优先次序排列，并与案主一起制定了后续的服务计划。

2. 促进家庭关系改善，增强社会支持

社会工作者发现案主陈红的家庭矛盾主要源于案主和丈夫之间在家庭责任上的认识存在分歧。丈夫认为妻子陈红可以兼顾好工作和照顾家庭，认为家务活本就应该由陈红负责，并且不需要请钟点工来帮助妻子分担家务。而陈红明显无法在多重角色之间完美切换，并且认为家务事不应该仅仅是自己的责任。于是社会工作者在夫妻双方都有改变意愿的前提下，为双方制定了生活互换计划。丈夫在扮演了一天的妻子角色之后深刻感受到妻子的不容易，开始转变自己曾经的非理性认知，并且能够设身处地地去为妻子着想。他的改变使陈红也获得了和丈夫平等、理性交流的机会。夫妻二人之间增进了沟通与信任，由此促进了陈红家庭关系的改善，并增强了来自家庭的支持。从社会支撑层面出发，社会工作者通过开展各项活动，邀请陈红加入同质群体的支持小组中，并结交活动成员进行互动，由此扩展了陈红的社会交际圈。在该过程中，有相似经历的成员间互相分享和鼓励，消解了个体成员在生活中遇到的困难、孤独感和其他不良情绪。陈红也使自己的人际交往能力得到提高，这有利于为其建立有效的社会支持网络。

3. 提升案主个人能力，达成社会目标

社会工作者为案主陈红联系到了职业技能培训机会，增强其就业能力，激发陈红个体的潜能,降低其重回职场后所面临的不适感,增强其对新工作的信心和积极性。陈红能更好地适应新环境,大大增强了面对生活的自信心。同时,社会工作者对于陈红的能力提升的影响范围不仅仅是参加妇女服务项目的个体成员本身,妇女能力的成效包括对整个城镇、社区和家庭的影响,涉及妇女就业指导和就业发展、社会环境、社会关系、组织化程度、妇女个体的主体性意识等深层次领域,为妇女社会工作提升妇女能力提供了一定的启发和参考,也充分响应了中国妇女第五次全国代表大会上提出的"自尊、自爱、自重、自强"的号召,倡导妇女群体在社会经济快速发展的状况下充分发挥自己的价值,实现了社会工作的社会目标。

三、社会工作反思与服务点评

(一) 开展妇女社会工作对于当前女性困境介入的必要性

社会工作者通过妇女服务项目帮助女性案主实现了家庭经济收入增长、个人生活技能提高和陶冶个人情操,整个服务过程也是社会工作专业价值的体现。首先,妇女社会工作有利于对女性案主的潜在能力进行挖掘和争取。案主陈红本身的学历为硕士研究生,因此对自我的要求也比较高。她全职在家的这几年使得她与社会脱节,导致在刚恢复工作的时候出现失误,让她开始质疑自身的能力。因此,社会工作者在与案主进行沟通交流的时候先肯定了其原先就具备的能力,促使其潜能的发挥,由此提升了案主的自我认同。其次,妇女社会工作有利于增强服务对象的主体能动性,提升其社会参与意识与能力,继而延长服务效果的持续性。案主陈红在重新踏入职场后由于缺乏相应的社会经历而导致工作上出现疏忽,因此产生了无力感,对案主技能方面的培训和生活方面的培训是一个动态的增能赋权的过程,能够改善其无力感和处于边缘化的社会地位,增强服务对象的主体能动性,内在原动力的激发也有利于延长服务效果,提升案主未来应对同类困境时的能力。最后,妇女社会工作有利于实现理论与实践的双向循环。社会工作将专业理论融入传统行政性妇女工作,这有利于指导和升华实践。例如,社会工作者将社会工作专业理论融入案主陈红的实际需要当中,增强了案主的自身能力,使案主能更好地重新进入社会。同时,妇联与社会工作在实践领域的结合也有利于探索对妇女社会工作的本土化研究,总结和提炼本土化社会工作理论,从而推动社会工作的学科建设。

(二) 社会工作与“母职焦虑”

有研究指出,中国当下出现了母职明显向教育职责倾斜的现象,教育“拼妈”只是一种表象,其背后是新自由主义竞争私向化的逻辑以及家庭为应对教育全球性竞争而对母职进行的重新形塑①。杨可曾在研究中提出,中国城市的母亲业已成为孩子的“教育经纪人”②。这种“母职经纪人化”现象尽管在中国出现时间不久,但已成为一种左右母职实践和认知的“强势规范力量”。教育的母职化和“母职的经纪人化”显然形成了教育对妈妈的单方面依赖。社会工作者在为女性案主提供服务和帮助时,应对该概念保持敏感性,从改变非理性信念入手,强调两性在家庭中的平等地位和职能,呼吁夫妻双方在家庭事务中的共同参与,纠正家庭关系中的性别不平等,充分考量案主可能面临的多重角色困境,尤其是在母职领域中出现的不平衡现象。同时,社会工作者应在设计服务目标和方案时,充分考虑女性自身的赋权和能力提升,将她们从育儿焦虑中解放出来,让她们重新找回自我,实现自我价值。值得思考的是,通过母职实现自我赋权的不仅有自我增加能力型的母亲,也有接受不完美型的母亲,她们都在与孩子交往的过程中增加了自身的资本。涉及两性话题时,社会工作者也应践行宏观层面的目标,以服务个案为基础,利用平台资源扩大社会影响力,力求引起社会的广泛关注,并通过影响相关政策的制定与完善,为弱势群体提供更多的保障。

(三) 本案例的经验与不足

在本案例中,社会工作者通过一段时间的介入达成了最初设定的目标,从其介入过程可总结出以下两点经验:一方面,社会工作者在满足案主基本需求的同时,能够将案主的问题放在家庭系统和整个社会情境中加以审视,寻找其自身问题在家庭和社会层面的根源。社会工作者充分考虑了家庭关系对女性案主的重要支持作用,不在利益分配上忽略案主付出的情感劳动应有的价值以及她在实际生活中遭受的情感耗竭的危机。另一方面,社会工作者充分利用正式与非正式的资源为案主积极建立社会关系网络。案主通过社会工作者举办的多元活动改善了自己与周围环境的互动关系,也增强了其获得物质资源精神支持的能力,增强了面对生活的信心。资源环境的改善也促使案主从边缘化到积极进行社会参与,案主自身对生活的控制

---

① 金一虹,杨笛.教育“拼妈”:“家长主义”的盛行与母职再造[J].南京社会科学,2015(2):61-67.

② 杨可.母职的经纪人化——教育市场化背景下的母职变迁[J].妇女研究论丛,2018(2):79-90.

感和应对困境的抗逆力也得到增强。

然而近年来，两性视角下的家庭、婚姻与教育问题呈现出多样化和复杂化的趋势，单靠传统的应对方法难以进行应对。妇联与社会工作的融合，目前仍处于磨合阶段，社会工作自身的本土化、专业化与职业化等议题也仍在进一步推进中。从本案例中可以发现，妇联与社会工作融合之下的妇女社会工作仍存在框架不明晰、责任主体不明确、专业化与行政化亟待平衡等问题，仍需要理论界与实务界的对话与讨论。

第三节　以爱抗疫——疫情之下女性多维度贫困

2020 年春节前夕，一场突如其来的新型冠状病毒肺炎疫情在全国范围内蔓延。与此同时，贫困也如同一场“无声的危机”使人们面临生理、心理、社会以及经济方面的多重困境，甚至严重阻碍国家的社会经济发展。根据联合国数据，2020 年疫情使 4 700 多万妇女和女孩的生活状况降至贫困线以下，在尚未实现同工同酬的情况下，疫情更是拉大了相同工作收入的性别差异[①]。新冠疫情对女性的影响更大的原因在于对女性就业比例较高的领域的影响和冲击尤为突出，以及学校与托育中心的关闭使得母亲不得不花费更多的时间照顾孩子，最终影响其工作及收入。同时，这种贫困表现出多维度的特征，即不仅仅体现在收入贫困上，还包括基础设施所提供的服务、可获得的社会福利和保障以及对这些福利的主观感受上的贫困。

习近平总书记 2020 年 2 月 23 日在统筹推进新冠肺炎疫情防控和经济社会发展工作部署会议上的讲话中明确提出：“要发挥社会工作的专业优势，支持广大社工、义工和志愿者开展心理疏导、情绪支持、保障支持等服务。”这为社会工作参与新冠疫情防控和后续工作提供了明确的方向指引。实际上，社会工作者不仅在疫情防控、复工复产、疫情防控常态化等各个阶段发挥重要作用，在针对女性视角下的多维度贫困中也将承担责任，具体包括对女性的心理状态、生活就业、社会支持环境等进行修复与重建等。从更宏观的角度出发，社会工作者也应立足专业视角，为广大女

---

① 澎湃新闻.疫论·性别|全球女性贫困：疫情之下的社会并发症[EB/OL].(2021-02-03)[2022-02-03].https://www.thepaper.cn/newsDetail_forward_11083302.

性增能赋权，积极宣传女性的相关政策并提出完善政策法规的建议，进一步切实解决广大女性群体的困境，保障其合法权益。

一、案例介绍

宋女士今年45岁，父亲早逝，家中有患脑卒中后卧床的母亲，其母亲伴有高血压、糖尿病等慢性疾病，日常生活、照护以及医疗开销由她独自承担。她的儿子正在读高中，成绩不好。一年前因为与丈夫关系不和，两人和平离婚，孩子被判给了她。宋女士因为经济负担重，除日常工作外还兼职替几家公司做账。她工作效率高，能力强，但依然觉得身心疲惫。由于宋女士常年忙于工作，疏于照顾和教育儿子，儿子的学习成绩不好，又因为处于叛逆期，母子二人经常发生争吵。某次大吵时，宋女士的母亲因为担心，不慎从床上跌落并造成骨折。这件事彻底压垮了宋女士，没过多久她就大病一场。后来全国暴发新冠疫情，儿子所在的高中延缓开学，改成线上授课。宋女士也居家办公，她与儿子的摩擦越来越多。近期，她甚至发现儿子会在深夜偷跑出去，到第二天上网课的时候也没回来。与此同时，宋女士所在的公司因为疫情而不得不裁员，她很不幸地成为其中之一。由于疫情防控期间她也无法重新找工作，只能靠着以前的关系接一些做账的活儿，但都不稳定，时有时无。一家老小的经济负担都压在了宋女士一人的身上，她每日愁容满面，身心备受煎熬。疫情防控期间，她除了有收入压力外，母亲也无法去医院就医，甚至常吃的药也很难买到。最近家中网络出问题，维修人员迟迟没有上门，儿子的网课也受到影响，她担心时间长了会影响孩子的成绩。疫情防控期间的物资短缺和物价飞涨也让她难以保证营养的摄入，只能将有限的食物给儿子和母亲吃。因而宋女士近期也发现自己的身体出现了很多小毛病。机缘巧合下，她得知妇联有专门针对疫情中陷入困境的女性帮扶项目，便主动联系社会工作者求助。

二、社会工作介入的过程

（一）需求分析

1. 经济与就业需求

宋女士在离婚后需要负担一家人的日常生活所需，其中还包括儿子的教育费用和母亲的医疗费用。疫情使企业的生产经营面临挑战，宋女士被裁员，因此失去了唯一的固定收入来源。她的丈夫也因为疫情下岗，之后便一直推脱说没有钱支付儿子的抚养费，过段时间再补给她，宋女士也无可奈何。尽管她现在还能靠一些兼职勉强度日，但缺乏稳定性，可能随时失去收入。眼下她不仅需要申请临时的失业补助，还需要尽快找到一份合适的新工作，但这在疫情防控期间变得十分艰难。

2. 生理与心理需求

在生理层面，疫情防控期间物资短缺且价格飞涨，失去工作的宋女士因为收入减少不得不缩衣减食，将不多的水果和鱼肉类食品让给母亲和儿子。同时由于她同时兼几份工，不仅要做所有的家务，还需要照顾卧床的母亲，体力消耗较大。在身体入不敷出的情况下，她已经出现了由营养不良、维生素缺乏引发的疾病，危害其身体健康。此外，由于她长期处于焦虑、担心以及和儿子争吵的负面情绪中，这也严重影响了她的内分泌状况以及睡眠质量，更加重了她的压力。因为无法出门散步，也无法和朋友见面，宋女士觉得生活烦闷而枯燥，急需得到开解。

3. 亲子关系需求

宋女士在离婚前就经常与丈夫发生争执，儿子也因为家庭关系不和谐养成了暴躁易怒的性格，甚至在父母离婚后对宋女士产生了敌意与仇恨。也正是在他们离婚后，儿子的成绩出现了较大幅度的波动，这也进一步使母子关系恶化。宋女士的儿子也正处于青春期，本身就需要更多的关心和理解。而宋女士自身因为生活和工作累得团团转，根本无暇顾及儿子的心理，反而觉得对方应该体谅自己的难处。疫情后，宋女士和儿子长期在家中，相处时间变长，母子二人经常因为他的学习成绩与生活习惯争吵，宋女士颇有点恨铁不成钢的意思，她的儿子反而破罐子破摔，将自己的一切问题都归罪于父母的离异以及他们对自己的漠不关心。近期因为儿子出现了逃课、夜不归宿等偏差行为，母子矛盾进一步激化。因而宋女士向社会工作者求助，以期挽救这岌岌可危的母子关系，同时也希望学习一些亲子沟通技巧。

4. 社会支持需求

多维度贫困除收入贫困外，还包括在公共服务、社会福利的获取上存在阻碍。宋女士的母亲常年患有慢性疾病，需要每日服药和定期复查。尤其因某次宋女士与儿子吵架后，母亲摔断了腿，但在那之后进入疫情管控期，她无法及时买到母亲需要的药物，也难以带其去医院复查。家中的网络中断后，影响了儿子上网课，她也无法及时联系维修人员，苦恼而无助。对于宋女士而言，她的生活长期处于工作的压力之下，社会支持网络被削弱，她没有属于自己的闲暇生活，这些也缩小了她的交际圈，降低了其生活的意义感与幸福感。

（二）理论基础

1. 结构家庭治疗理论

结构家庭治疗模式以家庭作为基本的治疗单位，假设家庭的动力和组织方式与个人的问题密切相关。以改变家庭的结构为首要的治疗目标，通过家庭动力和组织方式的改变来解决个人和家庭的问题①。该理论认为，家庭是由不同的成员组成的，每个成员之间相互影响，形成一个组织化的系统。每个家庭都具有一定的结构，这些结构涉及家庭系统中的次系统、系统之间的边界、角色和责任分工以及权力结构等。有四种病态的家庭结构，分别是纠缠与疏离、联合对抗、三角缠与倒三角。在本案例中，由于宋女士的家庭关系失调，社会工作者可以进入宋女士的家庭，通过观察服务对象家庭成员之间的交往方式和过程，了解其家庭的基本结构以及成员之间的关系，关注宋女士家庭的形态和结构、家庭系统的弹性、家庭系统的回馈、家庭生命周期、家庭成员症状与家庭交往方式的联系，并对家庭功能失调的现状和原因进行评估。在此基础上，社会工作者将协助宋女士的家庭成员改变原先固有的认知，重新建立互动模式，从而让宋女士的家庭功能得到恢复，帮助宋女士从不同的角度观察和理解家庭生活。最终使其缓和亲子关系，增进母子之间的沟通和信任，并同时掌握亲子沟通技巧。

2. 女性主义理论

女性主义，又称女权主义，是指从性别视角出发，关注两性不平等问题以及致力于促进两性平等的理论。它同时也是一种意识形态和哲学观点，能够提供一种看待与思考社会现象的角度②。作为一种分析框架和不断发展中的理论体系，女性主义也被用来解释女性和少数群体遭受压迫的各种现象。它还针对人类社会问题提供了一种政治视角，即男女两性生理上的差异并不意味着社会属性上的差异，希望通过变革让女性获得更加自由和平等的机会。以女性主义理论为指导，社会工作者在

① 王思斌.社会工作概论[M].3版.北京：高等教育出版社，2014：265.
② 何雪松.社会工作理论[M].上海：上海人民出版社，2007：157.

开展服务的过程中，需要协助宋女士理清思路和分析问题，寻找个人处理问题的能力、资源和环境之间的关系。要不断地促进宋女士意识的觉醒，为宋女士增能赋权，使其看到自身在工作和家庭生活中的优势。还可以让宋女士寻求集体的力量，采取妇女互助小组的介入方式链接和整合资源，帮助宋女士扩大同辈朋友圈，丰富其闲暇生活，树立自信。

3. 优势视角

优势视角是一种关注人的内在力量和优势资源的视角，意味着应当把人们及其所处环境中的优势和资源作为社会工作助人过程中所关注的焦点，并非关注其问题和病理，个人所具备的能力及其内部资源允许他们能够有效地应对生活中的挑战。该视角着重于挖掘案主自身的资源，帮助案主认识其优势，从而解决其外在或潜在的问题①。

在本案例中，之所以选用优势视角作为指导理论，是因为宋女士自身是一位独立自主、吃苦耐劳的新时代女性。她在财务领域有较高的专业能力，在家务工作中不辞辛苦，能够独自挑大梁，对待母亲与儿子也孝顺与慈爱，具备较强的责任心。在疫情发生之前，宋女士能够凭一己之力承担一家三口的开销，完全拥有应对困境的抗逆力。只是在疫情的影响之下，宋女士原本的生活节奏被打乱，她自身的优势未能得到充分发挥，她本人也忘记原先的成功经验，滋生出较多的无能感和对自己的负面评价。社会工作者将在与宋女士会谈的过程中，协助她重新发掘和认同她具有的优势资源与能力，以应对当前的困境和未来可能会发生的危机。

（三）工作目标

1. 总目标

社会工作者将通过两个月的介入工作协助宋女士缓解经济困难，顺利再就业，同时能够缓和家庭矛盾，修复亲子关系，增强社会支持，丰富闲暇生活，充分发挥优势以应对困难，增强对生活的信心和幸福感。

2. 具体目标

（1）缓解宋女士的焦虑、烦躁、沮丧的情绪，协助其恢复身心健康。

（2）缓和亲子关系，增进母子之间的沟通和信任，通过结构家庭疗法协助双方

① 王思斌.社会工作概论[M].3版.北京：高等教育出版社，2014：240.

掌握正确的亲子沟通技巧。

（3）链接资源，为宋女士申请临时失业救助，缓解宋女士的经济困境。为宋女士提供就业信息，帮助其尽快找到合适的新工作。

（4）为宋女士构建社会支持网络，邀请其参与工会、妇联平台的活动与兴趣小组等，帮助宋女士扩大同辈朋友圈，丰富其闲暇生活，树立自信，提升自我价值感。

（四）服务计划

社会工作者根据宋女士所面临的困难，从宋女士拥有的资源和优势入手，制定了具体的介入服务计划。首先，社会工作者与服务对象建立良好的专业关系，了解服务对象需求，尊重和接纳服务对象的感受，缓和其负面情绪，促进和恢复其身心健康；其次，社会工作者通过链接各方资源为服务对象提供经济支持，为服务对象提供就业信息，帮助其找到新工作，缓解经济压力；再次，社会工作者通过家庭治疗缓和服务对象的亲子关系，并提升其沟通技巧，增强其家庭支持；最后，通过工会、妇联等多平台与渠道协助服务对象结交同辈群体或有相似经历的群体，扩大其社交圈，增强其社会联系与支持，提高其权能感和自我价值感。

（五）干预过程

1. 第一阶段：建立专业服务关系，情绪疏导

在初次见面时，社会工作者首先表明自己的身份和自己的工作范围，以帮助宋女士在短时间内了解其工作性质，以此作为建立专业服务关系的出发点。由于宋女士是主动求助的，有较为强烈的改变意愿，对社会工作者的态度是极其配合的，但同时也表现出焦躁。社会工作者先运用同理心、尊重、真诚、接纳等沟通技巧缓和宋女士的负面情绪，之后为宋女士提供安全的宣泄环境，帮助宋女士在放松的状态下说明事实，澄清期待，明确问题与需求，引导她正确宣泄自己的情绪。在此期间，社会工作者初步了解宋女士问题的成因、程度、频度等。同时与宋女士建立了专业关系。在与宋女士进行几次沟通后，社会工作者了解到宋女士目前最大的问题集中在经济困难、亲子关系、照护与教育压力、工作需求等方面，这些问题最后都作用于宋女士的身心健康方面。遵从于生命优先的原则，社会工作者首先为宋女士进行了情绪疏导，并教授其调节情绪的技巧。在双方共同制定服务目标与计划后，社会工作者鼓励宋女士要有解决问题的信心和勇气，应善于发现自己的优势与价值。

2. 第二阶段：亲子关系修复，完善家庭功能

结构家庭治疗重视对家庭结构的重建，且社会工作者会进入家庭中感受其家庭文化、生活习惯、沟通方式等。社会工作者在一段时间的家访后发现，宋女士的儿子在父母没离婚之前，存在和父亲结盟的习惯，因而他对于母亲已经有了先入为主的认知，这实际上是一种思维定式。无论母亲做什么，他都会按照父亲曾经教他的那样去解读，因而造成了母子之间子系统的僵化。外婆自从患脑卒中后搬进宋女士家中，也激化了家庭矛盾。宋女士的儿子认为外婆和母亲是结盟状态，而他的父亲也是因为受不了这样的家庭才离开的，由此导致他失去父亲。这种归因方式和滋生的负面情绪也是宋女士和儿子之间频频发生冲突的根源。除此之外，宋女士对于儿子过高的期待也加重了儿子的叛逆心理和对母亲的反感和敌意。因此社会工作者在该阶段寻找母子间冲突的逻辑，并且对其家庭结构进行评估。社会工作者的策略是通过打破宋女士家庭中旧的系统平衡，重新建构家庭结构。社会工作者分别对宋女士和她的儿子进行会谈与治疗，结合理性情绪疗法和认知行为疗法帮助他们认识自己固有观念中存在的问题，并形成新的认知。后期，社会工作者以整个家庭为介入系统，帮助其重建家庭规则和界限，让母子二人增进对彼此的认知和了解，承认过去的错误并提出对自己和另一方的未来期望，双方对当下彼此的任务和职能进行了明确。譬如宋女士承诺不再"唯分数论"，对儿子有更多的耐心和理解。而宋女士的儿子也表示自己将不再逃课和夜不归宿，也会努力站在母亲的角度看待问题，体谅母亲的辛苦和不易。

3. 第三阶段：链接资源，构建社会支持网络

此阶段社会工作者的工作主要从以下两个方面展开：一方面，社会工作者根据宋女士当前的家庭状况，为其申请了失业救助以缓解其经济状况。并在评估宋女士个人就业能力之后，为其匹配和推荐工作岗位，帮助其获取充足的就业信息，协助其再就业。同时针对宋女士母亲对于就医、购买药物的需求，社会工作者也通过多渠道帮助其解决问题，并联系网络维修工程师上门帮宋女士修好了网络，避免耽误孩子的学习进度。另一方面，社会工作者联合社区网格员、社工站、工会、妇联等单位，集结了和宋女士有相似境遇的疫情防控期间的失业女性，邀请她们参与失业妇女互助小组。在小组中，大家交流各自的经历和家庭生活，以及目前面临的就业困难等问题，同时也互相分享就业信息和育儿方面的经验。在进行小组活动的过程中，社

会工作者鼓励小组成员积极讨论，努力发掘自身潜力、动员周边资源、运用自己的力量采取应对策略，依靠小组动力解决问题。这样不仅帮助她们拓宽了朋友圈，也增强了彼此的社会支持网络，提升了自己的权能感与价值感。此外，社会工作者还邀请宋女士参与妇联组织的妇女业余活动小组，培养其兴趣爱好，丰富其闲暇生活，增强其生活的意义感和幸福感。

4. 第四阶段：保持成效，持续跟踪与服务

在此阶段，社会工作者与宋女士一起回顾了整个个案过程。通过评估与总结，社会工作者与宋女士都认可了她自身发生的改变及其需求的满足情况。双方一致认为已经达成了结案条件，社会工作者也提前协助宋女士处理离别情绪，帮助她进一步巩固介入成效，并为她注入希望，鼓励她未来在遇到相似的困难时能够更好地应对。结案之后，社会工作者继续通过电话、微信等方式与宋女士保持联系，对她以及她的家庭进行持续的跟踪服务。

（六）成效评估

1. 身心健康促进，情绪缓和

在接受个案服务的初期，由于疫情造成的经济压力，宋女士不得不缩衣减食，体力消耗较大，出现了身体不适等情况。同时宋女士长期处于焦虑等负面情绪中，危害了身心健康。针对宋女士这方面的困难，社会工作者与其建立了专业关系，对宋女士的焦虑、烦躁、沮丧的情绪及时回应，并进行情绪疏导。同时，社会工作者通过家庭会谈与治疗，结合理性情绪疗法和认知行为疗法帮助她树立正确的认知。最后，宋女士参加了互助小组，并从小组中也获得了情绪支持。在个案服务后期，宋女士的身心健康情况有了极大的改善，她的情绪更加积极，面对未来也更加乐观，开始积极地与社会工作者谈话，结案期的交谈也更加轻松愉快，宋女士对自己和生活都充满信心，并且相信自己能够应对未来的困境。

2. 亲子关系改善，社会支持增强

岌岌可危的亲子关系以及脆弱的社会支持，促使宋女士主动寻求社会工作者的帮助。针对宋女士的现实困难，社会工作者运用结构家庭疗法帮助宋女士打破家庭中固有的旧系统，重建家庭结构。最终在社会工作者与妇联的共同努力下，宋女士一家人之间的沟通模式发生转变，家庭功能也恢复了。宋女士承诺未来对儿子有更多的耐心和理解，尽量从孩子的视角去看待问题。而宋女士的儿子也表示自己不再

逃课，且以后会多体谅母亲。由此，宋家母子对彼此的理解和支持都得到了进一步加强。同时，社会工作者也积极链接资源，帮助宋女士的母亲解决了就医买药的问题。社会工作者也联系了网络维修工程师上门解决了宋女士家中网络中断的问题。最后，在妇女互助小组中，大家互相分享就业信息和育儿经验，宋女士的社交圈得以扩展，社会支持由此得到强化。

3. 经济状况改善，个人潜能得到充分发挥

宋女士的经济问题和就业问题是其目前最大的问题，也导致了宋女士其他衍生问题的集中爆发。针对此问题，社会工作者从申请相关的社会救助入手，缓解其燃眉之急。同时社会工作者在评估宋女士个人的就业能力之后，为她获取充足的、与个人能力和需求相匹配的就业信息，并链接工会专业人士为她推荐工作岗位，协助她再就业。整个过程中，社会工作者始终秉持优势视角，关注宋女士自身独特的优势和资源。协助宋女士发挥独立自主、吃苦耐劳的优秀品质和专业工作能力。宋女士自身也积极配合社会工作者的工作，主动参与社会工作者以及工会、妇联组织的失业妇女互助小组，努力在技能培训中提升个人能力，并且也积极在小组中结交朋友，尽可能获取更多的就业信息和能力提升技巧。经过一段时间的努力，宋女士的就业能力得到了增强，并最终成功再就业。这不仅缓解了宋女士的经济问题，也让她在过程中发挥了潜能，提升了自我效能感，充分实现了自我价值并重拾生活信心与意义。

三、社会工作反思与服务点评

（一）社会工作在多维度贫困案例中开展介入的必要性

贫困本身具有复杂性、多元性和历时性等特征，社会对贫困的认知也逐渐从单维向多维转变。社会工作起源于早期宗教的慈善救济，与反贫困工作具有同源性，其理念、方法与原则的建构与反贫困活动密切相关，并在反贫困活动的制度化和规范化中成长为具有共同价值和统一概念范畴的学科专业体系[①]。党和国家高度重视民生保障和兜底性社会服务，社会救助也是我国社会保障制度体系的重要组成部分。《关于改革完善社会救助制度的意见》的印发进一步强调了社会工作在社会救助工作中的重要作用，因而也凸显出社会工作在多维度贫困群体介入中的重要职

① 程萍.社会工作介入农村精准扶贫：阿马蒂亚・森的赋权增能视角[J].社会工作，2016(5)：15-23，125.

能。以本案例为切入点，可将社会工作在多维度贫困案例中开展介入的必要性概括为以下三个方面：首先，社会工作的专业介入有利于从专业价值层面对贫困人群进行“去问题化”与“去污名化”，充分给服务对象以平等、尊重和同理心，并在此过程中帮助他们个性化、针对性和系统性地解决问题，充分凸显出反贫困工作在当前新时代背景下的人文关怀；其次，社会工作的专业介入有利于为陷入困境的弱势群体赋权赋能，在满足其基本生活需求的同时，也注重提升贫困群体的综合能力，培养其维权意识，并推动其积极参与社会生活，增强其可持续生计能力，并帮助他们自我实现并提升自我效能感；最后，社会工作的专业介入也有利于以整合性的专业工作方法和科学的程序、专业标准提升反贫困工作的专业化水平，增强服务成效以满足贫困对象的长远发展，推动贫困治理现代化。

（二）贫困女性介入案例中传统妇联工作与社会工作结合的服务特点

妇联是我国三大群团组织之一，正视、预防和解决女性的贫困问题是妇联的核心工作，其政治优势、组织优势和群众优势使它能够集中调动资源以及时、高效地解决妇女反贫困问题。而社会工作的融入有利于为处于贫困中的女性提供基于性别视角的专业化服务，规避传统应对策略的弊端。以本案例的介入工作为例，可将贫困女性介入案例中传统妇联工作与社会工作结合的服务特点概括为以下三个方面：首先，该融合模式坚持以女性主义视角贯穿实践服务开展的始终，在个案服务的过程中都承认了宋女士的特殊性。社会工作者认为她是一个独立的个体，坚强勇敢，在其个人的生活经验中，可以挖掘出其自身特有的女性优势。同时社会工作者也看到在疫情以及整个社会环境下，宋女士这种资源不足、权力分配不均的现实。于是将微观介入与宏观倡导相结合，发起相应的社会呼吁。其次，该融合模式注重对女性群体的增能赋权，社会工作者首先与宋女士及其社区建立相应的服务伙伴关系。同时，社会工作者也与妇联等正式组织进行合作，借助妇联平台资源，增强妇女的权利和能力，以使其预防再陷困境，挣脱环境的束缚。最后，该融合模式兼顾工具理性与人文关怀。社会工作者与服务对象建立了专业关系，同时也着眼于宋女士本人及其社会和物质环境的双重工作焦点，进行专业化的服务。在整个模式中，社会工作者始终尊重案主，发现其优势和资源，用人文主义的关怀将专业的能量指向广大的贫困女性群体。

（三）本案例的优势与不足

通过一段时间的介入，社会工作者最终基本达成了和案主一同制定的目标。在整个服务过程中，可总结出以下几点优势：首先，社会工作者的介入具有整合性与系统性特征。在本案例中，社会工作者制定了系统性的个案介入计划和流程。不仅关注案主身心问题，还注重改变案主的家庭系统和周围的社会系统，从而改善社会工作者与生活世界的联系。在本案例中，社会工作者从案主的家庭结构入手，通过综合运用专业理论视角、方法技巧、资源平台，解决了案主所面临的家庭、就业、经济等一系列问题。其次，社会工作者充分结合了自身专业优势，并调动正式组织的相关资源以满足案主在不同层次上的需求。在本案例中，社会工作者联合社区网格员、社工站、工会、妇联等单位集结了失业的女性妇女，开展了失业妇女组成互助成长小组。在案例介入初期，社会工作者也为案主申请了失业救助。最后，社会工作者能够以小见大，充分践行宏观层面的专业价值理念，在本案例中，社会工作者还运用“平等、尊重、接纳、同理心、非批判”等原则开展工作。同时立足于案主的主体性视角，对案主增权赋能，带动案主自身的行动，真正达到“助人自助”的目标。

但在此基础上，本案例依然存在以下三点不足：一是理论与实践之间的差距。社会工作者在具体的服务过程中，理论要求我们对服务对象提供情感支持，但是在本案例中，社会工作者对案主的情感支持是有限的，难以代替专业的心理支持。二是实然与应然的差距。虽然国家在立法层面保障了劳动者尤其是女性的合法权益，但是目前仍然存在就业歧视、家庭暴力等女性权益受到侵害等问题。如何在社会范围内进行宣传教育、构建更全面的妇女权益保护网、强化妇女对自身权益的保护意识和能力是社会工作的工作重点，也是社会各责任主体需要共同关注的问题。三是客观条件的限制。面对当下疫情的情况，社会工作者积极链接了相应的就业资源对失业女性进行就业帮助，但受疫情局限，很多资源无法落实到位，需要进一步探索改良方案。

第四节　反对暴力，让爱回家——受家暴女性维权

家庭暴力指在家庭关系中发生的一切暴力行为，包括语言谩骂和身体、精神上的伤害。而家庭作为社会的基本单位，其和谐稳定也影响整个社会的长治久安。在众多遭受家庭暴力的人群中，女性多为遭受暴力的一方。我国于2016年实施《中华

人民共和国反家庭暴力法》,设立了人身安全保护令制度。该制度对于预防和制止家庭暴力具有重要意义。目前我国对家庭暴力持零容忍的坚决态度,但依然有很多人正在面临被家暴的风险,这严重威胁和损害了妇女的身心健康,破坏了家庭的和谐,成为影响社会稳定的重要因素。妇女社会工作是社会工作重要的实务领域之一,其目的是为妇女的全面发展创造良好的社会环境,促进女性的全面发展。在家暴事件中,社会工作不仅要为女性的发展提供安全环境,也将从增强权能、强化反家暴维权意识以维护女性的自身合法权益入手,切实为增进女性福祉而努力。

一、案例介绍

谢女士,35岁,家庭主妇,育有两个孩子。丈夫是某企业高管,收入较高。谢女士刚怀第一胎时,丈夫便自作主张帮她向单位递交了辞呈,完全没有和她商量,甚至美其名曰是为了让她免于在单位与家庭之间奔波。当时的谢女士虽然不满,但还是听从了丈夫的安排,回到家里安心养胎。丈夫的工作很忙,应酬多,经常夜不归宿。她一个人待在家里,总是忍不住地胡思乱想。尤其在某次看到丈夫衣领上的口红印后,忍不住去质问他,两人发生激烈争吵。推搡中,她摔在地上,险些流产。后来,她便搬回娘家数月。临产前,其丈夫又来请求她的原谅,好话说尽。她的父母劝她为孩子着想,凡事多忍让一点。于是,她又回到了丈夫身边。孩子出生后,谢女士得了产后抑郁症,不仅整个人瘦了十几斤,还落下了一些后遗症,经常情绪低落,茶饭不思。而她的丈夫对此不闻不问,还时常因为酒醉归家对她大打出手。谢女士每每将自己的遭遇告诉娘家,她的父母都劝她为了孩子能有个完整的家应多忍耐,于是谢女士只能把所有的苦楚独自咽下。尤其谢女士没有收入来源,只能依靠丈夫生活。二胎的到来是个意外,谢女士本不想留下这个孩子,但被丈夫哄骗着生下,对方承诺再也不会像以前那样对她,以后一家四口好好生活,谢女士又一次信以为真。这次怀孕期间,丈夫果然有所改变,对她体贴入微。但好景不长,小女儿出生后没多久,谢女士便发现丈夫仍然有出轨行为。谢女士决定出去找一份工作,等她有稳定的收入后,再提出离婚。在没告知丈夫的情况下,她托朋友帮她找工作,并面试了几家公司。虽然没有成功,但她觉得自己已经勇敢地迈出了第一步。然而丈夫很快得知此事,怀疑她和朋友有染,并对她进行手机定位,动辄打骂,还曾将她锁在房间里,不让她出去应聘。谢女士想过报警,但碍于面子以及对儿女的考虑,最终选择向妇联求助。就在她和社会工作者见面的前一周，还被丈夫打青了眼眶，身上也有多处青紫。由于这次丈夫的暴行险些伤害到她的幼女，她忍无可忍，决定不再忍气吞声，勇敢地站到阳光下维权。

社会工作者接案后发现谢女士承受着严重的精神压力，易受惊，面容憔悴，情绪低落，对生活持悲观态度。经与其沟通，本着保护其生命安全、疏导其情绪、缓解其心理压力、帮助其重拾生活信心、维护正当权益的目的，双方计划建立专业关系并开展相应的介入服务。

二、社会工作介入的过程

（一）需求分析

社会工作者通过对前期与谢女士交谈所得知的信息以及收集到的相关资料进行整理和分析，认为谢女士存在以下问题与需求。

1. 人身安全与身心健康需求

由于谢女士的丈夫存在长期的暴力行为，因而谢女士有人身安全的威胁。谢女士也因为忍受家暴长达数十年，负面情绪堆积且无人可以倾诉，来自周围环境的支持薄弱，产后抑郁症的持续作用也依然存在。因而谢女士的情绪很不稳定，容易陷入极度悲观、压抑的状态中。同时她也时常感到恐惧和不安，几乎形成了条件反射，只要丈夫喝醉酒回家，或者有突发性沉默，她就下意识地想躲进衣柜里，害怕遭到暴力侵害。没有经济来源也是她缺乏安全感的原因之一，她对生活渐渐失去了信心，觉得自己一无是处，也对儿女感到愧疚，自我效能感较低。

2. 生计与自我实现需求

谢女士多年来一直没有工作，目前她有离婚并独自带着孩子生活的打算，因此她迫切地需要一份稳定的工作负担她和孩子的生活。谢女士的丈夫坚称即便离婚，他也会争夺孩子的抚养权。谢女士认为如果自己有工作和收入，便能在庭审时为自己据理力争。同时，谢女士也希望通过这份新工作重新回归社会，并且找回自我，通过自食其力改善自己的生活，而非依附于他人。因此谢女士虽然存在对人生的消极态度，但还是隐约透露出改变的意愿。

3. 社会交往需求

谢女士在辞去工作后，社交圈大幅缩小。她的丈夫多疑善妒，不喜欢她有过多的社交。在丈夫看来，她每日要照顾两个孩子和承担家务，也没有时间维护朋友关系。久而久之，她和曾经的同学、朋友也日渐疏远。尤其在谢女士患有抑郁症后，她的性格也更加内向和孤僻，不愿意与人交往，即便是邻居也相处平淡。从家庭支持方面来看，谢女士的父母文化程度不高且传统观念重，他们虽心疼女儿，但更多时候是劝她忍耐，并再三灌输女性在婚姻中处于弱势地位的合理性的理念。因此谢女士在遭受丈夫长期家暴的过程中，不仅缺乏来自家庭的支持与保护，反而被屡次重新推入火坑。在访谈中，社会工作者得知谢女士有拓宽社交圈子的需求，这也是她对提升自我价值感和效能感的需求的表现。

4. 婚姻关系与个人维权需求

谢女士已经下定决心与丈夫离婚，但缺乏相关的专业支持，需要法律资源的链接。同时，由于谢女士希望通过离婚方式改变目前的生活现状，也需要有人协助她制定未来的人生计划。对于丈夫长期的家暴行为，谢女士也希望运用法律的武器维权，不仅要让丈夫为他的暴行付出代价，也要为自己和孩子争取更多的补偿。但谢女士缺乏相关的知识、渠道和资源，社会工作者将通过各种平台渠道为其链接和争取。

（二）理论基础

1. 危机介入理论

在这里，危机是指一个人的正常生活受到意外危险事件的破坏而产生的身心混乱的状态。危机通常可分为三类：成长危机、情境危机和存在性危机。该模式就是围绕服务对象的危机而展开的调适和治疗工作，注重不同服务介入技巧的综合运用，目的是在有限的时间内快速、有效地帮助服务对象摆脱危机的影响。在综合运用这些不同的服务介入技巧时，危机介入模式形成了有效调适和介入危机的一些重要原则：及时处理、限定目标、输入希望、提供支持、恢复自尊、培养自主能力。危机介入模式对社会工作者提出了高要求，同时这也形成了其特点，即迅速了解服务对象的主要问题、快速做出危险性判断、有效稳定服务对象的情绪和积极协助服务对象解决当前问题等①。

在本案例中，谢女士长期遭受家暴，她甚至在与社会工作者见面的前一周还被

① 许莉娅.个案工作[M].北京：高等教育出版社，2013：215－219.

丈夫打青了眼眶，身上也多处青紫，连幼女也险些被伤害，需要社会工作者及时进行危机介入，保护谢女士及其孩子的人身安全。社会工作者需要在有限的时间内快速、有效地帮助谢女士摆脱危机。在具体的介入服务中，社会工作者要及时处理，迅速了解谢女士的情况，作出对危险发生可能性的判断，尽可能减少谢女士再次遭受家暴的可能性，并有效稳定谢女士的情绪，给予其情感支持，建立信任的合作关系。在谢女士情绪稳定后，社会工作者需要积极协助谢女士分析原因，制定并实施以解决当前问题为主要目标的介入计划，帮助谢女士克服危机的影响。

2. 赋权理论

赋权是指增强人的权利和能力。该理论强调服务对象是有能力的而非无能的，要挖掘和激发出服务对象的潜能，以摆脱环境对人的束缚，消除无力感。赋权视角下的社会工作认为在介入过程中，最重要的是帮助服务对象消除环境的障碍，鼓励服务对象自己确定生活目标，帮助他们确立自信，增强能力。它要求社会工作者与服务对象建构起协同的伙伴关系，重视服务对象的能力，注重人与环境这两个工作焦点，承认服务对象是积极的主体，告知其应有的权利、责任、需求及申诉渠道[①]。

之所以在本案例中引入赋权理论，是因为谢女士目前不仅因为家暴面临严重的身心健康威胁，还因为长期压抑、苦闷的主妇生活而磨灭了对自己和生活的信心，具有较低的权能感、自尊感与价值感。社会工作者需要在具体的介入服务中为其进行赋能，通过与谢女士建立平等友好的伙伴关系、挖掘谢女士的潜能，从而帮助她树立对自己和生活的信心，并为维护其合法权益而共同努力。

3. 社会支持网络理论

社会支持网络是指个人维系其社会认同，接受物质和精神上的协助，获取服务和信息以及建立新的人际关系的渠道。它能够为服务对象提供工具性支持和表达性支持。工具性支持包括引导、协助、有形支持与解决问题的行动等，表达性支持包括心理支持、情绪支持、自尊支持、情感支持等[②]。社会工作者亦是陷入困境的案主的重要社会资源，可以在服务的全过程中给予有需要的妇女们帮助与支持。而这种专业性的社会服务属于正式支持，社会工作者还需要为有需要的妇女建立和完善身

① 王思斌.社会工作综合能力(中级)[M].北京：中国社会出版社，2019：110－112.

② 王思斌.社会工作综合能力(中级)[M].北京：中国社会出版社，2019：113－116.

边的社会支持网络，即一种非正式支持以协助她们解决问题、走出困境。

在本案例中，来自谢女士周围的社会支持十分薄弱。首先，她缺乏来自原生家庭的安慰和帮助。尤其在她遭受家暴时，父母非但没有庇护她、帮助她维权，反而让其隐忍，无形中助长了施暴者的嚣张气焰，让对方更无所顾忌、变本加厉。其次，她在做家庭主妇的十余年中社会交往几乎呈断裂状态，生活圈几乎只围绕着丈夫和两个孩子。又因为丈夫的出轨、漠视以及暴力行为患有抑郁症，更加削弱其进行社会交往的积极性。因为丈夫的家暴行为，谢女士总觉得自己受到了邻里的指指点点，因而也很少和他们走动，遭遇家暴时也不会向他们求助。当谢女士想诉苦和发泄时，也无人可找。来自工作伙伴、同辈群体和邻里等方面的支持，谢女士都十分缺乏。目前谢女士除了需要来自社会支持网络的情感支持，也需要社会工作者为其链接就业信息和法律资源，以更好地帮助她独立生活并维护其合法权益。

（三）介入目标

1. 总目标

在危机干预、赋权和社会支持网络理论的指导下，社会工作者将保障谢女士的人身安全，为其提供心理疏导，协助其达成离婚目标并顺利就业，增强其法律意识，充分赋能以增强其对生活的权能感、价值感和信心。最终，社会工作者也将呼吁全社会对家暴予以抵制，联结各平台在社区内开展反家暴法制宣传和教育活动。

2. 具体目标

（1）及时联系妇联、反家庭暴力庇护中心为谢女士提供临时庇护，首先保障她和孩子的人身安全。

（2）为谢女士提供心理疏导，帮助她宣泄情绪，缓解压力，恢复其对生活的信心。

（3）链接法律资源为谢女士提供离婚相关的法律咨询，为其提供人身保护以及应对家暴的法律知识，协助其自主达成离婚目的。

（4）拓宽谢女士的社交圈，增强其社会支持。为谢女士提供就业信息，协助其就业。

（5）社会工作者也将以此为契机，在社会层面上加强法制宣传，尤其为女性普及反家暴的相关法律知识，切实增强她们自我保护和维权的意识。

（四）服务计划

根据谢女士当前的实际情况，社会工作者从重拾生活信心、保护女性权益的角度出发，与谢女士一同制定了为期三个月的服务计划。第一，社会工作者通过量表评估谢女士目前所处的危机状态，并链接资源为其提供临时庇护。与此同时，社会工作者也能拉近与谢女士的距离，与之建立相互信任的良好关系。第二，社会工作者将鼓励谢女士宣泄情绪，做好情绪疏导，缓解其心理压力，增强其对周围环境的安全感和对自己、未来生活的信心。第三，社会工作者将为谢女士链接社会资源。协助案主与社区、朋友、律师建立联系，获得情绪支持和实质性帮助，最终实现消除情绪困扰、维护合法权益、再就业等目标，建立起非正式的社会支持网络，增强法律维权意识和对自我的权能感。第四，社会工作者也将以本案例为切入点，在社会上广泛开展普法教育与宣传，防止更多女性遭遇家暴侵害。

（五）干预过程

1. 第一阶段：评估危机状态，建立专业服务关系

初次见面，社会工作者首先通过 DAS 亲密伴侣暴力危险性评估量表对谢女士目前的危机状态进行评估，结果显示她目前已属于高危状态。社会工作者立刻联系反家庭暴力庇护中心为谢女士和两个孩子（1 岁和 4 岁）提供临时庇护，并请专门照护儿童的志愿者为其提供照护服务。同时，谢女士也在社会工作者的陪伴下进行专业的心理咨询，根据 SDS 抑郁量表的结果显示，谢女士已患有中度抑郁。医生给谢女士开了处方药，并让社会工作者从心理和社会层面对其进行情绪疏导。一开始，社会工作者与谢女士沟通时，对方的情绪容易激动，也充满了对周围环境的防备和怀疑。通过多次接触后，社会工作者运用倾听、同理心、共情、接纳等沟通技巧协助其缓和情绪，为谢女士的情绪宣泄提供安全的环境。此外，社会工作者也通过面谈向谢女士普及反家暴的相关法律知识，包括家庭暴力告诫书和人身安全保护令的申请方式等。之后，社会工作者也帮助谢女士分析目前她所处的困境，协助其共同分析现状，并对她倾诉的问题进行优先次序排列。由此，社会工作者与谢女士逐步建立起信任关系，并邀请她共同参与后续介入计划的制定。

2. 第二阶段：疏导情绪，树立信心

在前期的初步交心后，社会工作者将继续运用引导性技巧，让谢女士主动倾诉心中的苦闷，引导她正确宣泄自己的情绪，并教授其调节情绪的方法与技巧。在社会工作者的引导下，谢女士表示自己在丈夫有暴力行为的一开始，认为是自己做错了什么，而这实际上是将家暴行为合理化的过程。而在那之后，谢女士考虑到自己

的面子、孩子的自尊心还有未来的生活等问题后，一再隐忍退让，实际强化了将家暴的原因归结为自己的非理性认知。社会工作者通过认知行为疗法对谢女士形成的这些认知进行改变，最终帮助谢女士形成对反家暴的正确态度与观念，对自己和生活产生新的积极认知。社会工作者在安抚谢女士的同时，也通过讲述一些受家暴妇女走出阴霾的成功案例鼓励谢女士振作起来，让她明白自己有权利维护合法权益，缓解她的心理压力，鼓励她重拾生活的信心与希望。

3. 第三阶段：链接社会资源，重建家庭支持

社会工作者通过妇联的专业平台为谢女士链接了专门处理家暴类离婚案件的律师，并协助律师和谢女士一同收集其丈夫在她怀孕期间出轨和多次家暴的证据，为离婚诉讼做好准备。尤其针对谢女士关于孩子抚养、家庭财产分配等问题，律师也作了详尽的解答并给予专业建议，在沟通中帮助谢女士充分了解反家暴的法律知识，增强其反家暴意识和法律维权意识。最终在律师的协助下，谢女士的离婚诉求得以成功立案，这大大增强了谢女士主动改变困境的意愿和决心。对于谢女士的工作需求，律师也认为一份稳定的工作有利于提升争取抚养权的成功率。社会工作者便对谢女士的就业能力和就业需求进行综合评估，并为其提供和匹配合适的职位。此外，社会工作者关注到谢女士存在家庭支持薄弱的情形。除丈夫外，谢女士的父母平常与她联系紧密，但他们并没意识到谢女士遭受家暴一事的严重性，没有及时给予女儿有力的支持和保护，反而劝她接受现状，隐忍度日。社会工作者便通过谢女士多次与其父母面谈，通过普及法律知识和讲述家暴可能带来的危害等方式，增强了谢老夫妇的反家暴意识。之后，社会工作者也通过家庭联合会谈的方式以及“空椅子”疗法帮助谢女士和父母袒露心声、互相换位思考，彼此之间增进了解和信任。在社会工作者的家庭治疗结束后，谢老夫妇从最开始的反对离婚转变为完全赞同和支持女儿维权，他们甚至私下向女儿道歉。这一切都让谢女士重新感受到了温暖和希望。

4. 第四阶段：增加社会交往，普法教育进社区

社会工作者联合社区社会工作者在社区范围内开设邻里互助小组，并邀请谢女士参加。在育儿经验交流环节中，谢女士的积极分享让她获得了在场居民的共鸣与响应，很多人在活动结束后与她建立联系，并向她请教。这不仅迅速扩大了谢女士的社交圈，也让她提升了对社区的融入感。同时，社会工作者也邀请谢女士参与妇

联组织的各类兴趣小组，丰富她在闲暇时间的生活。在参与小组活动的过程中，社会工作者也致力于提升谢女士与人交往的技巧，并让她在活动过程中训练和增强沟通能力。针对谢女士这样的家暴案例，社会工作者以此为契机，联合多种平台共同开展相关主题的知识讲座，将普法教育引入社区，增强妇女以及其他社会公众的反家暴意识，尤其注重提高妇女预防、应对家庭暴力的自我保护能力，并鼓励他们学习、掌握进而勇敢地运用法律武器来维护自身权益。根据谢女士三个月以来的改变状况，双方共同确认了服务成效，并认为已经可以结案。社会工作者也将在结案后继续保持追踪和跟进服务，以确保谢女士能够维持现状并有良好的发展。

（六）成效评估

1. 实现女性赋权

首先，社会工作者协助谢女士走出家暴阴霾，让她的负面情绪得以宣泄，并且拥有了坚定改变现状的决心。在社会工作者进行危机介入后，谢女士及其孩子得到临时庇护，人身安全得到保障。经过社会工作者的情绪疏导，谢女士主动诉说心中苦闷，压抑许久的负面情绪得以宣泄，心理压力得到释放，并掌握了调节情绪的方法。同时，谢女士意识到自己过去对家暴行为的认知和理解是非理性的，在社会工作者的引导下，谢女士形成了对家暴行为的正确态度和观念，并坚定了重新生活的信心。其次，社会工作者促使谢女士学习法律知识，运用法律维权。出于对自身以及孩子的人身安全的考虑，谢女士决定离婚并积极争取孩子的抚养权。社会工作者为谢女士链接专门处理家暴类离婚案件的律师，在律师的协助下，谢女士的离婚诉求得以成功立案。在与律师的沟通过程中，谢女士充分了解到关于孩子抚养权、家庭财产分割、精神损失费等相关问题的法律知识，其反家暴意识和法律维权意识均得到提升。最后，社会工作者协助谢女士找到新工作，增强了她的权能感和价值感。为提高争取孩子抚养权的成功率以及满足未来生活的基本需要，谢女士需要一份合适的工作。社会工作者在综合评估谢女士的就业能力和就业需求后，为其提供了合适的职位，协助谢女士实现了再就业的目标。这也增强了谢女士的权能感和价值感，使她认识到自己是有能力、有价值的，更有信心迎接崭新的未来。

2. 重构社会支持网络，增强社会参与

首先是社会支持网络重构层面。家庭支持是个人社会支持网络中的重要部分，对于谢女士而言，获得父母的支持和保护十分重要。在社会工作者开展的家庭治疗的帮助下，谢老夫妇对家暴有了更多的了解，反家暴意识得到提升，并更能够理解谢女士的不易和决心，对谢女士离婚并积极维权一事表示完全赞同和支持。此外，谢女士积极参加社区的邻里互助小组，大方地分享育儿经验，获得了不少居民的认可，拉近了和邻里的距离，结交了不少朋友。这不仅使谢女士社交圈得以扩展，社区融入度也得到提高。其次是社会参与层面。谢女士除了参与社区的小组活动之外，也积极加入妇联组织的各类兴趣小组。这不仅使谢女士更好地掌握了社交技巧，锻炼沟通和表达能力，也让她拥有属于自己的时间，暂时从家庭中抽离出来，放松心情。谢女士的社会参与度也明显提高，与他人、社会的联系更加紧密，可获得的社会支持更为丰富。

3. 发起社会倡导，扩大影响力

首先是普法教育入社区，妇女自我意识被唤醒。社会工作者以此为契机，联合多平台共同开展妇女维权、反家暴等相关主题的知识讲座，将普法教育引入社区，注重提高妇女预防、应对家庭暴力的自我保护能力，并在征得谢女士同意的前提下，邀请谢女士讲述自己的故事，唤醒更多正在遭受家暴威胁的妇女们的自我意识，鼓励她们勇敢地反抗暴力，运用法律的武器来维护自身权益。其次是社会各界对家暴的关注度有所提高。反家暴不仅需要唤醒个人意识，还需要呼吁全社会共同营造包容友爱、依法维权的氛围。社会工作者在后期的回访和群调中发现，在多场反家暴主题活动结束后，大家对家暴的认知都提高了，越来越多的人表示自己不应该做一名沉默的旁观者，他们愿意向正深陷泥沼中的妇女伸出援助之手，帮助她们脱离险境。

三、社会工作反思与服务点评

（一）反家暴案例中社会工作介入的必要性

首先，社会工作介入反家暴案例有利于维护受害妇女的人身安全权，促进其全面发展。家庭暴力行为侵害了受害妇女的人身安全权，威胁她们的身体健康和生命安全。同时，受害妇女因遭到精神上的摧残，容易出现抑郁、焦躁等较为严重的心理问题。社会工作的介入有利于将受害妇女从危机中解救出来，维护其生命安全，运用专业方法引导受害妇女宣泄情绪、表达自我、释放压力，从而为案主提供情绪支持。长期遭受暴力行为的妇女容易将暴力行为正常化，社会工作者更需要纠正其认知，通过减轻受害妇女的自责感，提升其自尊感，引导她们形成正向和积极的自我概念，走出家暴的阴影，重拾生活的信心。其次，社会工作介入反家暴案例有利于拯救面临解体的家庭，构建良好的家庭关系和家庭氛围。家庭暴力行为的出现将打破家庭的和谐与安宁，破坏夫妻感情，导致婚姻破裂和家庭解体。糟糕的家庭成员关系也会危害下一代的健康成长，容易给未成年人带来长时间的心理阴影和创伤，且容易形成消极负向的人格，甚至可能会使其成为新的家庭暴力的施暴者。社会工作者通过对施暴者进行心理疏导和认知行为矫正，使其正确认识暴力行为带来的严重后果，消除其心中的暴力因素，预防与杜绝暴力行为的再发生。社会工作者也能通过改变家庭成员的沟通方式，修复家庭关系，挽救面临解体的家庭，为未成年人营造和谐安宁的家庭氛围，促进其健康成长。最后，社会工作介入反家暴案例有利于维系社会稳定，促进社会发展。家庭是社会的细胞，家庭暴力不仅会影响家庭内部成员的关系、破坏家庭稳定性，也会带来一定的社会危害。社会工作介入反家暴案例可以在早期进行预防和干预，有利于减少恶性事件的发生，降低犯罪率，避免造成严重的社会影响和社会后果，实现维系社会稳定、促进社会发展的目标。

（二）反家暴案例中社会工作专业服务中的介入要点

一方面，社会工作者应将专业价值观贯穿于专业服务的全过程。无论求助者有着什么样的经历、背景，社会工作者都要对其给予足够的尊重和平等的对待，并对其处境和情况进行具体分析，运用个别化的策略和方法开展服务。社会工作者也需要时刻注意避免将个人情感、经历、价值倾向带入工作中，要秉持非批判的态度，积极地换位思考并接纳服务对象。由于女性案主的问题多涉及隐私，社会工作者要尤其遵守保密原则，保护服务对象及其家庭的隐私和信息，在未经本人同意的情况下不得泄露，即使有向同事、机构等工作人分享信息的工作需要，也必须事先征得服务对象的同意，避免对其造成不良影响或伤害。

另一方面，社会工作者应同时结合微观视角与宏观视角。家暴问题不仅仅是家庭内部的问题，也是影响社会稳定的社会问题，需要全社会的力量来解决。社会工作者在开展个案服务介入的过程中，既要以案主为中心，为其赋能，帮助其摆脱家暴的威胁，走出阴霾；同时也要以此为契机，动员社会力量，共同营造依法维权的法治氛围，开展反家暴、妇女权益等相关主题的知识宣传和普法教育活动。加强维护妇女合法权益的宣传教育，使广大女性知法、懂法、守法，增强法律意识，提高法律素养，能够依法维护自身的合法权益。妇女社会工作是社会工作重要的实务领域之一，其目的是为妇女的全面发展创造良好的社会环境，促进女性的全面发展。在家暴案例中，社会工作不仅从增强权能、强化反家暴维权意识以维护女性的自身合法权益入手，还要努力为女性的发展提供安全环境。

（三）本案例中社会工作开展专业介入的经验与不足

经过一段时间的专业介入，本次服务基本达到社会工作者与案主的预期。通过总结与反思，可将本次服务介入的经验梳理为以下几点：首先，社会工作者在解决女性案主事务性问题的基础上，充分关注宏观社会层面的意义建构，积极发起社会倡导，促进女性更好地自我实现，增强反家暴和妇女维权工作的有效性和专业化水平，在社会层面上努力为妇女发展提供安全、健康、有保障的环境；其次，社会工作者注重推进长效监督机制的形成，充分链接平台资源，在各部门通力协作、密切配合的基础上建立快速、高效的反家庭暴力联动机制，特别是利用妇联组织代表和维护妇女权益的职能力量，为妇女提供服务。在以社区为依托、建立社区庇护所、为妇女提供紧急救助的同时，也以妇联为依托，建立维权专项救助基金，从而为有需要妇女提供急需的生活帮助，帮助她们暂渡难关。

但与此同时，在本案例中，社会工作者并未对服务对象孩子的状况给予适当的关注。在未来的反家暴案例的介入过程中，社会工作者除了关注服务对象本身以外，也应当重视家暴行为对其孩子的影响。健康的家庭关系和家庭环境对儿童的成长发展极为重要。在家暴家庭中成长的孩子，家暴行为对其人格养成、未来人生规划的制定以及生活态度等方面均会产生消极的持久影响。社会工作者应当对其心理状况和行为表现进行关注和了解，并采取相应的干预和治疗措施，以缓解家暴对未成年人带来的创伤。

第五节　谁来陪伴“陪读妈妈”——教育内卷下的母职焦虑

近年来，“陪读妈妈”群体越来越受到社会的关注。“陪读妈妈”是城乡教育资源分配不平衡、教育质量差异大的产物，其背后也体现出母职焦虑与教育竞争给家庭带来的巨大压力。为了给孩子提供更好的教育资源和更优质的学习环境，有一部分家长成为“陪读家长”，他们选择放弃自己的事业、舍弃原来的生活，在学校附近临时寻找住处安家，从而全职照料学龄期子女的生活和学习。受到传统性别分工的影响，“陪读家长”多以女性为主，由此形成了一个相较于“全职太太”更聚焦于子女教育的新群体——“陪读妈妈”。当前该群体按照陪伴时间与形式被划分为临陪、半陪和全陪三种类型，其中全陪的类型是社会工作尤其要关注的对象。因为该群体在心理和社会层面都面临着较大的挑战，她们往往倾其所有，全身心地奉献自我。一旦孩子的成绩达不到自己预期，自身也得不到家人、朋友甚至社会的理解与认可。从社会工作的视角介入此类个案，不仅要从案主的实际需求与问题出发，还要从宏观层面看到家庭照料劳动女性化的结构固化以及与性别平等相关的议题，从充分维护女性权益、推动社会公平与正义的角度制定介入服务方案。

一、案例介绍

张女士，40岁，是一名陪读妈妈。而在此之前，她是镇上一家工厂的工人。某次车间作业时，张女士因对机器操作不当而受伤。经某医院医生诊断，张女士为左三踝骨骨折，并在该医院接受了左三踝骨切复内固定手术和植骨手术，后经司法鉴定中心鉴定为八级伤残。医生告知张女士术后需要在家卧床休养半年，并且建议她今后不要从事需要久站的工作。张女士从自身的文化水平和专业技能出发，认为自己很难再找到新工作。她曾经试图申请工伤鉴定，但被工厂告知这种因为她自己操作不当带来的问题无法被鉴定为工伤，只给了张女士2000元的慰问金，并在不久后辞退了张女士。张女士在家卧床休养期间，洗衣服、买菜、做饭、打扫卫生等家务活都落到了她的丈夫身上，而结婚多年来一向没有碰过这些的丈夫做起家务来十分生疏，经常因为做不好而受到张女士的指责。每当这时，丈夫就抱怨说“做这些工作是在帮你的忙”。丈夫的态度让她感到寒心，在此期间两个人因为各种生活琐事频繁争吵，险些致使婚姻关系破裂。半年后，张女士前往医院复查，虽然检查结果显示她的脚踝已经大致痊愈，但无法回到正常行动的水平，仍需要继续服药和复健，建议她多休息。张女士的丈夫顿时感受到生活的压力，他不得不起早贪黑地出去工作，承担妻子后续的医疗费用以及女儿的学费。张女士的女儿小敏考入了市里的重点高中读书。她为了能够更好地照顾女儿的生活起居，也为了暂时离开家庭、减少和丈夫的争吵，且考虑到自己目前的身体状况，决定在学校旁边租房子陪读。丈夫提出反对意见，认为没必要去外面租房子，而且妻子这样做会减少家里的劳动力。而张女士的女儿也表示反对，她认为母亲十分啰唆和专制，并不希望和她独处。于她而言，母亲这样的付出无形中也给了她莫大的压力。但张女士还是力排众议，坚持带着女儿搬到出租屋内，开始了陪读生活。

陪读期间，张女士把所有心思都放在了女儿身上，凌晨五点就起床给孩子做早饭，晚上十点半再给她做消夜。为了让小敏能有更多的时间学习，张女士骑车接送孩子上下学，她认为这样可以节省时间让小敏多背几首古诗词。只要小敏能考上更好的大学，她做什么都心甘情愿，也算是弥补当年张女士因为贪玩只拿了初中文凭的遗憾。然而小敏两次月考的成绩一次不如一次。这让张女士感到十分伤心和委屈，一是这么多天的辛苦和努力只换来了女儿成绩的倒退；二是以她现在的身体状况和学历，想要在市里找到一份工作补贴家用并不容易，她和女儿在市里的房租、所有的生活开支都由小敏父亲一个人承担，面对女儿的成绩，她不知如何向孩子父亲交代，既焦虑又苦于无人分担这份压力。此外，她来到这里的两个多月里，每天把女儿送到学校后，除了对着狭小的出租屋发呆，根本无事可做，时间久了便感到寂寞和烦躁，社交圈也完全断裂。在一次下楼倒垃圾的时候，张女士偶然和另一位同是陪读的妈妈聊起最近发生的事情，意外地发现对方以前也有类似的经历和感受，且因为在妇联社会工作者的帮助下走出了困境。于是，在这位热心陪读妈妈的介绍下，张女士找到妇联，希望能够向社会工作者求助并进行改变。

二、社会工作介入的过程

（一）需求分析

1. 生理健康需求

张女士之前受伤留下了后遗症，尚未完全康复，仍需要吃药和复健。受后遗症的影响，张女士的身体机能大不如从前。但为了给女儿提供一个良好的生活环境，她起早贪黑，满足女儿一切衣食住行的需求，即便身体发出不适的信号，她也置之不理。另外，由于张女士长期处于焦虑状态中，面对女儿成绩的下降，她有几次血压飙升，这些都危害了张女士的生理健康。

2. 心理健康需求

首先，张女士的内心存在现实与理想的差距引发的落差。张女士为了孩子尽心尽力，几乎放弃了自己原本的生活。本以为这样可以换来女儿的好成绩甚至前途，但事与愿违。张女士时常陷入焦虑、自我怀疑、烦躁等负面情绪中,并容易将这些负面情绪对着女儿发泄出来,因此也使母女关系不断恶化。其次,张女士在生活中是一个完美主义者,什么事情都喜欢亲力亲为,对身边的人有很高的要求。当丈夫家务做得不够好、女儿成绩没有达到预期时,张女士就会感到痛苦。张女士和丈夫之间频繁地争吵,丈夫对张女士不够细心和体贴,照顾女儿的责任也都落在她的身上,这让她常常觉得无奈和委屈。最后,张女士原先也是一位有事业心的女性。意外受伤后,她对自己的身体状况感到自卑,甚至希望借着陪读的机会逃避自己无法正常工作这件事。她心底又觉得自己并不能为女儿提供更好的物质条件,因此带着补偿的心理将自己塑造成为女儿不惜奉献一切的角色和形象。这种复杂的心态最后都汇聚成压力,笼罩在整个家庭的上空。

3. 生计需求

虽然张女士目前的"工作"就是陪读,但在访谈中,社会工作者发现她已有改变现状的意愿。她本人也意识到这种陪读方式不能让任何人满意,反而把事情越弄越糟。现在的她也开始想要寻找一份适合自己,同时也能有足够的时间照顾女儿的工作,这样也可以分散她的注意力,缓解她的焦虑情绪,甚至缓和她和女儿、丈夫之间的家庭关系。但受到学历和身体状况的限制,张女士的职业竞争力小、工作种类受限。且因为她之前对工作有排斥和逃避的心理,以及长期将注意力聚焦在孩子的身上,很少接触外界,消息闭塞,急需获取就业信息的渠道。除此之外,对于张女士之前对工伤鉴定的申请,社会工作者也认为需要进一步推进和协助她合理维权。

4. 社会支持需求

从家庭层面出发,张女士之前因为受伤在家卧床休养,她的高要求引发了和丈夫之间的摩擦和冲突。而之后她不顾家人反对,坚持做陪读妈妈,这件事也使得她和丈夫、女儿之间的矛盾升级。她和女儿搬出去住后,很长时间都避免和丈夫沟通,两人一直处于冷战中。因为女儿的成绩有所退步,母女之间也频繁争吵,影响了彼此之间的亲密关系。张女士自己的父母也对女儿的选择感到不理解,但张女士依然固执己见,这进一步影响了她和家庭之间的联系。而从社交层面来看,张女士受伤后内心产生了自卑感。她和曾经的同事也断了来往,总觉得别人会嘲笑她。她开始陪读生活后,因为离开了原住地,和曾经的邻居、朋友都逐渐疏远,她也认为大家都不赞同自己的做法,更加觉得与他们没有共同话题,得不到支持和理解,索性也不再来往。但张女士内心其实是孤独而敏感的，在新的环境中，她迫切需要一个宣泄情绪、获得共鸣和支持的平台，并且结交一些有相同境遇的朋友，以获得社会支持。

（二）理论基础

1. 理性情绪疗法

理性情绪疗法是认知疗法的一种，也被称为认知行为疗法。该理论认为，人们的情绪是由人的思维、人的信念所引起的，而不合理的信念往往使人们陷入情绪障碍之中。该疗法的主要观点是人的情绪和行为障碍不是由于某一激发事件直接引起的，而是由经受这一事件的个体对它不正确的认知和评价引起，最后导致在特定情景下的情绪和行为后果。而不合理的信念往往使人们陷入情绪障碍之中。不合理信念的特征有绝对化的要求、过分概括化、糟糕至极等。

在本案例中，张女士有很多不合理的信念。首先，她认为自己在工作中因失误而受伤这件事是一个笑话。只要有人来关心和问候她，都是为了要嘲笑她。其次，她认为受伤后的自己对这个家庭而言只能是个累赘，所以她需要比从前付出更多以证明自己的价值。陪读妈妈便可以成为她重新获得存在感和价值感的选择。最后，张女士认为只要自己为女儿付出足够多，女儿就一定会取得好成绩；只要女儿用在学习上的时间够多，就一定能考出好成绩。这其实是一种非理性信念，因此社会工作者要帮助张女士进行改变。

2. 优势视角

优势视角改变了社会工作以往将人看作“问题”的视角，强调社会工作者在看待个人、家庭或社群时，要透过其面临的糟糕处境、压迫和创伤看到其被掩盖的能力、天赋、可能性、视野、希望和价值，当个人的潜能被激发时，每个人都有应对困难的潜能和内在资源。社会工作者在对待服务对象问题时，应以个人的优势为基础，以最大限度地挖掘和利用人的潜能为出发点，分析、探索和发展案主的优势和能力，通过发掘服务对象优势和资源，促进其对自身优势和内外部资源进行有效利用，协助服务对象提升个人能力、增进社会功能，最终达到既定目标[①]。

在本案例中，张女士在受伤之前被多次评选为工厂的优秀职工，有较强的业务能力，在工作中也勤劳刻苦，这些优良品质并不会随着她受伤而消失。此外，正因为

① 吕齐，闫明，邓宇，等.基于优势视角的个案管理模式介入脊柱侧弯患者的个案研究[J].中国社会工作，2021(36)：39-43.

张女士是个完美主义者，她把家务琐事都打理得井井有条，是远近闻名的贤内助。张女士之所以会发生转变，是因为这次突发的工伤事件。因为没能较好地处理和应对，张女士形成了对自我、他人以及周围环境的消极态度，缺乏自信心和效能感。社会工作者应引导张女士重新发掘自己的优势，帮助她看到一切事物背后隐藏的转机。

3. 增能理论

增能方式通常包括两个层面：个体层面提升自我效能和权力感、构建人际关系层面的社会资源及网络支持；社会层面的决策参与、社会公平的争取及自身诉求的表达[①]。社会工作可以从个人、人际关系、所处环境三个层面介入，协助个人获得更多对生活空间的掌控力和自信心，以及对环境资源和机会的运用能力。增能观点假设社会环境中存在着直接和间接的障碍，使人无法发挥自己的能力，但是这种障碍是可以改变的。每个人都不缺少能力，个人的能力可以通过社会互动不断增加。

在社会工作实务案例中，优势视角和增能理论大多被结合使用，两者相辅相成。本案例中的案主张女士因为存在负面情绪，有自我否定的倾向，所以无法察觉自己具有的优势和潜在资源，因此也形成了对自我、他人和环境的低效能感与低自信心。因此社会工作者需要结合优势视角与增能理论，帮助张女士认识到自己是有能力、有价值的，并不是孤立无援和无能的，从而通过激发自身潜能以走出困境。

（三）介入目标

1. 总目标

在理性情绪疗法、优势视角和增能理论的指导下，社会工作者将通过个案辅导、家庭会谈、小组工作等专业方法为张女士提供情绪疏导。同时也通过家庭治疗、支持性小组等方式帮助张女士构建社会支持网络，并鼓励张女士挖掘自己的潜能，发现自己的优势和资源，促进其对自身优势和内外部资源的有效利用，从而获得更多对生活的掌控感，提升其自信心。

2. 具体目标

（1）转变张女士的非理性信念，帮助其走出情绪低谷并缓解焦虑情绪。

（2）通过家庭治疗促进家庭关系的改善，尤其改善母女关系。帮助家庭成员学

---

① 张思琪.增能理论下社会工作介入单亲家庭青少年成长问题[J].山西青年，2021(2)：184－185.

会正确地沟通，改变之前不合理的互动模式。

（3）帮助张女士找到一份合适的工作，既可以分散注意力又能减轻经济压力，在此过程中协助其发掘自身优势，提高自我效能感。

（4）搭建支持小组平台，促使张女士结交朋友并拓展社交圈。

（四）服务计划

在社会工作者的引导和支持下，针对张女士的实际情况和前期制定的工作目标，开展服务计划。推动张女士及其家庭成员积极接受情绪治疗、家庭面谈、小组活动等服务，在行动过程中反思和微调计划以帮助她更好地解决问题。本计划周期为两个月，通过认知行为疗法、家庭治疗、支持性小组等工作方法对张女士进行心理疏导和能力提升训练，引导其积极参与到改变的过程中，增强其对未来生活的信心。

（五）干预过程

1. 第一阶段：情绪疏导，共同制定介入计划

社会工作者在与张女士初次见面时，首先通过情绪疏导帮助其宣泄负面情绪，运用倾听、支持、同理心等沟通技巧为其营造安全的倾诉环境，在此过程中运用理性情绪疗法帮助她理性分析当前自己面临的问题，以及在过往生活中存在的非理性信念，并在几次会谈的交流中促进这些信念的转变。张女士在情绪缓和后，对社会工作者也产生了信任，两人建立了初步的专业服务关系。她表示不喜欢精神紧绷，总是感到疲惫和无助，迫切地希望社会工作者可以帮助她，存在较强的改变意愿。张女士在社会工作者的引导下，对自己的需求进行排序。首先，她希望能改变现在的生活方式和节奏，能够找到一份工作；其次，她希望结交更多有共同话题的朋友，闲暇时希望能有人聊天并得到一些精神上的支持；最后，她也希望缓和与家人的关系，不想让自己背负太大的精神压力。在社会工作者的协助下，两人一同制定了接下来的介入计划：第一，社会工作者将持续为张女士提供情绪疏导，并教授其调节情绪的技巧。第二，社会工作者拟开展家庭治疗，考虑到女儿功课比较紧、丈夫在老家的工作也比较忙碌，服务时间便定在每周六的晚上。第三，社会工作者将为张女士链接求职平台，并为其提供与其个人情况、能力匹配的就业信息，协助其就业。社会工作者也将同步为张女士链接法律资源，协助她向原单位申请工伤鉴定以及相应的赔偿，帮助其维权。第四，考虑到这个小区里有很多陪读妈妈，存在较强的同质性，社会工作者将招募多名陪读妈妈开展支持性小组，让她们可以在小组动力的带领下相

互倾诉和支持。

2. 第二阶段：链接资源，扩宽就业渠道并合法维权

针对张女士对新工作的需求，社会工作者对其综合能力进行了评估，并在了解她对职业的需求的基础上，为其提供相应的就业信息。其中，市妇联与数十家就业单位达成合作，共同推动妇女就业，满足多数女性就近就业的需求，建立了妇女居家灵活就业示范基地。张女士很快在社会工作者的帮助下报了名，这种工作刚好与她的需求相匹配。此外，社会工作者也通过链接专门处理工伤问题的专业律师为张女士提供法律咨询，经过对其工伤过程、事件评估、伤情鉴定的信息的综合判断，律师认为该企业应该为张女士进行工伤鉴定，并支付相应的赔偿金。于是，社会工作者便通过妇联的平台，与当地工会进行对接，最终由工会派出调解员与张女士的原单位进行沟通，最终对方也接受了张女士的诉求。此过程不仅帮助张女士维护了权益，也让她提升了自我效能感，促进了非理性信念的转变，即不再将之前在工作中受伤一事完全视为自己的责任，也不再将其当作一种耻辱。在张女士成功就业后，她提升了对自己、他人和环境的自信心和权能感，能够重新用积极的眼光看待生活。

3. 第三阶段：改善家庭关系，增强家庭支持

在第一次家庭治疗中，一家三口难得聚在一起，社会工作者采用了“循环性提问”的方法，即当着全家人的面轮流而且反复地请每一位家庭成员表达他对另外一个成员行为的观察，或者对另外两个家庭成员之间关系的看法；询问一个人的行为与另外一个人的行为之间的关系。如“当你的妈妈心情不好的时候，谁会第一个去安慰她”“按照你平时的经验推测，谁对今天的会谈最感兴趣”“你的妻子最有可能因为什么事情和女儿争吵”等。由于这类间接提问在被问者的回答和其他听者的“内部回答”之间制造了差异，易引起持续的比较和搜索过程，因而极具启发性与暗示性。通过几轮提问，社会工作者发现张女士对任何事情都要求完美，而她的丈夫和女儿都对她过于追求细节的个性感到紧张和疲惫，这种矛盾在张女士受伤以及坚持做陪读妈妈后逐渐升级。同时，社会工作者也发现张女士的丈夫和女儿处于结盟状态，因而容易共同对她进行反抗。于是社会工作者通过改变其原有家庭结构，打破其原系统的平衡，对家庭进行重新建构，在张女士的家庭成员间建立了新的沟通规则和模式。社会工作者也通过布置家庭作业的方式，让张女士在未来两周内和女儿一起记录她不合理的信念，并且试着就此进行辩论。同时，社会工作者也让张女士

的丈夫每周至少打四次电话给妻子关心她对新工作的适应情况。在治疗初期，社会工作者通过角色互换的方式让张氏夫妇互相体验各自的一天，以及通过角色扮演让张女士在做家务时体会丈夫和女儿的“高标准”等。经过一段时间的治疗，张家三口之间增进了对彼此的了解和信任，互动方式也有所改变，不再像过去那样矛盾和冲突不断。

4. 第四阶段：同辈支持，拓展社交圈

张女士租住屋所在的小区里有很多和她一样的陪读妈妈，她们的问题也存在相似性。于是在张女士找到工作之前，社会工作者联合社区共同组建了“陪读妈妈支持陪伴小组”。本次小组一共招募到 8 名年龄相仿的陪读妈妈，她们都来自附近的县城或者村镇，并且是全职陪伴。在小组活动中，因为大家有很多共同话题，现场气氛十分热烈。小组交流和分享的内容也从日常生活经验、育儿经验等慢慢转向如何处理好家庭关系、如何让自己的人生更有意义以及陪读妈妈的必要性和反思等话题。经过多次小组活动的开展，组员之间建立了情感支持，她们宣泄负面情绪、倾诉内心的苦恼，并在他人感到沮丧和迷茫时主动提供支持和鼓励。在小组中，妈妈们仿佛看到了多个自己，一想到这么多人与自己拥有同样的苦恼和困惑便不再感到孤单，倾诉之余还能学习一些新的看待问题的思路和解决技巧，感觉非常有收获。张女士偶尔也作为“专家”分享一些自己的经验，在此过程中她不仅结交了很多有共同话题的朋友，也提升了自我价值感。之前那个总是把全部注意力放在女儿学习上的人，如今渐渐消失。张女士认为自己即将拥有新的生活，并且对未来充满信心。

（六）成效评估

1. 非理性情绪纠偏，树立积极观念

社会工作者通过情绪疏导帮助案主张女士舒缓内心的压抑情绪，在情绪宣泄的基础上，帮助案主梳理当下存在的困扰及其发生的原因。社会工作者也通过引导张女士认识和了解非理性信念与情绪困扰之间的关系，运用现实的理性信念代替非理性信念，使张女士认识到女儿的成绩波动与自己尽心尽力的付出没有必然联系，从而缓解了她内心的压力与焦虑。在社会工作者的协助下，张女士能够理性分析当下问题的成因，正确认识自身面临的处境，在生活中树立自尊自信、理性平和、积极向上的心态。在整个服务过程中，社会工作者帮助张女士避免将问题个体化，而是在个人与环境的互动中寻找问题发生的真正源头，促进案主找到解决问题的动力和契机。社会工作者从家庭、工作和社会关系的角度来找寻案主问题与个人、环境和资源的关系，并且为张女士制定了多角度、多系统的帮助计划，帮助她增强了改变的信心和意愿，介入服务的专业化成效得到提升。

2. 优势挖掘，链接资源

在本案例中，社会工作者充当使能者的角色，调动案主张女士的自身能力和资源，促使其潜力的发挥和有效改变。就张女士本身的能力而言，社会工作者让其重新发掘了自己的优势，即吃苦耐劳、兢兢业业、做事有条理等，以此作为其重新开始新生活的基础和动力。根据和案主协商的任务目标，社会工作者以当前迫切需要解决的问题之一——自我角色的错位为首要介入对象。在社会工作者的帮助下，张女士获得了与之能力和需求相匹配的就业信息，最终找到了适合自己的新工作，重新确立自己的角色定位。同时，社会工作者也帮助案主解决工伤认定和补偿的问题，既帮助张女士维护了自身的权益，也让她消除了曾经因为工伤带来的消极影响，进一步推动她重新树立信心以开始新生活。

3. 调和家庭关系，拓展社交圈，构建社会支持网络

一方面，以案主的家庭为对象实施的家庭治疗协助张女士恢复了其原有的家庭功能，使原本的紧张氛围得到缓和，也改善了家庭成员间的内部互动关系，增进了彼此之间的交流与信任。尤其对于女性案主而言，家庭是其获取支持的第一来源。因此社会工作者关注到案主问题背后的家庭因素，以家庭为单位开展介入，进一步促使案主走出困境。在社会工作者的帮助下，张女士的夫妻矛盾得到调和，与女儿之间的关系也不再像之前那样紧张，她的家庭环境得到了重新整合，家庭中也形成了源源不断的动力以构成张女士身边的支持网络。另一方面，社会工作者通过组建支持小组，让境遇相似的“陪读妈妈”相互倾诉和陪伴，拓展了张女士的社交圈。小组成员之间的相互支持和肯定使张女士在小组活动中充分发掘了自身的价值，也促使包括张女士在内的陪读妈妈们建立起了一个相互理解的共同体，增强了彼此的社会支持网络。

三、社会工作反思与服务点评

（一）陪读妈妈群体出现的背后成因以及影响

陪读妈妈群体的出现是一个具有综合性和复杂性的社会现象，其背后成因多

元。首先，从当前教育焦虑的角度来看，优质教育资源的缺乏以及不均衡、等级化的学校制度、“剧场效应”的出现、择校竞争的加剧等社会现象促使整个社会、学校以及家庭都陷入了教育内卷。我国传统文化中对教育的重视让“望子成龙，望女成凤”的心态延续至今，甚至让其得到了价值合理性和进一步升华。与此同时，“学历军备竞赛”也愈演愈烈，家长们都不希望自己的孩子输在起跑线上，因此愿意倾其所有推动孩子向前冲刺，其中也体现出强烈的攀比和从众心理。其次，从性别视角下母职文化的角度来看，之所以出现更多的是“陪读妈妈”而不是“陪读爸爸”，其背后也反映出传统性别分工对劳动力市场的影响。也就是说，在一个家庭中，如果必定需要牺牲某个体的职业以满足其他家庭功能，女性在大多数情况下优先于男性。当女性成为家庭责任的主要甚至唯一承担者，长期的驯化与思维惯性会协助她们扮演该角色，最终在失去自我的前提下实现价值。而这样的弊端也如本案例中的张女士一样，若孩子的成绩并不能如其所愿，她的价值便无从建立，其信念也会随之崩塌，从而引发一系列的危机。

陪读现象带来的影响需要辩证地加以看待。一方面，陪读能够在一定程度上优化孩子的学习环境，增强父母的陪伴作用，这有利于孩子的身心成长；另一方面，陪读也会给孩子带来过度的舒适感，导致独立能力的退化和人格的自我化。同时也会影响家庭的正常结构和功能发挥，这种过度的压力导向不仅会传递到孩子身上，也反过来影响家长自身的心态，甚至导致家庭关系的紧张。尤其对于陪读妈妈而言，这种以放弃、牺牲为前提的奉献精神时常会带来心理失衡，也不利于女性群体的自由、平等、解放和自我实现。在本案例中，以社会工作的分析视角和实务手段开展介入服务，在个体层面上能够有效缓解陪读妈妈的焦虑情绪，帮助陪读家庭增进亲密关系和家庭功能的发挥。而在社会层面上，社会工作的介入也有利于呼吁社会关注陪读妈妈这一女性群体的现实困境，关爱和帮助女性重新找回自我。

（二）妇女社会工作在陪读妈妈群体介入过程中的必要性

妇女社会工作旨在维护妇女的特殊权益，促进妇女的教育、就业、婚姻、参政等方面的机会平等和发展权利维护，强调运用社会性别视角分析妇女存在的特殊问题和发展问题，关注妇女的多样性和现实处境，重点关注妇女问题的社会成因。相较于全职妈妈，陪读妈妈群体则更聚焦于未成年人的学业问题，关注范围更加狭窄，因此更容易产生心理失衡。针对陪读妈妈群体的专业服务介入，开展妇女社会工作具有以下几点必要性：首先，妇女社会工作能够在女性主义视角下看到陪读妈妈面临的困境，杜绝单一的个体化归因，转而从性别分工、母职压力等社会文化的角度对案主的问题进行分析与解读，从而找到问题产生的根源，有利于去除个体的污名和标签效应，缓解其内疚感和负罪感，提升案主的自信心；其次，妇女社会工作更能够帮助案主处理家庭功能的失调，规避教育责任性别化带来的弊端，让所有家庭成员参与到认知、行为改变的过程中来，通过促进家庭功能的发挥增强集体动力，并以此重构案主的家庭支持；最后，妇女社会工作也有利于扩大具体现象或问题的社会效应，运用官方平台与传媒渠道增加影响力，影响相关政策的制定与完善，同时也有利于为弱势群体发声，帮助她们争取到更多的资源和机会。

（三）本案例的经验与不足

国家三孩政策的提出再次引发性别视角下对生育和教育问题的探讨，女性作为家庭抚育责任的主要承担者，始终面临着工作和家庭的选择与平衡问题。部分女性退出职场回归家庭成为全职太太，但其中又细分出另一个特殊的新群体——陪读妈妈。无论是她们的需求还是她们所面临的困境，都值得妇女社会工作的重视与关注。本案例为妇女社会工作在陪读妈妈群体中的介入工作提供了经验借鉴。比如在微观介入与宏观倡导层面，社会工作者不仅致力于解决案主的个人困境，同时也呼吁有关部门出台相关文件以推动构建对“陪读妈妈”更具包容性的社会环境，强调对该群体去问题化。同时，社会工作者也注重对该群体的增能赋权，强调提升案主运用资源和应对困境的能力，践行助人自助的服务宗旨；注重对陪读妈妈群体进行个别化对待，针对其不同特征与需求制定介入方案，并在整个干预过程中充分体现案主自决，重视案主的个人参与。本案例所存在的不足在于对全职妈妈和陪读妈妈的区别不够明晰，尚未针对这两类群体有具体的服务划分，未来应针对新兴群体的特点重新设定介入目标与计划。此外，由于社会工作者在制定服务计划时是按照“全陪型”陪读妈妈而制定的，而在帮助服务对象找到新工作后，便具有“半陪型”陪读妈妈的特征，这种特征转变需要社会工作者对服务对象当下的状态进行二次评估。由此可见，社会工作在具体的服务领域中时常要面对理论与实践之间的差距，这也对社会工作者的综合应变能力提出了更高的要求。

参 考 文 献

[1] BELKIN G S. Introduction to Counseling. Dubuque[M]. LA：William C Brown，1984：1－13.

[2] BURKE B，DALRYMPLE J，BURKE B，et al. Anti-oppressive Practice and the Law[J]. Annals of the Rheumatic Diseases，1995，73(Suppl 2)：1038.

[3] HARTMAN A. Family-centered Social Work Practice[M]. New York：Aldine de Gruyter，1983.

[4] 阿尔伯特·艾利斯，黛比·约菲·艾利斯.理性情绪行为疗法[M].郭建，译.重庆：重庆大学出版社，2015：25.

[5] 安芹.个案工作实务手册[M].北京：北京理工大学出版社，2015：110－112.

[6] 柏志英.战略机遇期妇女发展与妇女工作[M].南京：南京大学出版社，2003：203.

[7] 常凯.劳动关系的集体化转型与政府劳工政策的完善[J].中国社会科学，2013(6)：91－108，206.

[8] 陈成文，潘泽泉.论社会支持的社会学意义[J].湖南师范大学社会科学学报，2000(6)：25－31.

[9] 陈志霞.个案社会工作[M].武汉：华中科技大学出版社，2006：264－265.

[10] 程萍.社会工作介入农村精准扶贫：阿马蒂亚·森的赋权增能视角[J].社会工作，2016(5)：15－23，125.

[11] 董爱风.有效解决农民工司法维权的途径探讨[J].法制博览，2021(28)：94－95.

[12] 范斌.弱势群体的增权及其模式选择[J].学术研究，2004(12)：73－78.

[13] 范红霞.全国妇联推动城市妇女工作的历史考察[J].中国妇运，2019(3)：45－58.

[14] 范明林,张洁.学校社会工作[M].上海：上海大学出版社,2005：11.

[15] 冯丽婕,时方.基于生态系统理论的儿童个案实践及反思[J].社会工作,2010(18)：23－25.

[16] 冯小敏.继承和创新党的群众工作方法[J].上海党史与党建,2001(2)：10－15.

[17] 高晓雨.社会生态系统理论视域下社会工作介入流浪青少年服务的思考[J].现代商贸工业,2021,42(29)：116－117.

[18] 顾东辉.社会工作概论[M].上海：上海译文出版社,2005：108.

[19] 顾东辉.群团工作与社会工作的同构异涵[J].社会工作与管理,2018,18(4)：5－11.

[20] 关盛梅.生态系统理论视角下的青少年社会化与社区服务[J].当代青年研究,2009(10)：33－39.

[21] 郭伟和,徐明心.从抗逆力到抵抗：重建西方社会工作实务中的优势视角[J].思想战线,2013,39(5)：105－110.

[22] 何雪松.社会工作理论[M].上海：上海人民出版社,2007.

[23] 何友良.苏区社会格局中的社团组织[J].地方文化研究,2013(1)：66－81.

[24] 侯春在.非社会性行为：儿童社会化研究的新视角[J].南京师大学报(社会科学版),2001(4)：95－100.

[25] 胡献忠.改革开放以来群团组织研究述评[J].中共云南省委党校学报,2015,16(5)：144－150.

[26] 华夫.农民工：一支新型的劳动大军[J].新湘评论,2009(3)：16－18.

[27] 黄丽华.团体社会工作[M].上海：华东理工大学出版社,2003：110.

[28] 姜萍,姜又春.增能视角下“三无”老人的养老服务探析[J].南方论刊,2019(6)：40－42.

[29] 姜如梦.《中长期青年发展规划(2016—2025年)》视阈下我国青少年社会工作的发展[J].青年发展论坛,2020,30(5)：87－95.

[30] 蒋美华.社会建设视野下的妇女社会工作[J].理论探索,2009(2)：95－97.

[31] 蒋美华.社会转型期的妇女社会工作[J].妇女研究论丛,2004(3)：38－42.

[32] 金桥,孙冰.城市社会冲突的产生逻辑：结构条件、动员机制与互动过程：以X市通道纠纷事件为例[J].社会发展研究,2020,7(2)：153－177,245.

[33] 金小红,应辰."互构"型社会支持系统的缺失与城市外来青少年犯罪[J].兰州学刊,2010(8):100-104.

[34] 金一虹,杨笛.教育"拼妈":"家长主义"的盛行与母职再造[J].南京社会科学,2015(2):61-67.

[35] 赖锦辉."人在情境中"视角下智力障碍者社会工作个案服务探索[J].社会与公益,2021,12(4):59-61.

[36] 李建明,晏丽娟.国外心理危机干预研究[J].中国健康心理学杂志,2011,19(2):244-247.

[37] 李莉.社会工作导论[M].北京:中国人民大学出版社,2014:78.

[38] 李强.社会支持与个体心理健康[J].天津社会科学,1998(1):66-69.

[39] 李思辉.切实保障农民工合法权益[J].工友,2022(1):6.

[40] 李威利.转型期国家治理视域下党的群团工作发展研究[J].中国青年社会科学,2016,35(1):75-80.

[41] 李相南,李志勇,张丽.青少年社会支持与攻击的关系:自尊、自我控制的链式中介作用[J].心理发展与教育,2017,33(2):240-248.

[42] 李晓凤.我国企业社会工作的历史演进及实务运作模式初探:以珠江三角洲地区为例[J].社会工作(学术版),2011(3):4-7.

[43] 李增禄.社会工作概论[M].台北:巨流图书公司,1996:20.

[44] 李占乐,魏楠.习近平关于群团工作论述的理论创新和时代价值[J].中共成都市委党校学报,2021(1):11-16.

[45] 梁君林.基于社会支持理论的社会保障再认识[J].苏州大学学报(哲学社会科学版),2013,34(1):42-48.

[46] 林炜.百年来共青团青年工作的发展逻辑与经验启示[J].北京科技大学学报(社会科学版),2022,38(1):24-32.

[47] 刘斌志,秦莲.中国特色工会社会工作研究的反思与展望[J].工会理论研究(上海工会管理职业学院学报),2019(3):21-34.

[48] 刘斌志.工会社会工作:美国经验与本土发展[J].工会理论研究(上海工会管理干部学院学报),2008(3):41-44.

[49] 刘冬.优势视角下对城市丧偶单亲母亲的个案介入研究[D].北京:中央民族大

学，2013.

[50] 罗军.结构式家庭治疗理论述评[J].衡阳师范学院学报，2012，33(4)：138－142.

[51] 吕齐，闫明，邓宇，等.基于优势视角的个案管理模式介入脊柱侧弯患者的个案研究[J].中国社会工作，2021(36)：39－43.

[52] 毛泽东.毛泽东选集：第5卷[M].北京：人民出版社，1977.

[53] 彭振.《青少年社会工作服务指南》要点解读[J].中国共青团，2021(18)：12－13.

[54] 澎湃新闻.疫论·性别|全球女性贫困：疫情之下的社会并发症[EB/OL].(2021－02－03)[2022－02－03].https://www.thepaper.cn/newsDetail_forward_11083302.

[55] 强卫.中国共产主义青年团工作大辞典[M].北京：北京燕山出版社，1991：813.

[56] 丘海雄，陈健民，任焰.社会支持结构的转变：从一元到多元[J].社会学研究，1998(4)：33－39.

[57] 任卫东，张秀清.农民工法律援助工作的完善[J].安阳工学院学报，2020，19(5)：11－13.

[58] 史伯年.社会工作实务(中级)[M].北京：中国社会出版社，2012：68.

[59] 束璇.外来务工人员社会保险权益保护研究：以盐城市D区为例[J].法制与社会，2021(12)：121－122.

[60] 宋丽玉，曾华源，施教裕，等.社会工作理论：处遇模式与案例分析[M].台北：洪叶文化事业有限公司，2005.

[61] 田毅鹏.转型期中国社会原子化动向及其对社会工作的挑战[J].社会科学，2009(7)：71－75，189.

[62] 万虎，裴浩.后疫情时期优势视角理论在青少年网瘾心理干预中的新尝试[J].湖北科技学院学报，2021，41(6)：123－127.

[63] 王彬彬.浅析科塞的社会冲突理论[J].辽宁行政学院学报，2006(8)：46－47.

[64] 王丹.社会工作视角的农村留守儿童家庭教育问题探索[J].现代交际 2021(5)：247－249.

[65] 王思斌.群团工作改革与社会工作的机遇与挑战[J].中国社会工作，2016(19)：62.

[66] 王思斌.社会工作导论[M].2 版.北京：北京大学出版社，2011.

[67] 王思斌.社会工作概论[M].3 版.北京：高等教育出版社，2014.

[68] 王思斌.社会工作综合能力(中级)[M].北京：中国社会出版社，2019.

[69] 王英姿.农村丧偶老年人生活适应研究[D].济南：济南大学，2017.

[70] 王玉香.西方青少年社会工作的历史沿革研究[J].中国青年研究，2012(2)：92-97.

[71] 魏佳羽.在一起！中国流动人口子女发展报告 2021[EB/OL].(2022-01-12)[2022-01-15].https://m.thepaper.cn/baijiahao_16255384.

[72] 隗娜.共青团购买青少年社会工作服务的探究与效果评价[J].现代营销(信息版)，2019(1)：46-47.

[73] 文军.社会工作模式：理论与应用[M].北京：高等教育出版社，2010.

[74] 夏娟.社会支持与危机介入理论在独居新丧偶老人个案工作中的应用研究[J].社会与公益，2020，11(11)：68-70.

[75] 肖水源，杨德森.社会支持对身心健康的影响[J].中国心理卫生杂志，1987(4)：183-187.

[76] 谢建社，赵天琦.我国工会社会工作的发展逻辑与模式创新[J].社会建设，2020，7(3)：57-63.

[77] 谢启文.增能：解决失独家庭问题的新视角[J].人口与发展，2013，19(6)：104-109.

[78] 谢亚军.十八大以来中国共产党群团工作研究[D].贵州：贵州大学，2017.

[79] 徐丽娜.从妻子到遗孀：农村丧偶女性生活适应研究[D].沈阳：沈阳师范大学，2014.

[80] 徐选国，陈琼.社会工作成长小组模式建构：青少年社会工作实践的新领域[J].社会工作(下半月)，2010(7)：53-55.

[81] 徐选国，徐永祥.基层社会治理中的“三社联动”：内涵、机制及其实践逻辑：基于深圳市 H 社区的探索[J].社会科学，2016(7)：87-96.

[82] 许莉娅.个案工作[M].北京：高等教育出版社，2013：193-198.

[83] 杨光斌.政治学导论[M].北京：中国人民大学出版社，2011：167.

[84] 杨蕾.农村中年丧偶妇女适应问题的研究：以山东省 GT 村为例[D].福州：福

建师范大学,2014.

[85] 袁纯清.人民群众团体论[M].北京：教育科学出版社,1993：41-56.

[86] 张方国.各部门齐抓共管让农民工不再“忧薪”[J].施工企业管理,2021(11)：67-68.

[87] 张和清,杨锡聪,古学斌.优势视角下的农村社会工作：以能力建设和资产建立为核心的农村社会工作实践模式[J].社会学研究,2008(6)：174-193,246.

[88] 张华.共青团引领青年的历史脉络：基于党团关系视角的追溯[J].中国青年研究,2021(9)：14-22,40.

[89] 张默,卢磊.我国企业社会工作发展的历程和趋势[J].中国劳动关系学院学报,2015,29(4)：91-97.

[90] 张思琪.增能理论下社会工作介入单亲家庭青少年成长问题[J].山西青年,2021(2)：184-185.

[91] 张文霞,朱冬亮.家庭社会工作[M].北京：社会科学文献出版社,2005：120.

[92] 张云凤.异地务工人员劳动保障问题研究[J].黑龙江人力资源和社会保障,2021(11)：22-24.

[93] 郑杭生,郭星华.中国社会的转型与转型中的中国社会：关于当代中国社会变迁和社会主义现代化进程的几点思考[J].浙江学刊,1992(4)：51-57,49.

[94] 中共中央文献研究室,中央档案馆.建党以来重要文献选编(1921—1949)：第1册[M].北京：中央文献出版社,2011(4)：47-48.

[95] 中国共产党中央委员会.深化党和国家机构改革方案[EB/OL].(2018-03-21)[2019-01-12].https://www.ccps.gov.cn/ggfw/wjxz/zywj/201901/t20190112_128287.shtml.

[96] 中国共产党中央委员会.中共中央关于加强和改进党的群团工作的意见.(2015-07-09)[2019-01-12].https://www.gov.cn/xinwen/2015-07/09/content_2894833.htm.

[97] 中华全国总工会,中共中央文献研究室.毛泽东邓小平江泽民论工人阶级和工会工作[M].北京：中央文献出版社,2002：126.

[98] 中华全国总工会,中共中央文献研究室.毛泽东邓小平江泽民论工人阶级和工会工作[M].北京：中央文献出版社,2002：3.

[99] 中共中央马克思恩格斯列宁斯大林著作编译局.列宁选集：第 1 卷[M].北京：人民出版社，1972：324－325.

[100] 中共中央马克思恩格斯列宁斯大林著作编译局.马克思恩格斯全集：第 16 卷[M].北京：人民出版社，1995：220.

[101] 中共中央马克思恩格斯列宁斯大林著作编译局.马克思恩格斯全集：第 22 卷[M].北京：人民出版社，1995：487.

[102] 周林刚，冯建华.社会支持理论——一个文献的回顾[J].桂林：广西师范学院学报，2005(3)：11－14，20.

[103] 周玲玲.优势视角下社会工作介入农民工权益保护研究[D].南京：南京大学，2014.

[104] 周沛.一项急需而有价值的社会工作介入手法——论企业社会工作[J].社会科学研究，2005(4)：107－113.

[105] 朱眉华，文军.社会工作实务手册[M].北京：社会科学文献出版社，2006：406－408.

[106] 朱庆跃.改革新时期以来党对权力运行外部监督群的培育路径探索：以党与群众团体关系的调构为例[J].理论研究，2014(2)：67－71.

附录　工青妇工作的基本特征

	工　会	共　青　团	妇　联
以干部为工作主体	努力建设一支坚持党的基本路线,熟悉本职业务,热爱工会工作,受到职工信赖的干部队伍	团的干部是团的工作的骨干。共青团要按照德才兼备的原则,大胆选拔年轻干部,保持团干部队伍年轻化的优势,努力实现团干部队伍的革命化、知识化和专业化	妇女联合会按照干部革命化、年轻化、知识化、专业化的方针和德才兼备、以德为先的原则,建设政治坚定、勇于创新、求真务实、热爱妇女工作、熟悉本职业务、受到妇女信赖的干部队伍
以人群和议题为对象	服务于在中国境内工作、以工资收入为主要生活来源或与用人单位建立劳动关系、承认工会章程的工会会员;是维护职工的合法利益与民主权利,代表他们参与国家管理和社会管理等,引导和教育他们提高思想道德和文化技术素质	团结带领广大青年,自力更生,关心青年的工作、学习和生活,切实为青年服务;领导带领广大团员青年投身社会主义现代化建设	是为全国各族各界妇女争取进一步解放与发展而联合起来的群众组织;保护和维护妇女权利与少年儿童权益、发展妇女儿童事业等
价值伦理	以宪法为根本活动准则;按章程依法行使权利和履行义务;坚持正确的政治方向;干部必须德才兼备		
基础目标与最终目标	维护职工合法权益;为全面建成小康社会、把我国建设成为富强民主文明和谐美丽的社会主义现代化强国、实现中华民族伟大复兴的中国梦而奋斗、为世界的和平、发展、工人权益和社会进步而共同努力	为发展社会生产力,增强综合国力,提高人民生活水平,实现我国经济发展的战略目标建功立业、维护世界和平,促进人类进步	代表和维护妇女权益,促进男女平等;为建设富强民主文明和谐美丽的社会主义现代化强国、实现中华民族伟大复兴的中国梦而奋斗
以组织制度为工作方法	个人服从组织,少数服从多数,下级组织服从上级组织;集体领导和分工负责相结合		

后　记

社会工作奉行以人为本、助人自助的专业理念，在加强保障和改善民生服务、现代社区建设、推进基层治理体系和治理能力现代化方面发挥着独特而巨大的作用；近年来，社会工作在助推民生服务、社会治理和现代社区建设的专业化、科学化、精准化、精细化方面成效显著。疫情防控、突发事件治理也更加凸显了社会工作的专业优势。在浙江建设社会主义现代化先行省和共同富裕示范区的过程中，社会工作正发挥着不可替代的作用。为了展现浙江省委党校"红色社工"在"两个先行"中的作为，中共浙江省委党校社会工作教育(MSW)中心组织相关人员编写了《群团社会工作案例评析》一书。

《群团社会工作案例评析》主编由中共浙江省委党校社会学文化学教研部主任、社会工作教育(MSW)中心主任董敬畏担任，副主编由中共浙江省委党校社会学文化学教研部教师薛媛媛博士担任。董敬畏负责组织，薛媛媛负责协调、统稿。董敬畏、姚清华收集了部分案例，2021 级 MSW 全体学生参与了书稿资料的整理工作。本书的编写得到了省总工会、省团校、省妇联等单位的支持，在此一并致谢。

中国社会工作教育协会副秘书长、华东理工大学社会与公共管理学院院长何雪松教授得知本书出版，欣然为之作序，令本书增色不少。对于本书的出版，中共浙江省委党校科研处提供了大力支持，让本书顺利成稿。对于何雪松教授的关怀和科研处的大力支持，在此表示崇高的敬意和感谢。

群团社会工作相关理论探讨众多，实践内容丰富多样。时间仓促，且省委党校社会工作教育(MSW)中心编写人员水平有限，此类案例集又是第一次编写，因此书中错误和不足在所难免，敬希读者包涵并批评指正。

《群团社会工作案例评析》编写组

2022 年 5 月